主　编／张民省
副主编／阎胜利　杜创国

北梯模式

农业丰，则基础强；农村稳，则社会安；农民富，则国家盛。希望我们这一对社会主义新农村建设先进典型的研究，能为中国特色现代农业之路的探索添砖加瓦！

山西出版集团　山西人民出版社

图书在版编目（CIP）数据

北梯模式／张民省主编．—太原：山西人民出版社，2009.4
ISBN 978－7－203－06385－8

Ⅰ.北… Ⅱ.张… Ⅲ.农业生产合作社－研究－永济市
Ⅳ.F 321.2　F 327.254

中国版本图书馆 CIP 数据核字（2009）第 050528 号

北梯模式

主　　编：张民省
责任编辑：聂正平
装帧设计：赵　源

出 版 者：山西出版集团·山西人民出版社
地　　址：太原市建设南路 21 号
邮　　编：030012
发行营销：0351－4922220　4955996　4956039
　　　　　0351－4922127（传真）　4956038（邮购）
E－mail：sxskcb@163.com　发行部
　　　　　sxskcb@126.com　总编室
网　　址：www.sxskcb.com

经 销 者：山西出版集团·山西人民出版社
承 印 者：山西省运城小学生拼音报印刷有限公司

开　　本：890mm×1240mm　1/32
印　　张：9.75
字　　数：256 千字
印　　数：1－2 000 册
版　　次：2009 年 4 月第 1 版
印　　次：2009 年 4 月第 1 次印刷
书　　号：ISBN 978－7－203－06385－8
定　　价：25.00 元

地处北梯村南 2 公里的中条山五老峰景色。

北梯村所属的永济市虞乡镇是唐代文学家柳宗元的故乡。

2008年，北梯专业合作社建设获山西省农业厅表彰。右图和下图是北梯村村口的石牌标志，以及村委会办公大楼。

2008 年 7 月 2 日运城市农业产业化观摩会在北梯村召开。图为运城市委书记高卫东（左二），运城市委常委、市委秘书长王殿民（左三），运城市人大副主任荆青莲（左四）在永济市委书记武宏文（左一）和市长冯方汇（左五）的陪同下听取孙国宾（右一）的汇报。

运城市委书记高卫东（左六）、政协副主席潘和平（左二）在永济市委书记武宏文（左三）和副书记孙志信（右二）的陪同下在北梯村视察指导工作。

此页图片均为永济市委通讯组　王建军摄

运城市委书记高卫东(右)与北梯村党支部书记兼村委会主任孙国宾同志亲切交谈。

永济市市长冯方汇(右二)和市委常委、副市长叶彩凤(右一)在北梯村指导工作。

此页图片均为永济市委通讯组　王建军摄

北梯村领导班子合影：左起，村委委员柳银忠、村委委员孙好珠、村副主任兼葡萄生产合作社社长武长俊、党支部书记兼村委会主任孙国宾、党支部副书记孙跃进、养猪生产合作社社长张全明、办公室人员李玉凤。

北梯养猪生产合作社对养猪实行了科学化管理。左图为北梯专业合作社的社员高兴地看着肥猪出槽。

永济市委通讯组　王建军摄

北梯葡萄生产合作社
土地入股协议

北梯养猪生产合作社和葡萄生产合作社的远景发展规划。中间为北梯农民以土地入股合作社的《土地入股协议书》。

序

我国是一个发展中国家，农业资源相对短缺。因此，党的十六届五中全会提出了建设社会主义新农村的重大战略决策，为新农村建设勾画出“生产发展、生活宽裕、乡风文明、村容整洁、管理民主”的民富、民安、民乐的灿烂图景，十七大又高举中国特色社会主义伟大旗帜，鲜明地提出“发展农民专业合作组织”、“走中国特色农业现代化道路”的新任务。那么，今天在建设社会主义新农村的过程中，必须立足本国基本国情，以发展农业生产、保障农产品有效供给、持续增加农民收入、维护生态环境为主要目标，以加快农业科技创新、提高农业科技成果的转化率以及科技成果对农业生产的贡献率为主要方向，以提高劳动生产率、资源产出率和商品率为主要途径，以加强农业的基础地位、加大对农业的投入为主要手段，以维护农民权益、确立农民主体地位为主要方针，以先进的科学技术和装备为保障，在家庭承包经营的基础上，在市场机制与政府调控的综合作用下，建设要素投入集约化、资源配置市场化、生产手段科技化、产业经营一体化的中国特色的现代农业。

目前，国内关于新农村建设的理论研究较多，但是落实在基层的个案研究却相对较少。张民省等同志完成的基于合作社引领社会主义新农村建设的经验总结——《北梯模式》，解剖了山西省永济市虞乡镇北梯村以农业为基础、以改革为动力、以农民增收为日标创建的“股份合作社”发展模式。本课题研究的北梯村是2006年山西省确定的首批1098个社会主义新农村建设试点村，这个村处于一个缺乏矿产资源的地区，但是他们探索的新型专业合作社模式，紧紧围绕当地的土地资源和农产品大做文章，以股份制的土地流转实现了土地适度规模经营，走出了具有地方特色的农业现代化之路。它的成功之处不仅在于刺激了农村的经济活力，增加了农民的致富渠道，同时还建立了健康文明的农村新文化，发展了农村的基层民主政治，把经济建设、政治建设、文化建设、社会建设这四个新农村建设的子系统很好地协同起来，把“生产发展、生活宽裕、乡风文明、村容整洁、管理民主”这20个大字真正地落到了实处，对加速和完善我省新农村建设工作具有重要的借鉴意义。

2008年6月，在纪念农村改革30周年、《农民专业合作社法》实施一周年之际，山西省人民政府在榆社县召开“全省发展农民专业合作社工作会议”，指出农民专业合作社目前正处在发展与提高并重的关键时期，要求各级政府必须依法履行职责，切实做好对农民专业合作社建设与发展的各项指导、扶持和服务工作；提出要由“政府引导、部门联动”，开展“帮生、帮长、帮规范”行动，力求在提高农民组织化程度上取得重大突破，推动全省农民专业合作社又好又快发展。“帮生”，就是要加强指导，制定落实优惠政策，鼓励农民入社或创办合作社，力争到2010年，使全省农民专业合作社发展到15000个，50%的农户加入到合作社中来；“帮长”，就是政府各部门要加大财政支持和金融、流通、人才、科技、信息的服务力度，帮助合作社健康茁壮成长；“帮规范”就是要做好农民专业合作社的规范管理工作，提升合作社的运行质量和服务水平。

总之，我们必须充分发挥农民专业合作社在加快农业现代化发展进程中的助推作用，准确把握现代农业对农民专业合作社发展的新要求，牢固树立发展农民专业合作社就是发展现代农业的新思维，牢固树立支持农民专业合作社就是支持“三农”的新观念，大力推动我省农民专业合作社健康快速发展。希望这本名为《北梯模式》的新农村建设研究，能对山西省新农村建设和农业现代化建设起到积极的推动作用。让我们以党的十七大及其十七届三中全会精神为指针，全面贯彻落实科学发展观，求真务实，开拓创新，推动农民专业合作社的快速健康发展！

是为序。

2009年1月20日

（序的作者系中共山西省委农工办主任、山西省农业厅厅长）

目 录

导 论

农业丰，则基础牢；农村稳，则社会安；农民富，则国家昌。长期以来，农业、农村、农民问题一直是决定我国全面建设小康社会和现代化的关键性问题。没有农业的牢固基础和农业的积累与支持，就不可能有国家的自立和工业的发展；没有农村的稳定和全面进步，就不可能有整个社会的稳定和全面发展；没有农民的小康，就不可能有全国人民的富裕安康。因此，2005 年 10 月，中国共产党十六届五中全会明确提出，要按照“生产发展、生活宽裕、乡风文明、村容整洁、管理民主”的要求，稳步推进新农村建设。

一、研究目的和研究意义

我国是一个绝大多数人口在农村的农业大国，这是我国面临的最重要的、也是最基本的国情。农业、农村和农民问题，始终是我国革命、建设和改革阶段面临的根本问题。

(一) 我国新农村建设的演进

新农村建设问题，由来已久。在我国民主革命时期有，社会主义革命时期也有。而社会主义新农村建设，则是改革开放 30 年进程中提出的一个新课题，是随着经济发展的现代化必然出现的一个历史进程性问题。这是因为在经济的现代化过程中，工业取代农业成为国民经济的支柱，必然产生一个农业如何现代化的问题，即新农村建设问题。

第一，20 世纪 30 年代新农村问题的提出。我国近代曾出现了三位“乡村建设运动”的先驱——晏阳初、梁漱溟、卢作孚先生，都从事过农村社会发展新模式的实验。毛泽东早年也撰写过一篇

《新村计划》的文章，他当时的合作社思想，深受国外新村主义思潮的影响。

晏阳初先生搞“博士下乡”，在河北定县建立“社会实验室”。他认为中国农民普遍存在“愚、贫、弱、私”四大病害，进而提出以学校、社会、家庭三位一体连环教育的方式，实施四大教育：即以文艺教育治愚，以生计教育治穷，以卫生教育治弱，以公民教育治私，以此达到政治、经济、文化、自卫、卫生、礼俗“六大建设”。

梁漱溟先生主张“乡村文明”、“乡村都市化”，先后在广东、河南以及山东邹平等县从事乡村建设实验，建立政教合一的乡村学校，发展农村教育，培养农业人才，传授和推广农业技术，推行禁烟、禁赌、放足等社会改良；进行农村行政组织改革，举办合作社，组织乡村自卫团体。

卢作孚先生主张“乡村现代化”，在重庆北碚开展乡村建设实验。作为著名的实业家，他筑路治河，开矿建厂，兴办银行、邮电、电站、农场，发展贸易。他在推动基础设施建设和科技服务的同时，十分重视文化、教育、卫生、市容建设。

这三位先驱为新农村建设各自树立了成功的范例。他们的共同特点是都重视教育，而在思想上却各有千秋。例如，梁先生比较坚守中国的文化传统，并不完全认同西方的城市化理念。但可惜的是，他们的思考和探索之后都被废弃了。

第二，新中国成立后新农村问题的提出。1949 年以后，我国政府通过土地改革，把土地分给了农民。但是，土改完成之后，我们面临的是“汪洋大海般”的分散的个体经济。这种经济规模小、生产水平低，带有很大的脆弱性和自发性，若不及时地加以组织并引导农民走集体化道路，不但农业生产力得不到发展，也会极大地阻碍农业现代化，而且还会产生新的两极分化。正如毛泽东提出的那样，“在最近的几年中间，农村中的资本主义自发势力一天天在发展，新富农已经到处出现，许多富裕中农力求把自己变成富农，许多贫农则因生产资料不足，仍然处于贫困地位。有些人欠了债，有些人出卖了土地，或者出租土地。”①这种两极分化的现象，在实行土改后的农村较为普遍。因此，中国农村又一次面临向何处去的问题，而毛泽东关于农业和农村建设政策的思想正是解决这一问题对策的集中体现。

针对土地改革完成之后农村中两极分化的事实，1953 年 2 月 15 日，中共中央通过了《关于农业生产互助合作的决议》。6 月 15 日，毛泽东在中央政治局会议上强调说：“就农业来说，社会主义道路是我国农业唯一的道路，发展互助合作运动，不断提高农业生产力，这是党在农村工作的中心。”②1953 年 10 月 15 日和 11 月 4 日，又两次同中央农村工作部负责人谈话，指出“农村的阵地，社会主义如果不去占领，资本主义就必然会去占领。”“互助组不能阻止农民卖地，要合作化，大发展合作社才行。”③12 月 16 日，中共中央通过了《关于发展农业生产合作社的决议》，指明了引导个体农民经过互助组，到半社会主义性质的初级社，再到完全社会主义性质的高级社的道路。

可以说，在农业没有实现现代化的条件下，能否实行农业合作化的问题，实质是一个关系到可否在一个落后的农业国家中，建立社会主义经济制度的问题。就其可能性而言：从理论上讲，协作本身能够提供一种新的劳动生产力，而农业的现代化也的确需要农业生产资料的公有化和生产规模的扩大，加之苏联也为我们提供了这方面的经验；从实际来看，当时我国合作化的试点工作也表明，在没有现代化的条件下搞合作化能够有效地促进农业生产的发展。随着社会主义改造的基本完成，毛泽东关于社会主义建设的目标得到了进一步的发展，把“工业化”的目标逐渐提升为“现代化”。

① 《毛泽东选集》第 5 卷，人民出版社 1977 年版，第 187 页。
② 《红旗飘飘——中国共产党历史上的今天》，来源：中国共产党新闻网。
③ 《毛泽东文集》第 6 卷，人民出版社 1999 年版，第 299－305 页。

与此相适应，毛泽东也把农业发展的“社会化”目标进一步升华为“现代化”。他认为，“在我国建立一个现代化的工业和现代化的农业基础……我们的国家（上层建筑），才算充分巩固，社会主义社会才算从根本上建成了。”①在这里，他把实现农业现代化同建成社会主义的物质技术基础有机地联系了起来。为了这一目标的实现，毛泽东反复强调在发展农业的过程中，应不断提高农业的集体化水平，要采用先进的农业生产技术，对农业应施以科学的管理等等，这充分体现了毛泽东对农业现代化新路子的可贵探索。

第三，改革开放初期新农村问题的提出。改革开放之初，我国在十年“文化大革命”后首先遇到的问题是能否解决温饱问题，即如何让当时2.5亿农民吃饱饭。于是，在1978年冬天，安徽凤阳小岗村的18位农民悄悄地签订了“包产到户”的“契约”，由此拉开了中国改革开放序幕的一角。期间，家庭联产承包责任制作为中国农民的伟大创举，不仅促成了我国农业增长的“黄金时期”，而且在较短的时间内解决了上亿人的温饱问题，成为人类消除贫困史上的一个奇迹。

从20世纪80年代初期，我国政府对解决“三农”问题进行了不断探索，连续颁发了五个一号文件。1982年1月，第一个“一号文件”是中共中央批转的《全国农村工作会议纪要》，这一文件总结了具有划时代意义的农村改革，突破了传统的“三级所有、队为基础”的体制框框，明确指出包产到户、包干到户或大包干“都是社会主义生产责任制”；1983年1月，第二个中央“一号文件”——《当前农村经济政策的若干问题》正式颁布。这个文件从理论上说明了家庭联产承包责任制“是在党的领导下中国农民的伟大创造，是马克思主义农业合作化理论在我国实践中的新发展”；1984年1月1日，中共中央发出第三个“一号文件”——《关于1984年农村工作的通知》，强调要继续稳定和完善联产承包

① 《毛泽东选集》第5卷，人民出版社1977年版，第462页。

责任制，延长土地承包期；1985 年 1 月，中共中央、国务院发出第四个一号文件——《关于进一步活跃农村经济的十项政策》，决定调整农村产业结构，取消 30 年来农副产品统购派购的制度，对粮、棉等少数重要产品采取国家计划合同收购的新政策，并还将农业税由实物税改为现金税；1986 年 1 月 1 日，中共中央、国务院下发第五个“一号文件”——《关于 1986 年农村工作的部署》，肯定了农村改革的方针政策是正确的，必须继续贯彻执行。针对农业面临的停滞、徘徊和放松倾向，文件强调进一步摆正农业在国民经济中的地位。

上述五个“一号文件”，对农业和农村改革发展作出战略部署，肯定了家庭联产承包责任制，鼓励农民面向市场，发展商品经济，确立农户的市场主体地位；逐步取消农产品统购派购制度，推进农产品流通体制改革；调整农村产业结构，发展乡镇企业和建设小城镇。

第四，改革开放新时期新农村建设问题的提出。1982 年到 1986 年的五个“一号文件”，激发了亿万农民的生产积极性，为农民收入增长带来了强大的动力，开创了中国农村改革发展的新局面。然而，农村的改革和发展不断面临着新的难题。特别是从 1997 年开始，农民收入增幅连续四年下降。“有饭吃，缺钱花”、“吃饱了饭，看不起病，读不起书”、城乡发展严重失衡、农村社会矛盾日益突出，城乡居民收入在一度缩小后又进一步扩大。所以，从 2004 年开始，中央“一号文件”再次聚焦“三农”，中国农村改革开始进入了新的发展阶段。

2004 年 2 月 8 日，《中共中央国务院关于促进农民增加收入若干政策的意见》下发，这是改革开放以来中央第六个“一号文件”。提出要调整农业结构，扩大农民就业，加快科技进步，深化农村改革，增加农业投入，强化对农业支持保护，力争实现农民收入较快增长，尽快扭转城乡居民收入差距不断扩大的趋势；2005 年 1 月 30 日，中共中央国务院下发《关于进一步加强农村工作提高农业综合生产能力若干政策的意见》，即第七个“一号文件”。提出要稳定、完善和强化各项支农政策，切实加强农业综合生产能力建设，继续调整农业和农村经济结构，进一步深化农村改革，努力实现粮食稳定增产、农民持续增收，促进农村经济社会全面发展；2006年2月21日，中共中央国务院下发《关于推进社会主义新农村建设的若干意见》，即第八个“一号文件”。提出要完善强化支农政策，建设现代农业，稳定发展粮食生产，积极调整农业结构，加强基础设施建设，加强农村民主政治建设和精神文明建设，加快社会事业发展，推进农村综合改革，促进农民持续增收，确保社会主义新农村建设有良好开局；2007年1月29日，《中共中央国务院关于积极发展现代农业扎实推进社会主义新农村建设的若干意见》，即第九个“一号文件”，提出要用现代物质条件装备农业，用现代科学技术改造农业，用现代产业体系提升农业，用现代经营形式推进农业，用现代发展理念引领农业，用培养新型农民发展农业；2008年1月30日，《中共中央国务院关于切实加强农业基础建设进一步促进农业发展农民增收的若干意见》，即第十个“一号文件”，提出要走中国特色农业现代化道路，建立以工促农、以城带乡长效机制，形成城乡经济社会发展一体化新格局。

上述五个“一号文件”，主题分别是促进农民增收、提高农业综合生产能力、推进新农村建设、发展现代农业和加强农业基础建设，其核心思想是城市支持农村、工业反哺农业，实行城乡统筹的战略决策和“多予、少取、放活”的方针，重点强调农民增收，给农民平等权利，给农村优先地位，给农业更多反哺。这五个“一号文件”共同形成了新时期加强“三农”工作的基本思路和政策体系，构建了以工促农、以城带乡的制度框架，促进农业和农村发展取得巨大成就。

回顾中共中央关于“三农”问题的一系列“一号文件”，我们可以看出，20世纪80年代连续发出的五个“一号文件”，重点解决农村体制上的阻碍、推动了农村生产力大发展，进而为城市经济体制改革创造物质和思想动力。而新世纪关于“三农”的五个中央“一号文件”，核心思想是城市支持农村、工业反哺农业，通过一系列多予、少取、放活的政策措施，使农民休养生息，重点强调了农民增收，给农民平等权利，给农村优先地位，给农业更多反哺。五年来，中央把落实统筹城乡发展的方略落实在投入上，城市与农村经济间的“汲取型”关系被打破，国家对农民实现了由“取”向“予”的重大转折。

（二）研究新农村建设的现实意义

改革开放30年来，我国农村发生了翻天覆地的变化，农业的现代化程度大为提高。但是，与发达国家相比，我国农村经济发展还有较大的差距，要解决好“三农”问题绝不是一件轻而易举的事。中国共产党十六届五中全会提出“建设社会主义新农村”的重大历史任务，在国内外引起了强烈反响。在新农村建设过程中，促进农村经济发展和不断提高农民收入仍然是根本目标。只有全面深化农村改革，不断创新农村体制和机制，消除一切阻碍我国农村生产力发展的深层次障碍，从根本上解决我国农村发展面临的一系列深层次矛盾，才能为新农村建设提供坚强有力的体制保障。

首先，研究社会主义新农村建设，必须明确新农村建设的伟大意义所在。因为我们研究新农村建设的典型经验一方面符合新农村建设的意义，另一方面又有利于促进新农村建设的步伐。我们认为：第一，建设社会主义新农村体现了科学发展观的要求。科学发展观的一个重要内容，就是经济社会的全面协调可持续发展，而城乡协调发展是其重要的组成部分。全面落实科学发展观，必须保证占人口大多数的农民参与发展进程、共享发展成果。如果忽视农民群众的愿望和切身利益，农村经济社会发展长期滞后，我们的发展就不可能是全面协调可持续的，科学发展观就无法落实。所以，应当深刻认识到建设社会主义新农村与落实科学发展观的内在联系，更加自觉、主动地投身于社会主义新农村建设，促进经济社会尽快转入科学发展的轨道；第二，建设社会主义新农村是构建和谐社会的要求。社会和谐离不开广阔农村的和谐。当前，我国农村社会关系总体是健康、稳定的，但也存在一些不容忽视的矛盾和问题。通过推进社会主义新农村建设，加快农村经济社会发展，有利于更好地维护农民群众的合法权益，缓解农村的社会矛盾，减少农村不稳定因素，为构建社会主义和谐社会打下坚实基础；第三，只有建设社会主义新农村才能确保现代化建设顺利推进。国际经验表明，工农、城乡之间的协调发展，是现代化建设成功的重要前提。一些国家较好地处理了工农、城乡关系，经济社会得到了迅速发展，较快地迈进了现代化国家行列。也有一些国家没有处理好而导致农村长期落后，致使整个国家经济停滞甚至倒退，现代化进程严重受阻。我们要深刻汲取国外的经验教训，把农村发展纳入整个现代化进程，使社会主义新农村建设与工业化、城镇化同步推进，让亿万农民共享现代化成果，走具有中国特色的工业与农业协调发展、城市与农村共同繁荣的现代化道路；第四，建设社会主义新农村也是全面建设小康社会的重点之一。我们正在建设的富裕型小康社会，是惠及十几亿人口的更高水平的小康社会，其重点在农村，难点也在农村。改革开放以来，我国城市面貌发生了巨大变化，但大部分地区农村面貌变化相对较小，一些地方的农村还存在不通公路、群众看不起病、喝不上干净水、农民子女上不起学等现象。这种状况如果不能有效扭转，全面建设小康社会就会成为空话。因此，我们要通过建设社会主义新农村，加快农村全面建设小康社会的进程；第五，建设社会主义新农村，是保持国民经济平稳较快发展的持久动力。扩大国内需求，是我国发展经济的长期战略方针和基本立足点。农村集中了我国数量最多、潜力最大的消费群体，是我国经济增长最可靠、最持久的动力源泉。通过推进社会主义新农村建设，可以加快农村经济发展，增加农民收入，使亿万农民的潜在购买意愿转化为巨大的现实消费需求，拉动整个经济的持续增长。特别是通过加强农村道路、住房、能源、水利、通信等基础设施建设，既可以改善农民的生产生活条件和消费环境，又可以消化当前部分行业的过剩生产能力，促进相关产业的发展。

其次，我们要看到，自改革开放以来“三农”问题一直是我国政府关注的焦点问题，尽管国家采取了一系列支农、惠农的重大政策，使农村家庭联产承包责任制得到有效实行，农村经济发展也取得了令人瞩目的成就。但是，与城市工业化的发展水平相比较，当前农业和农村发展仍然处在艰难的爬坡阶段，农业基础设施薄弱、农村社会事业发展滞后、城乡居民收入差距扩大等矛盾依然突出，解决好“三农”问题仍然是工业化、城镇化进程中重大而艰巨的历史任务。当前，我国农村的发展遇到的问题具体表现在：一是发展的历史条件发生了根本变化。当前，我们是在社会主义市场经济条件下进行经济和社会建设，农村的发展遇到了许多挑战，农村经济发展和农民生活发展速度明显放慢。二是发展的宏观环境发生了根本性变化。从半封闭状态进入了全面开放状态，农民的思想准备不足。三是发展的格局发生了重大变化，城乡差距明显加大，而且有加速之势。四是发展的客观基础发生了变化。国家经济发展的积累，城市经济的繁荣和工业体系的高速发展，给工业反哺农业、城市支持农村提供现实的可能性。五是“三农问题”成为突出的社会问题。“农民、农业、农村”的三农问题突出表现为“农民真苦，农村真穷，农业真危险”这样一种不良状况。

再次，今天，在国际形势继续发生深刻变化、我国改革发展进入关键阶段的情况下，广大农村也正在发生新的变革。我国农业参与国际合作和竞争正面临新的局面，推进农村改革发展具备许多有利条件，也面对不少困难和挑战，特别是城乡二元结构造成的深层次矛盾突出。如，农业基础仍然薄弱，最需要加强；农村发展仍然滞后，最需要扶持；农民增收仍然困难，最需要加快。我们必须居安思危、加倍努力，不断巩固和发展农村好形势。同时，我国总体上已进入以工促农、以城带乡的发展阶段，进入加快改造传统农业、走中国特色农业现代化道路的关键时刻，进入着力破除城乡二元结构、形成城乡经济社会发展一体化新格局的重要时期。我们要牢牢把握我国社会主义初级阶段的基本国情和当前发展的阶段性特征，适应农村改革发展新形势，顺应亿万农民过上美好生活新期待，抓住时机、乘势而上，努力开辟中国特色农业现代化的广阔道路，奋力开创社会主义新农村建设的崭新局面。为此，我们要抓住和用好本世纪初这个重要的战略机遇期。

最后，实现全面建设小康社会的宏伟目标，加快推进社会主义现代化，就要更加自觉地把继续解放思想落实到坚持改革开放、推动科学发展、促进社会和谐上来，毫不动摇地推进农村改革发展。要继续解放思想，必须结合农村改革发展这个伟大实践，大胆探索、勇于开拓，以新的理念和思路破解农村发展难题，为推动党的理论创新、实践创新提供不竭源泉。要坚持改革开放，必须把握农村改革这个重点，在统筹城乡改革上取得重大突破，给农村发展注入新的动力，为整个经济社会发展增添新的活力。要推动科学发展，必须加强农业发展这个基础，确保国家粮食安全和主要农产品有效供给，促进农业增产、农民增收、农村繁荣，为经济社会全面协调可持续发展提供有力支撑。要促进社会和谐，必须抓住农村稳定这个大局，完善农村社会管理，促进社会公平正义，保证农民安居乐业，为实现国家长治久安打下坚实基础。

二、案例选择与研究方法

农村现代化研究是现代化研究的一个领域，我们可以借鉴现代化研究和社会学研究的一般方法。本书关于北梯模式的研究，我们既遵循现代化研究的一般方法，又借鉴社会学方法，在具体做法上又有一些自己的特点。

（一）案例选择

本课题选择的北梯村就是一个符合本研究的典型村庄。

北梯村是永济市虞乡镇所辖的一个行政村，在虞乡镇村镇体系中处于“区域型”中心——一体化中心建设的重点城中村，处于一级职能地位，工业区处于永济市东部工业重镇虞乡工业园区之内，同时也处于国家重点发展的同蒲经济轴线上，交通便利，区位优势明显。[1] 2006年以来，北梯村作为山西省首批社会主义新农村建设1098个试点村之一（永济市共有11个试点村），因地制宜，逐步探索并实行的农村经济股份制，使以集体所有制为主要内容的农村合作经济体制，与以公司制治理结构为主要特征的现代企业制度有机结合起来，创新了集体经济的有效实现形式，并由此带动了整个农村制度的创新。实践表明，土地流转彻底改变了过去一家一户分散经营、种植单一、产出效益低的状况；同时，促进了土地的规模化、集约化和效益最大化经营。

另外，之所以把北梯村作为山西省新农村建设研究的典型村庄，还缘于这个村年已61岁的党支部书记兼村长——孙国宾的个人魅力。孙国宾，这位于2005年底走马上任的中国最基层的村干部，是在20多年前就曾经因为创建全省乃至全国最大的野味加工基地、发展农村经济成绩卓越、进过中南海的风云人物。走近孙国宾后，我们才发现，在他的身上还有“永济肉鸡养殖第一人”、“永济芦笋之父”、“永济铸造业的倡导者”等众多光环。而今的他又出任了两个合作社——北梯养猪生产合作社和葡萄生产合作社的理事长。今天，他又紧扣时代脉搏，创造了新的第一——“土地入股，定期分红”的新型农业合作社发展模式。

这是因为，改革开放以来，我国家庭联产承包经营责任制的推行，使农民对土地这一基本资源具备了一定的使用权、收益权和处置权，这与改革开放之前相比，应该说是我国农村产权制度改革的一大进步，这一制度的建立极大地推动了我国农村经济市场化进程。然而，实践证明，一家一户的小农生产模式已不适应市场经济发展的需要，难以实现农业增效、农民增收的目标。所以，“坚持农村基本经营制度，稳定和完善土地承包关系，按照依法自愿有偿的原则，健全土地承包经营权流转市场，有条件的地方可以发展多

① 《永济市虞乡镇北梯村建设规划》，2006年10月。

种形式的适度规模经营”，[①] 成为时代发展的要求。

而以北梯村的实际情况来说，随着农村城镇化建设步伐的加快，农民在土地经营中又面临新问题。其一，一家一户的小生产，土地利用率不高，经济效益较低，农民增收步伐缓慢；其二，“背着”承包田进城务工是当前农民多渠道创收的一种普遍现象，进城务工和经营承包田又出现了新矛盾。加快发展现代农业，鼓励农民进城变市民，应该说核心问题是土地的流转。因此，在零风险的前提下，通过土地流转，可以帮助农民解除进城务工的后顾之忧。同时，还可以让转出土地的农民成为新生产主体的农业工人，获得土地租金与打工工资的双重收入。

我们在调研中发现，北梯村在帮助农民完成土地流转后，有关部门极力撮合农民就地在企业实现就业，既为企业解决了劳动力，也为“脱农”的农民增加了收入来源。目前，永济市虞乡镇北梯村出现流转后的土地经营已经部分从过去以种粮为主转向发展优质高效农业为主。由此可见，通过土地的有效流转，在提高土地利用效率的同时，可以实现农业增效和农民增收的双赢。

但是，目前农村产权制度改革尚处于起步阶段，以土地为例，现行农村土地产权安排，农民仅仅被赋予承包权和生产经营权，土地继承权、出让权、抵押权和入股权并没有纳入土地使用权的内容而赋予农民，农民对土地缺乏法律保障和合理的长期预期，从而阻碍了农村土地流转和土地资源的高效配置，束缚农业生产经营方式的转变和集约化生产的形成。于是，此即我们集中解剖北梯模式的原因所在。

本研究课题在山西省永济市新农村建设办公室的支持下，由山西大学政治与公共管理学院的部分师生承担，前后历时半年时间。几个月来，我们多次深入北梯村进行有针对性的考察和调研，研究

① 胡锦涛：《高举中国特色社会主义伟大旗帜为夺取全面建设小康社会新胜利而奋斗》. 人民日报，2007 年 10 月 25 日。

所使用的材料都是在这期间搜集到的。我们搜集资料的方法主要有以下几种：一是查阅和搜集文献资料，主要包括报纸、县志、碑文、各种会议记录、统计报表、账务往来资料、每年的工作总结、不同时期的规章制度、各种协议合同以及相关宣传报道；二是问卷调查，对于村民观念、行为、态度、情感等一些需要定量统计的问题，我们设计问卷，采取直接询问的方法进行调查，通过统计调查问卷获取相关资料；三是入户访谈，访谈对象主要有县乡领导干部、村两委成员和村民小组长、村民代表、村办企业负责人、老人、普通村民、企业职工、外来客商等；四是实地观察，深入企业内部参观，了解企业职工的工作环境和生活状况，到幼儿园、小学、中学、养老院、文化活动中心、广场等观察学生的学习条件和老人的生活条件以及村民的文化娱乐状况；五是参加村集体或村民自发组织的各种活动，旁听村党支部会议、村委会会议等，在旁听会议的过程中了解村务的决策、管理过程以及不同地位和身份的人的参与方式和参与能力；六是组织小型会议，通过讨论和交流的方式搜集资料。同时，我们还收集和使用运城市、永济市关于农村工作的相关调研成果，最终形成了这个综合性的调研报告。

我们希望围绕和谐社会建设的目标和任务，通过典型农村的发展现状，分析当前农村社会中存在的主要问题和矛盾，围绕和谐社会建设的目标和任务，为党和政府推动新农村建设的决策提出建议。

我们希望能够用比较翔实的数据，揭示新农村建设面临的问题和矛盾。由于我国幅员辽阔，各地区情况差别很大，经济较发达地区、经济不发达地区以及贫困地区同时存在，城乡之间、工农之间、不同地区之间的经济社会发展不平衡。

我们希望针对典型新农村建设的情况，进行经验、特点的对比、分析和研究。因为目前山西广大农村的经济社会发展很不平衡，其原因在于各乡村的经济结构不同、基础设施水平不同、与城市的距离不同、村干部的能力差异、缺乏“能人”或农民的素质不同等多个方面。实践证明，解决“三农”问题不可能单纯依靠农民自身来解决，必须跳出“三农”看“三农”，要有政府主导、有社会力量参与，并要发挥城市的带动力和影响力。

我们希望寻找适合山西省情的新农村建设的机制。首先，必须科学把握新农村建设的科学内涵，全面准确地理解中央关于建设社会主义新农村的政策含义；其次，要充分认识我国新农村建设的主要矛盾，如农村与城市的矛盾、人与自然的矛盾、教育的落后与农村发展的矛盾、投资体制与农村建设的矛盾、社会转型与村民素质的矛盾，农村基层文化建设在地方政府工作中被边缘化的矛盾等；再次，完善新农村建设，要实行“加快建设以工促农，以城带乡的长效机制”。

（二）研究方法

中共中央2006年“一号文件”提出的《中共中央国务院关于推进社会主义新农村建设的若干意见》是“工业反哺农业、城市反哺农村”的战略转变。大多数市场经济国家特别是日本、韩国等东亚小农社会国家，都在本国工业化和城市化水平达到工业反哺农业、城市反哺农村时，适时地提出新农村建设。①其中韩国的“新村运动”尤其引人注目，在很短的时间内取得了显著效果，韩国也由此成为我国社会主义新农村建设的榜样。

韩国当时的国情与我国当前现实条件有很大差别，我国不可能走韩国的路子，如果我们把主要希望放在韩国，可能会舍近求远，到头来成本高而见效慢。曾经担任过韩国政府总理的李寿成在向我国新闻界介绍韩国新村运动经验时说：中国其实已经准备好了，农村发展的社会环境已经成熟。经过多年改革开放，经济持续增长，城市不断发展，中国的整体实力大大增强。现在，中国确立的建设新农村目标得到全社会的支持，而韩国20世纪70年代初启动新村

① 温铁军在《经济半小时》、《中国财经报道》栏目于2005年10月8～13日联合播出的《中国经济大讲堂之温铁军——如何建设新农村》中的讲话。

运动时，农村的条件非常恶劣，通电的村子不到20%，有自来水的村子还不足15%，80%的农舍还是茅草屋，人均年收入才几十美元，政府财政也没有什么余力，与现在的中国是完全不同的。因此，中国不必学韩国了。他认为最重要的是领导人的发展观念和全社会的支持。有这两条，相信中国的目标一定能实现。[①]韩国新农村建设的专家江原道知事曾在中国社科院访问时表示，韩国新村运动的实质是"实际而非理论"，是"自律而非他律"，"是自我决定，自己负责的原则"。中国的新农村建设应有中国的方式，在新农村建设中要尊重农民自己的选择。中国多数专家认为，韩国新农村建设的成功经验对中国来说是有借鉴意义的，但中国的学术界应避免对国外"新村运动"的误读和盲目借鉴，需要进一步突出中国在解决"三农"问题上的理论和实践的自主创新。[②] 我们也认为，对外国经验的学习固然是值得的、必要的，但本土农村建设的经验教训更需要分析总结。

本课题的研究，我们主要采取了剖析典型的方法。应该说，典型研究的方法是帮助我们认识事物的科学方法，它的科学依据就是马克思主义辩证唯物主义认识论中关于从特殊到一般的基本原理，任何事物都是个性与共性、个别与一般的统一，共性存在于个性之中，一般存在于个别之中，人类认识事物的过程就是由特殊到普遍、由个别到一般的过程。这种研究方法要求研究者根据调查目的，着力把一个地方研究透彻，对一个地方进行深入细致的调查，探索其内在的规律性，然后从典型案例中总结出一些普适性理论。而典型调查对象的选择一般具有研究者的主观随意性，由研究者根据自己的调查目的需要，有意识地进行选择。选择典型一般是按照

---

① 韩国前总理、新村运动中央会会长李寿成《学习新村运动，中国不必到韩国》，山西新闻网2006年11月7日。

② 韩国新村专家《中国新农村建设应有"中国方式"》，中国新闻网2006年10月25日。

调查对象工作的好坏分为先进的、落后的和一般的三种。在本课题的研究中，我们的研究目的是探索建设社会主义新农村的模式，所以，我们选择的调查对象是农村中的先进典型，就是已经实现社会主义新农村建设目标和任务的村庄，即村庄建设达到了生产发展、生活宽裕、乡风文明、村容整洁和管理民主的目标。而且，这些村庄的发展过程不是依靠独特的资源优势或特殊的发展机遇，而是依靠全体村民共同努力的结果。因为独特的资源优势或特别的机遇不是村庄普遍拥有的，不具有普遍性，没有借鉴的价值和意义。

另外，目前我国农村研究存在偏重经验性研究的局限，我们也力争回避。一是只见“社会”，不见“国家”；二是只见“树叶”，不见“树林”；三是只见“描述”，不见“解释”；四是只见“传统”，不见“走向”。为此，需要超越经验，转换视角。虽然当下的中国农村研究正在成为一门众人追逐的“显学”。但这一“显学”在相当程度只是因为农村问题成为“热点”而造成，还远未成为有深厚学理支撑的“显学”。从整体上看，农村研究的学理水平还相当低，与其显赫的学术地位极不相称。其重要原因之一，就是方法论的限度。而要超越这种限度，需要对过往的研究加以学术反省。①

据以农村实地调查见长的华中师范大学中国农村问题研究中心的徐勇教授分析，由于长期与国际社会科学界的隔绝，使中国农村研究缺乏学理和方法论方面的支撑。包括我们从事农村调查的学者，也只知道要做实地调查，要重视社会基层，但不知道为什么。改变这一状况是的1990年代中期以后。1992年，随着邓小平视察南方讲话的发表，发展社会主义市场经济成为基本国策。市场经济的合法性地位的取得，导致经济社会的空间活跃。与经济自主性增长的同时，学术自主性也迅速增长。以邓正来为代表，将“国家与社会”和“市民社会”的分析框架引入中国社会科学界。这一

① 徐勇：《当前中国农村研究方法论问题的反思》，来源：乡村中国观察网。

框架不仅为中国农村研究提供了方法论依据，更重要的是将众多学者的学术视野和学术关怀由国家引向社会。①

随着经济发展，以研究社会问题为主的社会学开始兴盛。社会学本身的使命就是关注社会，主要方法是社会调查。但农村社会和社会调查长期未进入社会学的视野。这一状况在1990年代中期被打破。其代表者是张乐天和曹锦清。前者以浙江省北部的一个普通村庄——联民村为研究对象，细致入微地描述了人民公社制度的兴起及其在这一制度下的农村社会；后者则以其亲自调查的情况和认识，描述了黄河两岸农村面临的种种矛盾和问题，并产生了极大的社会反响。

同时，个案研究也面临着如何处理特殊性与普遍性、微观与宏观之间的关系问题。传统的个案研究通常将他们的研究结论局限在他们研究的日常世界的范围内，无力或者无心顾及广泛的历史模式和宏观结构；扩展个案方法则追求自田野“扩展出去”，旨在从独特中抽取一般，从微观走向宏观。随着现代社会日趋复杂，对独特个案的描述与分析越来越无法体现整个社会的性质；定量方法的冲击更使个案研究处于风雨飘摇之中。针对个案研究面临的问题，我们学习并采用扩展个案的方法，旨在建立微观社会学的宏观立场，试图立足宏观分析微观，通过微观反观宏观，并在实践中处处凸现理论的功能。但是，在研究的立足点上，扩展个案方法和传统个案研究有根本区别。传统个案研究虽然不排斥对外在宏观因素的考察，但却是站在微观个案的基础上理解宏观因素对微观生活的影响，可以称之为一种建立宏观社会学之微观基础的努力。②

此外，经由理论重构产生的一般性法则使其较好地处理了特殊性与普遍性的关系问题。如果说分析性概括从方法论高度证明了个

① 徐勇：《当前中国农村研究方法论问题的反思》，来源：乡村中国观察网。

② 卢晖临、李雪：《如何走出个案——从个案研究到扩展个案研究》，来源：乡村中国观察网。

案研究法的生命力，那么扩展个案方法则是这一结论之下具体方法的体现。分析性概括旨在说明，个案研究法的魅力不在于要像大规模抽样调查那样，用样本的结论推断总体的特征，不在于样本选择的代表性或典型性，而在于其辅助理论建构的力量。

我们希望使用扩展个案的方法，走出个案自身的狭小范围，转而站在宏观场景，居高临下地观察具体的基层社会生活；同时藉由具体个案反观宏观因素，从而实现理论的重构。扩展个案方法之所以可能，是因为分析性概括将其引入了一条正确的道路：从个案研究本身的独特逻辑来思考这个问题，特别是注重理论的角色。扩展个案方法则在分析性概括的基础上再向前推进一步：跳出个别个案本身，走向宏大场景。

三、研究内容与框架结构

没有农村的现代化，就没有全国的现代化，而农村的现代化进程已经明显表现出不适应整体现代化的进程。因此，社会主义新农村建设，着眼点在于解决“三农”问题，实质是中国社会全面实现现代化的问题。当前解决农村现代化问题已经到了刻不容缓的程度。

（一）关注新农村建设的时代特征

我们认为，社会主义新农村是指在社会主义条件或社会主义制度下，反映一定时期农村社会以经济发展为基础，以社会全面进步为标志的社会状态。所以，社会主义新农村建设应当具备以下时代特征：

第一，先进性。社会主义新农村建设属于社会主义范畴，具有社会主义的本质属性。建设社会主义新农村必须顺应时代前进潮流，引领社会文明发展之先，充分展示社会主义制度的内在先进性、强大生命力和巨大优越性；在意识形态上，必须以邓小平理论和“三个代表”重要思想为指导，牢固树立和全面贯彻落实科学发展观；在领导体制上，必须坚持中国共产党的领导，这是社会主义新农村建设的根本保证；在表现形式上，必须具有中国特色的，符合中国的基本国情和广大农民群众的愿望要求，决不能照搬照套别国的模式；在建设方向上，必须坚持社会主义市场经济的改革方向，稳定和完善农村基本经营体制，统筹推进农村各项改革，充分尊重广大农民群众的首创精神，全面增强农业和农村发展的活力。

第二，普惠性。社会主义新农村建设是一个贯彻和体现以人为本的过程，要以实现人的全面发展为目标。我们党所从事的一切活动都是为了最广大人民群众的根本利益，广大农民群众是新农村建设的主体，在新农村建设过程中是否贯彻和体现以人为本，决定着新农村建设这一历史伟业的成败。要把广大农民群众的根本利益作为建设社会主义新农村的出发点和落脚点，围绕农民需求谋划新农村建设，根据农民意愿推进新农村建设，从农民生产生活中最紧迫的实际问题入手，区分轻重缓急，突出重点，为农民群众多办好事实事。要进一步提升和满足农民的经济、政治、文化等各方面利益，培养和造就有文化、懂技术、会经营、高素质的新型农民。要抓住关键环节，采取综合措施，真正贯彻好工业反哺农业、城市支持农村和“多予少取放活”的方针，弥合城乡差距、贫富差距，实现共同富裕。

第三，变革性。社会主义新农村建设就是解放和发展农村生产力，使农村社会内在的发展动力和创造活力进一步迸发出来。改革开放以来，我国农村经历了土地承包、税费改革等一系列重大变革，最大限度地调动了农民的生产积极性，有力地促进了农村生产力的解放和发展，实现了农业生产和农村经济长达20多年的稳定高速发展。但要看到，当前我国农业生产力总体水平不高，与支撑国民经济平稳较快发展的要求很不适应。建设社会主义新农村，实质就是针对影响和制约农村生产力解放和发展的突出问题，依靠体制创新和科技创新，对农村生产、生活方式进行一次社会大变革，对城乡关系进行再调整，对农村生产力再次大解放大发展，推进农村生产方式的现代化，建设设施齐全、环境优美的农村新社区，改变农村各种生活陋习，倡导健康、文明、科学的生活方式。

第四，综合性。社会主义新农村建设是一个宏大系统工程，必须全面协调推进新农村的各项建设。社会主义新农村建设，当然要重视抓好“硬件”建设，做好“通路”、“通电”、“通水”、“通气”、“通邮”等工作，村容村貌要整洁美观漂亮，但更重要的还是要抓好“软件”建设，提高农民素质。因此，新农村建设既有村镇建设的问题，也有村民发展的问题；既有“硬件”建设的问题，也有“软件”建设的问题；既有经济建设的问题，也有包括社会、政治、经济、科技、教育、文化、交通、人民生活、社会治安和社会保障等涉及社会生活方方面面。也就是说，新农村建设是社会文明进步综合发展程度的标志。那种以为社会主义新农村建设就是造房子、建设新村庄、修公路，只要农村经济上去了，社会主义新农村就自然建成了或者认为社会主义新农村建设目标就是求“新”，而把经济建设放在一边等等认识都是片面的、错误的。要按照“生产发展、生活宽裕、乡风文明、村容整洁、管理民主”的要求，全面协调推进农村经济建设、政治建设、文化建设、社会建设和党的建设。

第五，长期性。社会主义新农村建设是若干阶段组成的长期动态性过程，必须把长远目标与具体目标统一起来。新农村建设作为整个社会主义现代化建设中不可或缺的重要内容，既是整个国家经济社会发展总体目标在农村领域的具体体现，也是农村社会从一个层次向更高层次发展、农民生活从一种水平向更高水平的过渡。社会主义新农村作为一定历史时期社会形态的表现形式，必然体现时代特征，其衡量标准是随时间的变化、社会的发展而变化发展的。同时，新农村建设必然要在现有基础上进行，具有层次性，不同地区由于历史、环境、基础的不同，建设的速度和目标也各不相同，各地所进行的新农村建设在内容上、程度上、要求上也必然有所不同，模式也不可能千篇一律。此外，新农村建设与城市建设也有根本的不同，不能一味模仿。因此，社会主义新农村建设一定要从实际出发，树立科学态度，把握科学方法，要有长期艰苦奋斗的准备，不能急于求成，根据不同阶段的不同特点，坚持科学规划，实行因地制宜、分类指导，有计划、有步骤、有重点地逐步推进目标实现。

（二）研究我国新农村建设的内涵和目标

虽然已明确了新农村建设的总目标，但具体如何建设社会主义新农村，其内涵是什么呢？我们认为，中国社会主义新农村建设的内涵应依据国情和借鉴与我们国情相近的发达国家如日本和韩国的经验来确定。对此我们尝试这样解读中央的“二十字”方针。

“生产发展”——新农村建设的基础条件。新农村建设的主体应该是农民而不是政府，政府的基础投入只是辅助，不然因现阶段没有超强的国家财力支撑而使新农村建设成为“雷声大，雨点小”的政策宣传。生产发展是农民有一定财力投资新农村建设的基本条件，“十一五”时期及以后，农村的生产方式和结构都需要改变，这样的改变需要国家增加农村基础设施的投入，着手农村土地制度的改革，推广农业技术和发展农村非农产业，创造条件使农村劳动力得到充分的使用和自由高效流动等。简单地说，新农民、新的生产条件和方式是新农村建设中“生产发展”的主要内容。

“生活宽裕”——新农村建设的主要目标。生产发展后，生活宽裕就有了基础和前提，但生产发展并不一定带来农民收入的增加和生活环境、质量的改善。改革这些年，农民吃穿好了，但城乡收入差距越来越大。据统计，2005 年城乡居民收入差距达到 3. 3： 1，为历史的最高值，农民是中国最贫穷阶层的现状还没有大的改变。统计表明，目前全国一半的行政村没有通自来水，60% 以上的农户还没有用上卫生厕所；城乡社会保障覆盖率之比高达 22： 1，占全国总人口近 60% 的农村居民仅享用了 20% 左右的医疗卫生资源，几成左右的农民是无保障的自费医疗群体。“生活宽裕”要求通过盘活农村经济、减免税费和增加财政转移支付、建设完善的农村基础设施和提供良好的公共服务等方式多渠道提高农民收入和改善农民的生存环境。所以，改善农村生存状况是新农村建设中“生活宽裕”的主要内涵。

“乡风文明”——新农村建设的文化标志。“乡风文明”包括伦理、文化、风俗、法制等诸方面。一个文明而和谐的乡风，不仅是农村文化和人力资源提升的标志，也是农村社会富足、安康的目标。近年来，虽然一些地区的农村日益富裕，但社会风气日渐低下，文化生活单调乏味，邻里之间关系紧张，一些传统的陋习死灰复燃。可见，虽然“仓廪足而知礼节”，“生活宽裕”可为“乡风文明”打好基础，但物质文明不能自动产生精神文明和社会文明，一个质朴、和睦、高雅而又充满活力的乡风乡土还需要政策、制度和法制的引导与建设，这就是“乡风文明”所需要做的事情。

“村容整洁”——新农村建设的重要结果。“生活宽裕”和“乡风文明”可以大幅度改善农民的生存状况，但并不能自动改善农民的居住环境。至今，大部分的农村地区的人居环境依然很差。“露天厕、泥水街、压水井、鸡鸭院”，是对农民生活居住环境的形象描述。许多村庄的房舍、街道建设缺乏规划，道路弯弯曲曲，汽车只能通行在主干道上，村里垃圾遍地。村容村貌脏乱差，给农民的生产生活带来了很大的不方便，对身心健康带来严重影响，生活质量难以提高。所以，因地制宜，因“财”施用，在周密规划的基础上整治农村的村容村貌，是新农村建设中“村容整洁”的主要内涵。

“管理民主”——新农村建设的政治主题。管理民主是以上各项目标的制度基础，同时是新农村建设中的主要难题之一。目前，虽然我国村民自治基本制度已确立，但全国农村地区所实行的村民自治制度差别比较大。完善农村基层民主自治制度是实现乡村管理民主的核心所在，而农业税取消后乡镇政府职能如何改革又是其关键。专家指出，基层民主建设与市场经济有机结合是新农村建设中一个很大的课题。因此，如何实行农村基层组织全面改革，是新农村建设中“管理民主”的主要内涵。

基于上述内容的新农村建设，将使我国农村出现以下五个方面的大变化：

第一，产业发展要形成“新格局”。主要表现为：一是加强农业基础设施建设，建设优质粮食生产基地和优势农产品产业带，提高农业综合生产能力，稳定发展粮食生产，持续增加种粮农民收入。二是培育竞争力、带动力强的龙头企业，推广龙头企业、合作组织与农户有机结合的组织形式，加快农业产业化建设。三是提高农业科技创新和转化能力，加快农作物和畜禽良种繁育、动植物疫病防控、节约资源和防治污染技术的研发、推广、提高机械化作业水平，推进现代农业建设。四是推进农业结构调整，按照高产、优质、高效、生态、安全的要求，调整优化农业结构，发展特色农业、绿色农业和生态农业，培育壮大主导产业，建设优势农产品产业带。五是大力开发节约资源和保护环境的农业技术，推广废弃物综合利用技术、相关产业链接技术和可再生能源开发利用技术，发展节约型农业和循环农业。六是加强农村现代流通体系建设，推进农产品批发市场升级改造，加强农业标准化建设，健全检验检测体系，进一步提高农产品质量安全水平。

第二，农民生活水平要实现“新提高”。主要表现为：一是充分挖掘农业内部增收潜力，按照市场需求，积极发展品质优良、特色明显、附加值高的优势农产品，推进“一村一品”，实现农业增效。二是要搞好农村劳动力转移培训，加快农村劳动力转移，不断增加农民的务工收入。三是鼓励和支持符合产业政策的乡镇企业发展，大力发展民营经济，特别是劳动密集型企业和服务业。四是要稳定、完善、强化对农业和农民的直接补贴政策，加强对农业和农民的支持保护体系建设，加强扶贫开发工作。

第三，乡风民俗要倡导“新风尚”。主要表现为：一是发展农村义务教育，开展农村劳动力技能培训，提高农民整体素质。二是推进新型农村合作医疗制度建设，发展农村卫生事业。三是繁荣农村文化事业，加强农村公共文化设施建设，实施农民体育健身工程，扶持农村业余文化队伍，鼓励农民兴办文化产业，开展和谐家庭、和谐村组、和谐村镇创建活动。四是引导农民崇尚科学，移风易俗，形成文明向上的社会风貌。

第四，乡村面貌要呈现“新变化”。主要表现为：一是搞好农村能源建设，积极推广沼气、秸秆气化、小水电、太阳能、风力发电等清洁能源技术；以沼气池建设带动农村改圈、改厕、改厨。二是加强村庄规划和人居环境治理，重点解决农民在饮水、行路、用电等方面的困难，引导和帮助农民切实解决住宅与畜禽圈舍混杂问题，搞好农村污水、垃圾治理，改善农村环境卫生。

第五，乡村治理要健全“新机制”。主要表现为：一是加强农村基层组织建设，健全村党组织领导下的村民自治机制，进一步完善村务公开和民主议事制度，完善村民“一事一议”制度，健全农民自主筹资筹劳的机制和办法。二是鼓励、引导和支持各种农村新型的社会化服务组织建设，推动农产品行业协会发展，为农民发展生产经营和维护合法权益提供有效服务。三是加强农村社会治安综合治理，创建平安乡村、和谐乡村。

(三) 北梯模式的研究思路

本课题的研究从北梯村历史地理考察入手，分析不同时期北梯村经济社会发展的情况，寻找促使北梯在经济、政治、文化、社会和党建等各方面取得成功的关键因素和内在规律，本书除导论以外，包括三部分的内容。

第一部分是北梯村的历史地理考察，这一部分主要是第一章的内容。回顾历史是为了更好地看清现实，理清现实问题的来龙去脉。北梯村是永济市虞乡镇所辖的一个行政村，东去永济市城区18公里，东南距虞乡镇1公里，距晋陕南部黄土高原大型旅游景点国家级风景名胜区中条山最高峰——五老峰2公里，省道太风公路和南同蒲铁路从村域南侧穿越，处于国家重点发展的同蒲经济轴线上，交通便利，区位优势明显。拥有耕地总量1440亩，以粮棉种植为主，经济发展水平处于虞乡镇乃至永济市农村经济发展中上游水平。

第二部分是全书的主体部分，在这一部分，我们按照中央提出的建设社会主义新农村的目标要求，梳理了改革开放以来北梯村的经济、社会发展脉络，特别是中央政府作出建设社会主义新农村的决定后，北梯村进行新农村建设的具体做法和探索，包括第二、三、四、五共四个章节的内容。

第二章通过回顾北梯村近30年及其之前的经济发展，进而总结影响其发展的主要因素。社会主义新农村建设，发展农村经济是关键。以经济建设为中心，是党的基本路线的基石，是我国经济社会发展的一条主线。30年前的北梯村，和其他村一样一贫如洗，没有特殊的资源，没有特别的地理优势，为何却在20世纪80年代引领着中国农村的发展。那么，是靠什么使它如此迅速地发展？它的发展有没有什么可以遵循的规律？这将是本章着重研究的问题。随着改革开放的进一步发展，我国的生产力水平有了很大的提高，人民的生活水平得到了极大的改善。但是，在目前我国经济社会各个领域还存在着很多的矛盾和问题，其中最突出的就是"三农"问题。这些问题，直接关系到我国社会主义现代化建设能否最终实现。要从根本上解决这个问题，只有不断的发展经济，不断解放和发展生产力，满足人民日益增长的物质文化需求。在我国，农村的情况可谓是千差万别，发展农村经济也只能是因村而异，如何在各种复杂的发展模式后面找到一条共同的规律是我们研究的目的。

第三章介绍作为新生事物出现的北梯村"养猪生产合作社"及其经营模式。北梯养猪生产合作社成立于2006年3月，自成立以来，它以"民办、民管、民受益"为宗旨，将松散的养殖户连接起来，共同抵御市场风险，探索出了一条合作互助、不断壮大养猪业发展的有效途径。首先，本章详细阐述了北梯养猪合作社的成立过程，并描述了当前的发展状况；其次介绍了北梯养猪合作社发展的思路，并比较系统地研究了该养猪合作社所走的现代化道路，生产经营步入现代化轨道；最后，总结了该合作社的发展经验，提出发展农民专业合作社是推动新农村建设的有效途径。

第四章主要介绍在新农村建设中，北梯村以土地入股建立合作社，发挥集体经济优势而出名的“葡萄生产合作社”及其经营模式。北梯村“土地入股，定期分红”的土地流转改革，以土地入股建立合作社，发挥集体规模经济优势，吹响了新一轮土地解放的新农村建设浪潮。2008 年召开的十七届三中全会关于放宽土地的土地流转限制的精神，无疑是对北梯村此举的肯定与认可。北梯葡萄生产专业合作社自 2007 年成立以来，土地流转工作优化了土地资源及其劳力资源的合理配置，实现了家庭承包经营责任制与现代农业发展有效对接，挖掘出了农业内部增收潜力，社员享受土地保障金和红利分配，形成了富有特色的土地规模经营模式。新模式下的农民生产方式和生活方式都发生了巨大的变化。探究北梯由联产承包制到合作社股份制的变迁、北梯葡萄生产专业合作社的建立与运行，对于全国的新农村建设无疑具有重要的借鉴意义。

第五章重点介绍北梯专业合作社的运行模式。北梯专业合作社是对传统合作社的继承和发展，合作社尽管采用了股份的形式，但是由于它仍然是按照合作社原则经营的，因此并没有改变其合作社的性质，并在此基础上有所创新。北梯专业合作社在产权结构上，与股份公司存在一些明显区别：股份公司对股份购买者和购买额没有限制，而北梯专业合作社对股份购买者和购买额都有所限制；股份公司对股份分红没有限制，而北梯专业合作社的股份分红比例受到严格限制；股份公司的股份可以自由转让，而合作社中这种转让受到了限制；股份公司以股定权，实行一股一票，而北梯专业合作社基本上仍是一人一票制。所有者、劳动者、经营管理者和产品占有者的四位一体，是北梯专业合作社产权结构的独特之处。这种产权结构很好地实现了集体合作利益与个人利益的结合，它以实现社员个人利益为轴心，兼容了集体利益和社会利益。本章通过对北梯专业合作社的管理机构、规章制度、运行机制三个方面进行探讨，认为北梯模式对我国新农村建设的进一步推进具有重大意义。

第六章重点介绍北梯村在社会主义新农村建设活动开展以来取得的巨大变化。作为社会主义新农村建设大潮中的一员，北梯村在上级政府部门的引导和支持下，几年来，村支部书记兼村委主任孙国宾带领全村人民通过积极的摸索和实践，按照“生产发展、生活宽裕、乡风文明、村容整洁、管理民主”的要求，协调推进农村经济、政治、文化和社会建设，逐步探索出了一条符合北梯村自身情况的建设社会主义新农村的路子。目前，北梯村在加强农村基础设施建设，加强农村民主政治建设和精神文明建设，积极改善干群关系，加快社会事业发展等方面都取得了良好的效果。2007 年被永济市委、市政府评为“2006 年度社会主义新农村建设示范村”，2008 年 6 月，又被山西省委农工办、山西省农业厅评为“山西省先进农民专业合作社”。

第三部分是结论与讨论，从特殊案例到普适理论——社会主义新农村建设的一种模式。这一部分包括本书的第七、八章。

第七章我们对北梯模式进行了总结，在村治精英的带领下经过几年的艰苦奋斗，北梯被建设成了一个生产发展、生活宽裕、村容整洁、乡风文明、管理民主的社会主义新农村。北梯通过土地流转，实行的股份制与农民专业合作经济组织相结合的现代化经营模式为当前中国农村，尤其是资源匮乏的中西部农村发展农村经济，实行农业的产业化经营，探出了一条非常符合党的十七届三中全会关于农村改革发展的精神的可行之路。究其成功的原因，主要有以下三条经验可循：首先，农村改革发展农民是主体，但在坚持农民的主体地位时，首先，要有品德高尚、意识超前，懂经营、善管理的农村精英以及以该精英为核心的一个精英的团队来带领农村的发展，这是农村发展的关键。其次，要有健全的民主化和规范化的管理制度，这是农村发展的制度保障。第三，农村的改革发展还必须有政府的适度干预，积极引导，同时要结合地区实际，做到因地制宜，选择科学的发展模式。只有这样，农村改革发展才能充分发挥广大农民的主体作用。

第八章我们希望山西永济市的北梯经验对我国广大农村坚持科学发展，走中国特色现代农业发展之路提供一些启示。随着市场化、工业化和城市化过程的推进，家庭联产承包制的局限性日益暴露出来，束缚了农业生产经营方式的转变和集约化生产的形成。山西省永济市虞乡镇北梯村正是在这种形势下，建立了股份制加合作社的经济发展模式。这种模式是农村制度创新的典范，有着一定的理论意义和现实意义。其对我们的基本启示是：因地制宜，用现代发展理念引领农业发展，即建设保障农业发展的优质高效农业、生态环境优美的可持续发展农业、参与国际分工的外向化农业和生产、生活于一体的多功能农业；开拓创新，提高科技进步对农业的贡献率，即以现代发展理念引领农业发展，要多渠道加大农业科技投入，提高农业科技创新能力、加强农业高科技和应用技术研究，引领现代农业发展，加强普适性、关键性技术研究，促进农业可持续发展，加强农业科技成果转化、应用与推广，实现现代农业的跨越式发展；完善机制，保障现代农业的稳步发展，即建立和完善以下八个机制：农业产业化的运行机制、土地流转机制、集成放大的项目管理机制、政府支持机制、农村公共产品供给机制、以农民为主体、社会力量广泛参与机制、农民利益增进机制和现代农业可持续发展机制。

总之，我们研究的北梯村已经走出了一条适合他们发展的建设社会主义新农村之路，在原本贫瘠落后的土地上建起了现代化的和谐农村，而且在这片土地上成长着一批适应社会主义市场经济需要的新农民。我们认为，北梯村建设社会主义和谐新村的道路和发展模式具有极大的推广价值。

第一章　北梯村概况

一个地区的发展，是由地理位置、经济状况、文化积淀、风土人情等多方面的因素综合作用而促成的。地理位置影响着这个地区的交通状况，物资流动以及人们思想观念的变化；经济状况是一个地区的经济发展现状，也是长期发展的结果，主要包括经济结构，即各产业的比例状况，对这一地区的继续发展提供着最直接的动力；文化积淀程度主要体现在地区内的历史发展，往往对民情、民俗，以及地区内人们整体的思想观念有着非常强势的影响；风土人情及其演变反映着地区内人们的思想变化，也影响着一个地区的发展进度。这一章主要从地理状况、历史变迁、社会结构以及经济结构等几个方面入手，对影响北梯村发展的外在因素进行论述。

一、区域特征

区域特征是对一个地区内自然地理状况的概括介绍，主要包括地理位置、气候、资源等因素。因为一个地区的地理位置、气候、资源等无时无刻不在影响着区域内人们现时的经济社会发展以及生产生活方式，并对以后的发展发挥着重要的影响。

（一）地理位置

所谓地理位置，是指地表某一事物与其外在客观事物间的空间关系。这种关系的基本要素是方向和距离。地理位置的优劣影响着区域内人们社会结构的形成及变化（如婚姻状况、对新鲜事物的接受速度及程度）、对外交通便利程度以及经济结构的发展（如农业种植结构、工业的发展）。

2008 年 10 月，我们在国庆节期间来到了因“土地入股，农民分红”式土地流转改革而闻名的北梯村。细雨绵绵的早晨，我们从太原来到了北梯村所在的永济市，来接站的是永济市新农村建设办公室的阎胜利主任和农经办王建强副主任。阎胜利主任看起来有40岁出头的样子，穿着一件旧夹克，由于常年从事基层工作，长期劳累的缘故，出现了些许的脱发，但掩盖不住他骨子里透露出的干练。王建强副主任看起来年龄不过40岁，身着中山装，温文尔雅且非常精干。在简单用过早饭后，在他们的引领下，怀着有些激动的心情驱车从永济市区出发，一路向东，直奔北梯村。在路上，王建强副主任在车上与我们侃侃而谈，讲述了许多永济市的历史传说、人物典故以及北梯村的情况，使我们对永济市和北梯村有了初步了解。

走了大约有18公里，就到了北梯村（见北梯村位置地图）。我们坐车来到村口时，看到一块花岗岩质地的大石头上刻写着“北梯村”三个红色大字，顿时让人耳目一新，终于来到耳闻已久的北梯村。刻写着村名的16吨重的大石头是现任党支书兼村委会主任孙国宾同志在2005年当选时自己花钱为村里立的。穿过同蒲铁路的地下通道，就进入了北梯村，村子里非常的宁静，村子主干道两旁种着松柏，一些人家在门口种了柿子树、梨树、泡桐等晋南地区常有的树种。车子停在了村委会大楼前，村中央坐落的村委会大楼，红白相间的建筑色彩仿佛在展示着北梯村的朝气和活力。在村委会大楼一层会议室，我们见到了耳闻已久的北梯村党支书兼村委会主任孙国宾同志。孙书记高大魁梧、态度谦和，在3个多小时的交谈中，他思路明晰、娓娓道来北

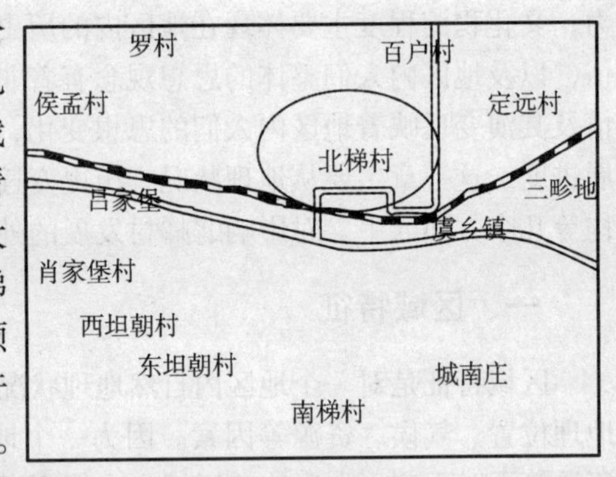

梯村近30年的发展历程。

到了北梯村村委会办公室后，阎主任给我们简要地介绍了永济市的情况，并用"一楼、二寺、三故里、四铁牛和五老峰"这几个词进行了精炼的概括。"一楼"是说永济市有一个鹳鹊楼；"二寺"是指有两个寺庙，即万固寺和普救寺；"三故里"是说这里是舜帝的故里，以及杨贵妃和柳宗元的故里；"四铁牛"则是说有四个唐代大铁牛（当时是用来固定黄河上的浮桥）；而"五老峰"就是说永济市境内的国家级风景名胜区和森林公园——五老峰。

北梯村是永济市虞乡镇所辖的一个行政村。永济市位于山西省的西南部，运城盆地西南角，晋、秦、豫"黄河金三角"区域中心。黄河在这里从"由北向南"转而"由西向东"流去，母亲河犹如一个宽大的臂弯，将永济搂在中间。永济西临黄河，与陕西省大荔县、合阳县隔河相望，南依中条山与芮城接壤，东邻运城市，北接临猗县。全市辖9镇1乡3个城区街道办事处，人口43万。永济市的地形东西宽49公里，南北长43.5公里，总面积1221.06平方公里，折合土地183万亩。其中耕地面积78.9万亩，林地面积36万亩，其他68.1万亩。

虞乡镇作为永济市第二大集镇，对北梯村的发展起着巨大的促进作用。虞乡镇位于县城东18公里，南有中条山，并与芮城县隔山相望，西临永济市区，北接开张镇，东邻盐湖区席张乡。总面积有131.62平方公里，下辖27个村委会，共有49个自然村，约有人口28574人。

据永济县志所载，北梯村所在虞乡镇1954年同解县合并改为镇，1958年为东风社驻地，1961年为虞乡公社，1984年为镇。"全镇耕地47356亩，其中水浇地31804亩，占总耕地67%。南部沿山为砂石地，中、北部为平原，以产棉为主。"①

北梯村西距永济市城区18公里，东南距虞乡镇1.5公里，距

① 永济县志编纂委员会：《永济县志》，山西人民出版社1991年版，第21页。

离运城市区30公里。北与东坦朝村接壤，东与百户村相邻，南与南梯村相连，西与罗村相靠。村南侧有南同蒲铁路穿越，从北梯至南梯、虞乡铁路客货两用车站、百户村、东阳朝村等均有乡间公路通过，连接运（城）风（陵渡）高速和太（原）风（陵渡）公路的虞黄公路从村域东侧经过。北梯村紧邻虞乡镇区，在虞乡镇村镇体系中处于“区域型”中心——一体化中心建设的重点城中村，工业区处于永济市东部工业重镇虞乡工业园区之内。由于北梯村临近经济比较好的虞乡镇（曾为虞乡县城），具有地理优势，也带动了自身经济、社会的发展，相较于其他临近村，处于中上水平。同时也促使村民们很早就具有了思变图强的心理，这也为后来发展集体经济（如创办牧工商联营公司、组建农业专业合作社等）奠定了基础。

北梯村的整体布局合理而紧凑，村委会办公楼位于村子的正中心，其办公楼坐北朝南，占地约有五亩左右，办公楼前的水泥场地上晾晒着参加农业专业合作组织的农户们收获的黑花生。场地的东边竖着两块宣传栏，写着有关鸡和猪的养殖技术。与村委会办公楼隔路的是村委会修建的名为和谐园的村庄花园，种着各种花木，一派繁荣的景象呈现在眼前，不禁让人浮想联翩。站在村委会办公楼前的广场上，向南望，巍峨、黛色的连绵起伏的中条山一下子涌入眼帘。终于见到了小学课本里《中条山的风》中描述的中条山，一种说不出的畅快。

（二）资源禀赋

自然资源是影响农村发展的主要资源，是农村经济社会发展的物质前提和物质基础，其数量多寡和质量高低影响到农村生产的规模、产业结构及其经济效益，因而是社会主义新农村“生产发展”的重要因素。下面我们结合永济市、虞乡镇的地理特征，对北梯村的自然资源状况进行整体描述、观察。

永济市处于涑水盆地，受燕山时期形成的汾渭堑地的控制，运城凹陷，呈东北——西南走向，贯穿包括永济在内的整个涑水盆地。依据重力测量和地震测量资料，北西侧沉降小，南东侧沉降大。沉降中心位于永济市东部与运城市区接壤地带。由于地处山、塬、河的交汇处，地貌复杂多样，山与塬之间为长条平川，黄河川道区有阶地、滩地和水面，东北侧为河水冲积平原。全市地貌类型主要有：中条山区、栲栳台塬区、平川区和黄河阶地四种地貌。中条山区横亘于市南边界，长约60公里，基部（海拔500米处）面积232.09平方公里，占全市面积的19%。因地处华岳、太行两山之间，呈条形，故名中条。山势挺拔、峰峦叠嶂，间有小块平地和梯田。境内最高峰为方山，亦名百梯山、檀道山，在市治东南与芮城县交接处，海拔1993.6米；其次是五老峰，在虞乡镇南梯村南，海拔1809.3米。中条山区多为林、草地覆盖，沿山为山洪冲积的扇形砂石地。栲栳台塬区位于市北峨嵋岭台地上，塬上地势基本平坦，间有沟壑。而涑水河冲积平川和山前平川汇成平川区，在中条山北及永济市东北部，面积约为461平方公里。黄河阶地，位于永济市西部，长约48.6公里，宽度随主河道迁移，时有变化，东高西低，海拔335~363米。

北梯村所处区域属山西高原运城盆地南边的中条山山前洪积扇前缘的一部分，所以，地形南高北低，呈一个斜面，整个村子就坐落在这个斜面上。北梯村整体规划，错落有致，紧凑而不显拥挤。村民们的房屋大多是近年修建的，不是很新潮，但非常朴素大方、干净整洁，路边看不到任何垃圾、杂物等，体现了这里淳朴的民风。不大的村子就像一个历尽沧桑的、安详的老人一样，看上去给人一种舒服、踏实的感觉。北梯村的对外交通主要有两处，一处是村庄主干道延伸与太风公路直接连接；一处是村庄西侧连接东阳朝村及太风公路道路。还有村庄东侧通往工业园区和虞乡镇的一条东西向的干道，对外交通便利，这条干道往东通向虞乡镇，往西通向月亮沟希望的田野里。此外，村中还有一条干道贯通全村，呈南北走向，是全村的交通枢纽。这条路与呈东西走向的通往工业园区和虞乡镇的道路相交叉，形成的十字路口正好位于村委会办公楼和小学之间，这里既是村民们休闲娱乐的重要场所，更是各种信息汇集的地方。

每个地区都是由特定的地质构造所形成，由其地势地貌、气候以及植被、水文等地理要素组成。北梯村在地质构造上，承袭了山西地台历次地质运动的许多特点，出现有奥陶系、第三纪湖沼沉积系和第四系黄土层等地质层，其中第四系分布最广，结构复杂，有坡积、洪积等沉积类型。地势南高北低，高差不大，较为平坦，属宜建设用地。北梯村从新构造位置上，处于渭河断陷带东部运城盆地南部边缘，周围主要的活动断裂有中条山北麓断裂和双泉——临猗断裂、韩城断裂等 3 条断裂带，属于抗震 7 度设防区。

北梯村的气候属暖温带大陆性气候，由于受海洋暖湿气流影响较长，气候温和，降水较多。气候四季分明，特点十分明显：春季温暖干旱少雨，夏季则高温多雨，秋季凉爽多湿，冬季寒冷，并且雪少。年平均降雨量为 545. 7 毫米，蒸发量为 2118 毫米；年平均气温 13. 5℃，极端最高气温 45℃，年平均日照 2375. 8 小时，全年无霜期为 216 天，最大冻土深度为 44 厘米。全年风向因受到南边中条山，北边峨嵋塬影响，以东北——西南向为主，平均风速为 3. 27 米/秒，最大风速为 17 米/秒，较为少见。

北梯村以及所属永济市范围内（除中条山区外）的植被多为温带植物。木本植物有槐树、松柏树、杨树、楸树、桦树、榆树、泡桐树、梧桐树等常见树木，其中经济树木有苹果树、桃树、杏树、柿子树、核桃树等。草本植物有小麦、棉花、芦笋、地黄、车前草等温带草本植物，其中还有不少是很好的中药材。这里温暖湿润的气候使得各种植被在适宜的生存环境中自由生长。

位于北梯村南边的中条山区，在永济市的地貌特征上占有重要的位置。这里由于海拔高，植被及生存的动物与平川区、台塬区、黄河阶地有着很大的差异。唐时文章大家韩愈有《条山苍》，曰："条山苍，河水黄。浪波沄沄去，松柏在山岗。"宋时王禹偁也有诗《中条山》，赞曰："崛起巨流边，奔腾欲上天。远临沧海尽，高于太行连。”山区内草木繁茂而多样，水源涵养丰富，有众多泉水、溪流，气候温和，为各种植物和动物提供了适宜的生存条件，是一个天然的“生物库”。

非常值得一提的便是属于中条山区的晋陕南部黄土高原大型旅游景点，国家级风景名胜区——五老峰，整个中条山的险、峻、秀都集中在了这里。五老峰景区的主峰是玉柱峰，海拔高度1809.3米，壁立千仞，直插青云。其旁边有西锦屏峰、东锦屏峰、太乙峰、棋盘峰四峰罗列，拱手相垂，“有偃蹇伛偻之状”，恰似五位龙钟老人，捋须而谈，将玉柱峰环抱其中，故得名“五老峰”。因其有华山之险秀，五台之神形，又有“东华山”“南五台”之称，这里花红草绿，水色山光，风光旖旎非凡，故有“北有五台观庙宇，南在五老看风光”之说。据唐道士司马承祯所著《天地宫府图》中记载在道教七十二福地中排名第五十六。五老峰景区共有大小山峰31座、洞穴12个、源泉9处。这里山奇水秀，无处不绿，有松涛、云海、奇石、怪崖、松翠、流泉、飞瀑等景观，自然风光千姿百态，好似图画一般。境内各峰高耸挺拔，叠嶂连绵，层峦如聚，绿树重掩，峭壁上松树林立，涛声阵阵，虽在旷谷，依然撼动人心。枫树、楸树、桦树、卫矛郁郁苍苍，覆满山坡，紫藤、女贞垂下一帘帘青翠长廊，多了几许风轻探幽的诱惑。蓬蒿、蔓草牵牵绊绊，团团簇拥，给山峰铺就一层深绿的底色，各色浓艳的小花，灿若繁星点缀其间。时常能够听见山雀、老鹳、黄鹂鸣叫声，清脆而响亮，在山间回响。峰谷绿浪翻滚，时起时伏，氤氲郁葱中，间或有几株树上挂满红果，娇艳欲滴，煞是好看，虽说没有深秋的层林尽染，仍让人感到悠悠然如在梦中。历代文人墨客都有文章诗赋予以赞美和记述，晋代张僧鉴的《浔阳记》中就有“五老峰横隐苍穹，其形势如河中府虞乡县五老山”的记载。北魏郦道元的《水经注》中有“奇峰霞举，孤标峰出，罩络群泉之表，翠柏荫峰，清泉灌项”的描写。元代著名的文学家，翰林学士王恽，于至元十年游览伍姓湖后，曾挥笔写下了《五老歌》颂诗一首，其诗曰："晓披五老峰上云，晚钓伍姓湖中鲤。"湖光山色，写得极美，而又自然。又有明朝杨溥诗作——《河中胜形》"五老峰前猿自侣，二贤祠畔鹿为群"。清康熙二十三年《重修观音阁碑记》记述："条山秀，甲三晋，五老峰嶙峋翠绿秀丽更甲条山。"可见，中条山区及五老峰环境优美，野生动植物资源丰富。

人类的生存离不开水，人们的生产生活同样离不了水。北梯村及其周边的水文状况可以分为地下水和地表水，并且地表水与地下水相互补给。地下水按含水介质划分属第四系松散岩石孔隙含水系统，按地貌分属于山前倾斜平原区孔隙含水系统，为潜水系统。由于永济市地处黄河之滨，区域内又有涑水、中条山区自然泉水，以及伍姓湖和鸭子池等众多水源地。尤其是处于山西省最大淡水湖——伍姓湖的东南边，受其影响，北梯村地下水资源丰富，并且地下水贮备较浅，一般为 70 ~ 120 米，因为没有自然溪流等地表水，所以，北梯村的生产生活用水主要是以地下水为主。目前，全村共有 5 眼机井供全村的生活用水和工农业生产用水。

伍姓湖位于永济市区东 6 公里，虞乡镇的西北方向是著名的伍姓湖农场。伍姓湖是涑水河永济地带的主要蓄洪排碱及地下水潜流排泄地，是山西省境内最大的湿地淡水湖，也是全省最大的湿地保护区。作为当地最大的水源地，为人们的生活用水、农业灌溉以及工业用水都带来了极大的便利。早时的伍姓湖又名张泽、晋兴泽、张扬池，后来因为湖旁有五个姓氏的人家居住，就干脆叫伍姓湖了。明朝以后，伍姓湖的水曾经干涸过，也一度成了沼泽地，因此那时人们称它为"伍姓滩"。清朝乾隆十八年，一场连降大雨，又让伍姓湖充盈了清水，复见一片汪洋的旧时景象。

今天，当你乘坐火车沿同蒲路南下，将近永济县城的时候，首先映入眼帘的是：伍姓湖万顷碧色波浪，一片盈盈湖水，湖边的翠柳，迎风摇曳；被捕捞在岸上的各种鲜鱼，盈筐待运。该湖南沿同蒲铁路，南北宽约五公里，东西长约十公里，面积为 50 平方公里，水量最大时约有 1.4 亿立方。早在北魏年间，这里就是水产丰富，风景宜人，供人游览的名胜之地。据《水经注》云："湖接桑泉，带刳首，面中条空浮翠涵，景象多有。"《平阳府志》记载："湖旁村昔有五姓居之，故以名湖。"又据《蒲州府志》记载："湖旁昔多楼台，居人环藜，每夏荷花尽发，妙若霞锦，杂以绿萍、红蓼、涣人、罟师、水凫、沙鹭，欸乃作间，飞浴相翔，至为胜观。"昔日这里是烟树云景，渔舟穿梭，一片湖光山色的迷人盛景，历代不少达官贵人，文人骚客游览伍姓湖后，留诗著文给予赞颂。再以元代文学家王恽游览伍姓湖诗句佐之："……忽逢渔夫二三子，问是伍姓谁家子？自云无姓亦无名，世代相传常钩此。月落天昏驾小舟，从来未见风波起。得鱼心自安，无鱼心亦喜。"清代曾在蒲州任职的干光烈看到伍姓湖波光烟影的自然风光，捕鱼人快乐的生活情景后，曾在他所作的《伍姓湖》一诗中这样写道："湖光千倾渺烟波，图画相看竟如何？远岸堤长春树暗，晴天沙暖浴鸟多。诗情处处临风好，渔笛声声向晚过。一曲沧浪清兴足，不知谁和扣舷歌？"由此可见，昔日的伍姓湖确实是河东大地的一处胜景。

伍姓湖历经沧桑岁月，后来逐渐干涸，就成了一片白茫茫的盐滩地。解放后，伍姓湖周围的人民群众，在党和政府的领导下，疏通了源水，整修了姚暹渠，使上下游水流无阻，湖中复注有水，汪泽一片，尔后又组织人们在湖旁大植杨柳和各种树木，从此使伍姓湖获得了新生。但是到1963年，因湖水含盐量过大，使沿湖四周耕地土壤碱化严重，再加上当时因受极"左"路线的干扰，在"以粮为纲，全面砍光"口号下，围湖造田，把湖水排入黄河，虽然使沿湖耕地盐碱有所减少，但却造成了湖水干涸，使这个享有历史名胜美称的湖泊几乎毁于一旦。改革开放后，随着改革开放和旅游事业的发展，永济市委、市政府为了尽快恢复伍姓湖盛景，组织沿湖一带的乡村群众，打井积水，疏河注水，开挖鱼池，养鱼养鸭，种藕栽稻，如今这里又呈现出杨柳迎风扬，鱼儿池中跃，湖畔鱼米之乡的美好风光，同新修的普救寺、挖掘出土的唐开元镇河大铁牛和正在开发利用的森林公园五老峰一并成为永济风景旅游区，吸引众多的国内外游人。

北梯村良好的地理位置和区位优势，以及便利的交通条件，极大地促进了村子的发展，同时也对这里的民情、民俗、民风产生了深刻的影响。也正是因为这些，才造就了这里勤劳朴实的村民，促进着他们思变图强，进而为北梯村悠久的历史奠定了良好的基础，为他们深厚的文化增添着营养。

二、历史变迁

历史变迁也就是历史过程，历史沿革。它是指人类社会发生、发展的过程。具体到一个地区，便是这个地区内的社会发展过程。历史变迁记录了区域内社会发展的过去，同时又启迪着现在，昭示着未来。我们只有对其历史变迁有所了解，才能够使现在更好地发展，并为未来的继续更大的发展奠定坚实的基础。

(一) 悠久的历史

北梯村属永济市虞乡镇管辖，而永济市作为区域内的政治、经济、文化中心所在地，历史悠久，文化积淀深厚。永济古称蒲坂，《帝王世纪》云："舜都蒲坂"即指现在的永济。永济在商朝时属于缶邦；春秋时期属于晋；战国时期属于魏；秦朝时归属河东郡，西汉高祖二年，汉定魏地，建蒲坂县，归属河东郡。新莽改为蒲城县，隶属兆阳郡。东汉建武元年，改蒲城为蒲坂县，属河东郡。北魏始光三年，魏取蒲坂。神嘉元年置雍州。延和元年改雍州为泰州。属泰州河东郡。北周明帝二年改泰州为蒲州，属蒲州河东郡。隋朝开皇三年废郡存州，十六年迁移蒲坂县于城东，别置河东县，均属蒲州。贞观元年设河东道，河东县属河东道蒲州。开元八年属河中府，设置中都。同年，复属蒲州，析河东置河西县，不久即省。金天会六年降河中府为蒲州，河东县属蒲州。天德元年升州为府，又归属河中府。明洪武二年改河中府为蒲州，撤掉了河东县，而直接隶属于州，归属平阳府。崇祯十六年十二月，农民军李自成部占领蒲州，设防御使。清雍正六年升州为府，置永济县，属蒲州府。民国元年撤府制，直属山西省辖。1994 年元月，撤县设市。

虞乡镇历史悠久，史书多有记载。虞乡镇，古时为虞国，春秋时称解梁，被当时的春秋五霸之一晋文公主政时的晋国在借道虞国讨伐虢国后，班师回撤时所灭。汉高祖二年（前 205）置解县，属于河东郡。北魏始光三年（426）析解县置安定县。太和十一年（487）改安定县为南解县，属于泰州河东郡。北周武成元年（559）去南解县而置绥化郡。保定元年（561）罢绥化郡为虞乡县，属于蒲州河东郡。唐武德元年（618）改虞乡为解县，隶属虞州，于现在的虞乡镇设置虞乡县，隶属蒲州。贞观十七年（643）撤销解县，并被并入虞乡县。贞观二十二年（648）改虞乡县为解县。天授二年（691）析解县，复置虞乡县。元朝至元三年（1266）撤销虞乡县并入临晋县。清雍正八年（1730）析临晋县，又重新设虞乡县。民国三十六年（1947），同永济县合并称永虞县。1950 年永虞县分置，再次设虞乡县。1954 年同解县合并称解虞县。1958 年，随解虞县并入运城县。1961 年，析运城县，复设永济县，原虞乡县入永济县。1994 年永济撤县设市，2002 年撤乡并镇，原清华乡境并入虞乡镇。1995 年成全国五百家小城镇建设试点镇，2001 年为全省 34 个中心镇。

北梯村的建村时间也十分久远，几乎无从考究，但北梯村村名的来历颇为有趣。听村里的老人们说，古时的北梯村与现在的南梯村之间有一条官道（现在的太原至风陵渡公路），这条官道带动了当地经济的繁荣和社会的发展，人们安居乐业，生活不算富裕，但也平稳。村里人一件心头的大事，就是这个村一直没有名字，周边村子的人都知道往东不到二里路是当时的虞乡县城，但就是不知道这县城边上还有个小村庄。有一年夏天的一个傍晚，天气闷热，村里的一对中年夫妇从村外的田里劳作完了往回走，劳累了一天，步子很缓慢，他们边走边聊，等走到村口的那棵连理树下，心想在树下歇会再回家。在树下坐了一会，忽然一阵凉风吹过，感到非常凉爽，心旷神怡。男的不经意间抬头看了一下连理树，这棵树长得也是特别，一棵树从根部就分出了岔，两枝大树杈互相缠绕，呈交叉状地往上长。从远处看，像极了村民们家里常用的梯子，他就想着用“梯子”这个词做村名挺好。回到家后，他考虑了一宿，觉得还是不太合适，用“梯子”做村名太普通，想了周边的几个村，发现那些村的村名多多少少和地形有关，正好村子在那棵连理树的北面，就改称了“北梯”。

永济市和虞乡镇悠久的历史给北梯村的发展烙下了明显的印记，也影响了北梯村人们思想观念的形成和文化的发展、积淀。

（二）深厚的文化

一个地区文化的形成是这一区域内人们的生产生活方式、习惯以及思想观念综合的结果和体现，反过来又不断影响着人们的生产生活方式和思想观念的变化。深厚的文化底蕴不仅反映着和体现着过去和现在的社会发展，也为以后的继续发展提供着文化动力。

永济市属于晋南地区，地处黄河中游。黄河不仅养育了勤劳善良的永济人民，永济人民也为悠久的黄河文明贡献着智慧，是黄河文明的一个重要组成部分，也是中华民族文化的发祥地之一。永济优越的地理位置、地形地貌和悠久的历史文化，造就了丰富的风景名胜和文物古迹。中国古代四大名楼之首鹳鹊楼、爱情圣地——《西厢记》故事发生地普救寺、北方道教文化名山五老峰、国宝唐开元大铁牛、中条山名刹万固寺、杨贵妃故里等文物名胜形成独具特色的“黄河文化”旅游区。千百年来，这里人文荟萃，代有名人。唐朝时期孕育了很多文士，有大历十才子，如唐河中府蒲州的卢纶，位列唐宋八大家的柳宗元，以及以一部《诗品》开创了我国诗歌评论风格意境先河的司空图。宋朝时，出现的名人以画家居多，如王拙、王居正及马远一家五代均为丹青国手。明代时，则有很多人才跻身官宦，如王崇古释俺答安宁边境数十年，杨溥、孟时芳、张四维均为股肱之臣。清朝时期，艺人众多，如薛四儿、祁彦子、任金祥堪称梨园英华，声名远播。以唱腔热情奔放、细腻婉转，做派刚健明快、擅用特技而著称的蒲剧，就是源于此地。

能够充分体现永济市深厚的文化，能够使外人称道的还有古时中国四大名楼之一的鹳鹊楼以及爱情圣地——《西厢记》故事的发生地——普救寺。鹳鹊楼位于山西省永济市蒲州古城西面的黄河东岸，共六层，前对中条山，下临黄河，是唐代河中府著名的风景胜地。它与武昌黄鹤楼、洞庭湖畔岳阳楼、南昌滕王阁齐名，被誉为我国古代四大名楼。相传当年时常有鹳鹊（鹳、鹤一类水鸟）栖于其上，所以得名。该楼始建于北周（公元557—580），废毁于元初。由于楼体壮观，结构奇巧，加之区位优势，风景秀丽，唐宋之际文人学士登楼赏景留下许多不朽诗篇，其中王之涣《登鹳鹊楼》诗："白日依山尽，黄河入海流。欲穷千里目，更上一层楼。"堪称千古绝唱，流传于海内外。沈括《梦溪笔谈》给了鹳鹊楼八个字："前瞻中条，下瞰大河。"千余年来，它对于激励振兴中华民族之志产生了深远影响。

普救寺位于永济市蒲州镇的西厢村，始建于唐武则天时期，原名永清院，是一座佛教十方院。元代王实甫《崔莺莺待月西厢记》中说的"红娘月下牵红线，张生巧会崔莺莺"的爱情故事就发生在普救寺内。传说五代时，河东节度使作乱，后汉刘知远派郭威去讨伐，围蒲州年余，百姓苦甚。郭威召寺僧问策，僧曰："将军发善心，城即克矣！"郭威当即折箭为誓，翌日破城，满城百姓得救，从此更名普救寺。由于《西厢记》的问世，使得这个"普天下佛寺无过"的普救寺名声大噪，寺内的舍利塔也被更名为"莺莺塔"而闻名遐迩。最为引人入胜的便是屹立在寺中的莺莺塔，不仅形制古朴、蔚为壮观，而且以奇特的结构，明显的回音效应著称于世。只要在塔侧以石叩击，塔上会发出清脆悦耳的"咯哇"、"咯哇"的蛤蟆叫声，令人啧啧称奇。据方志中称之"普救蟾声"，为古时永济八景之一。美丽动人的爱情故事，千百年来一直撼动着人们的心灵，使它成为蜚声著誉的游览胜地。

虞乡镇相传为虞氏故里，人杰地灵，史书上有很多记载。据位于虞乡镇的柳宗元广场的石碑记载：

虞乡，上古为舜帝远祠虞幕封国。东接解梁，西连蒲坂，南屏中条，北枕涑水。古县城有“四门八桥水围城，倒扎衙门小开封”之称。加之民俗俭朴，商贸发达、为河东名胜之地。虞乡历史悠久，人杰地灵，扁鹊救民于疾疫、司空图诗品立宏论，阎敬铭王官建别墅，李咏献身成烈士，人才辈出，史有传记。然柳宗元独树一帜，开创唐宋文学新风。

2005年5月，当地人们为了纪念柳宗元，在虞乡镇政府对面，建了一处文化广场，整个广场占地15500平方米，素雅而不失大方。广场东入口处右侧有一块大石头，上书“柳宗元广场”。广场中间往南10米处有柳宗元汉白玉雕像一尊，表情凝重而严肃，“先天下之忧而忧，后天下之乐而乐”的忧心之情写满了整个面孔，使得整个雕像充满了灵性。柳宗元雕像的基座上铭刻着柳宗元简介：

柳宗元，字子厚。中国唐代文学家、哲学家，唐宋八大家之一，祖籍河东虞乡人，世称柳河东。因官终柳州刺史，又称柳柳州。与韩愈共同倡导古文运动，并称“韩柳”。出身官宦家庭，贞元九年（793年）进士及第，又中博学宏词科。被授予校书郎。后来因为参与王叔文政治集团变革失败，被贬为邵州刺史，永州司马。后被召回京师，出任柳州刺史，政绩卓著。一生留下了《永州八记》《捕蛇者说》《小石潭记》《江雪》《天对》等500多篇诗文作品。

当步入广场中间后，环顾四周，忽然觉得时空倒转，置身于当时的政治革新时局中，顿感改革创新之艰难。民国九年编撰的《虞乡县新志》上记载有柳宗元被调柳州刺史后的一件事。说是柳宗元到柳州后，发现这里的风俗还不开化，就设立了“教化”的机构，用以改造旧俗陋习。柳州当时有一种坏风气，就是买卖人口，有男有女，家长本想卖掉儿女得利，不想到了赎人的期限却因为没钱而赎不出来，男的沦为奴仆，女的成为婢女。柳宗元了解情况后就颁布法令，使已经沦为奴仆和婢女的全部被放还。对于特别贫困的人家，就对雇佣的大户人家下令，全部赎回，而不用再付赎金。在观察试行了一段时间后，就在柳州全面实施这项政策，到年底的时候，被赎身回家的人已有1000多人。这一政策使得众多穷苦人家受惠，也体现了柳宗元的爱民之仁。长期的历史积淀使得虞乡镇一带民风淳朴、厚实，人们富有仁爱之心。

悠久的历史、深厚的文化积淀都彰显了这里人们的勤劳、淳朴与厚实的良好风气。同时，也为今日处处生机勃勃的北梯村的发展，奠定了深厚的文化基础。

三、北梯村的社会结构

社会结构是根据社会需要而自然形成并在人为的影响下建立起来的，社会结构变化的过程也是社会结构发挥其社会功能的过程。一般说来，一个地区的存在与发展，一定有其合理的社会结构。合理的社会结构包含群体结构、组织结构、社区结构、制度结构、意识形态结构等因素，这些因素都在深刻影响着地区的发展。

(一) 风土人情

一个村庄的存在，必然有其独特的风土人情、民风民俗，这些都是一个村庄各方面因素综合结果的一个显性反映。风土人情是人们日常生活的一个具体缩影，是人们生产生活的集中反映。不同的地方有着不一样的风土人情，北梯村的风土人情同样别具特色。

长期以来，在农村中姓氏数量以及各姓氏所占比重都影响着村里的宗族势力、婚姻关系以及村庄的管理和发展等。由于北梯村人口数量相对偏少，并且来源比较单一，所以，北梯村的姓氏数量不多，姓氏之间的关系不是很复杂。村庄姓氏中的大姓是孙、申、武、杨、张、王；小姓有郭（2户）、聂（1户）、许（6户）、刘（3户）、李（2户）。村里的人流传着这么一句话“孙一户，申一角，剩下都是杂霍霍”。这句话意思是，村里的主要姓氏是孙、申两大姓，大约占到村子总人口的50%左右，可以说是村里最主要、也是最重要的两支宗族势力，对北梯村的发展有着举足轻重的作用。从北梯村可知的发展变迁史中，我们发现，孙姓一族在村委会和村党支部的管理层中所占人数以及历届支部书记和村委会主任的任职中都占了多数，孙姓一族对全村的发展起到了主要的积极促进作用。尤其是改革开放以来，更是如此。剩下的其他的姓氏都是一些所谓的“杂姓”人家，甚至有的姓氏只有一户人家。这些“杂姓”大多属于后迁入的，对全村的发展有一定的作用，虽说不是很明显，但也不可忽视，这些杂姓的存在以及与孙姓大族之间的关系都影响着全村各方面的发展。

与姓氏关系最直接的便是婚姻，婚姻一定程度上对姓氏宗族关系起着重要作用，有时加强姓氏之间的融合，有时缓解姓氏之间的紧张关系。而现在，虽然宗族意识有所减弱，但还是影响婚姻的一个重要因素。但还是能够作为缓和紧张关系，加强联系的润滑剂。一个村的婚姻关系也是其经济、观念等多种因素作用的一个反映。从访问调查中来看，北梯村的婚姻关系存在都基本上限于与周边的几个村庄，并且大姓与大姓的结合较为常见。近年来，随着经济社会的发展以及人们受教育程度的不断提高，人们活动地域的范围也不断扩展，男性娶妻的地理范围及跨度越来越大。同时，女性嫁夫的地理距离、范围也是越来越大，有的范围跨度已经跨县市。这些现象都反映了北梯村的经济、社会的发展程度、与外界联系的地理范围以及密切程度上都有了巨大变化。

北梯村的风俗在具有本地区共同民风民俗的同时，也具有自己的特别之处——民风淳朴，民俗古朴而不失典雅。史书上有记载，北魏时这里的人们便崇尚勤俭之风，士人则非常重视廉耻，并且与其他地方相比较，人情习俗没有那么多的诡诈狡猾。直到现在，这里人们依旧沿袭着勤俭持家的传统，很多人家的门楣上都刻写着“勤俭持家”，“家和万事兴”等一些很通俗却也蕴含深意的话语。这里的人们勤俭、淳朴、厚实，我们在走访时发现一些村民在把玉米归仓时，都很细心，当地上掉有几颗玉米粒时，就赶紧捡起来，也许那些都是自己的劳动成果，粒粒皆辛苦，所以很仔细。

人们的穿着很普通，衣服的颜色、款式主要以暗色为主，但也不单调，看起来十分的精神。由于要时常从事田间劳动，就主要以简朴耐穿为主。人们的饮食简单、平常，却很是有地方特色。这里一般都是每天两顿饭，基本上都是以面食为主，很少有人吃米饭。平常都是早上九点钟左右吃早饭，早饭一般是馒头稀饭；午饭都在下午两点半左右，是一天中的正餐，要比早饭丰富的多。基本上都要做面食，有手擀面、疙瘩汤、油泼面和面片等特色饮食；很少有人吃晚饭，偶尔一次吃晚饭，多是因为劳作回家晚了，所以晚饭都非常简单，多以午饭的剩菜剩饭为主。有一句话是这样评价山西菜——“狗肉虽好，却上不了席面”。意思山西的菜品虽说很好吃，但菜品的形色都难以和其他知名的菜系相比。地方上一般都有特色菜，北梯村以及所在虞乡镇因其历史悠久，饮食上也很有特色。我们在调研期间，农经办的王建强副主任和新农办阎胜利主任给我们特别推荐了这里的特色饮食，便要数羊肉泡馍（主要是特制的面饼）和粉皮鸡了，这儿的羊肉泡馍的味要比其他地方的浓厚很多，吃完之后，真是回味无穷，犹如这里厚实的民风，粗是粗了些，但不做作，让人倍感舒心，久久不能忘怀。粉皮鸡就更有吃头了，主要是用鸡肉、粉皮和各种调味料在一起熬煮，外加一种特有的药材，吃起来味浓爽口，尤其是那粉皮，劲道爽口。这两道特色饮食，足以代表这里待人厚实的民风。

我们住村调研的这段时间还不是农村最繁忙的时节，在不下雨的时候，还时常可以看见一些村民在家门口聊天，有抱着小孩的，有手里正在纳鞋底的，人们在一起说说笑笑，洋溢着欢乐的气息，很是惬意，这里的一草一木都透着浓厚的人文社会气息。北梯村占地面积不是很大，并且全村又只有四个村民小组，所以，人口数量也不会很多。截止 2007 年底，北梯村有人家 315 户，人口数量为 1227 人，男 608 人，女 619 人，男女人数分别占到全村人口的 49.6% 和 50.4%。学生数量有 180 人，其中有 50 多名大专本科学生，60 岁以上老年人口数量为 166 人。全村有劳动力 810 个，外出务工有 180 人。该村村民民族成分单一，都是汉族。以前，这里的人们多信仰土生土长的神化人物或其他宗教人物等，有信奉关帝的，有信奉雷神的，还有信奉观世音菩萨的。解放以后，人们的信仰发生了巨大变化。近年来，有些上了年纪的人开始信奉基督教的，但人数很少，有时在自己家里做礼拜，有时也会去外地的教会组织参加礼拜、聚会。

据了解，该村目前在企业务工人数有 150 人，全村 80% 的农民都有在企业工作的经历，具备一技之长的农户有 80 户，拥有一批具备现代企业生产管理经验的管理人员和产业工人。每年 3－6 月份暂住人口超过 300 人，通过对北梯村 1995 年至 2007 年人口资料的分析，北梯村的人口数主要为自然增长，年平均自然增长率为 8‰。根据北梯村的发展规划，随着虞乡镇国家级小城镇示范镇的确立和山西省城镇化示范镇的产业扩大，北梯村将被完全纳入虞乡镇发展规划区域之内。同时，随着北梯产业园区的发展，其人口的发展必将受到极大影响，并会吸引周边大量的常住人口和暂住人口的迁入。

为了对村子进行有效的组织管理，北梯村在党支部和村民委员会的领导下，根据国家政策，并结合本村实际情况设立了民兵连、妇联、老年协会以及虞乡镇人大代表第二活动小组等组织机构。除此之外，还有葡萄生产合作社和养猪合作社两个经济组织。孙国宾为北梯村党支部书记兼村委会主任，副书记是孙跃进，并兼任出纳。张艳身兼三职，分别为纪检委员、妇联主任和会计。柳银忠担任治保主任和民兵连长，村委会办公室人员是李玉凤。老年协会的会长是孙连科，副会长是师月有，委员有张希耀、王者敏、黄明贵。文艺宣传组组长孙月法，组员有：申雷强、孙广华、孙金灯、申随强、韩喜欢、韩银环。虞乡镇人大代表第二活动小组组长是孙国宾，副组长是孙国富、贺银虎，成员有王海山、樊淑红、姚超民、赵永强等 18 人。葡萄生产合作社理事长是孙国宾，社长是武长俊。养猪生产合作社理事长为孙国宾，赵彩萍和武发家任养猪生产合作社副理事长，张全明任社长,张玉成任养猪生产合作社财务总监。

新中国成立以来北梯村村委会主任（党支书）沿革表

起讫年限	党支部书记及村委会主任
1949——1956	张万朝
1957——1959	张清汉
1960——1968	许建国
1969——1974	孙正富
1975——1977	赵海旺
1978——1987	孙国宾
1987——1990	武安家
1990——1993	张希耀
1993——1995	韩丰年
1996——1998	武安家
1999——2005	孙顺成
2006——2008	孙国宾

注：2008 年 12 月 19 日，我们回访北梯时了解到孙国宾于 2008 年 12 月 9 日再次当选北梯村第八届党支部书记兼村委会主任。

（二）礼俗节日

一个地方的风土人情可以反映出这里人们主要的社会状态，但还不足以完整地反映其社会关系。还应通过了解当地的礼俗节日，探究出更多的社会结构及社会存在的信息。

礼俗节日是最能体现一个地区内人文社会发展的状况，尤其是在农村地区。农村地区的民风民俗都很有讲究，逢事过节的时候，要做什么不要做什么，都有一套套的程式和讲究。由于地域的不同，各地的礼俗节日又各有特点，有“十里不同风，百里不同俗”之说。在有些地区更是讲究，甚至是一个村一种风俗。北梯村的民风民俗很有地方特色，主要体现在婚俗、丧礼等红白喜事的办理程式上，还有就是各种农历节日。

农村的婚俗都很有讲究，谓之“喜事”。以前多是男方家长托媒人介绍。如果男女双方相中，女方就要到男方家里去看看，男方要置办酒席招待并拿出一定的礼金作为见面礼。女方满意后，就会向男方要求一定的彩礼，并请风水先生根据双方的生辰八字选定黄辰吉日举行婚礼。随后女方要置办嫁妆，有被褥、各种家具以准备举行婚礼，现在有的女方家长还会拿出一笔不小的钱作为陪嫁。结婚这一日，男方要置办酒席招待女方亲戚朋友。双方的亲戚朋友都要添箱上礼，根据关系亲疏，增减礼钱。男方自家要蒸枣糕，枣糕的正上方有一个面塑石榴，枣糕要随迎亲队伍到女方家。在迎亲队伍从女方家启程时新娘要拔掉石榴并从枣糕上跨过，寓意节节高。晚上，新娘的兄弟会送来包裹，包裹内装有手电筒、红枣、核桃等，谓之“送灯”。晚上还会有朋友“闹洞房”。第二天，新娘要回娘家，谓之“回门”。随着时代的发展，人们的观念也发生了变化。现在的男女双方多以自由恋爱为主，婚俗已经发生了不小的变化，越来越简洁。但一些主要的程式还是得到了继续保留。

婚礼是一个人一生中最为重要的喜事，除婚礼外还有一些称为“喜事”的，如婴儿出生、婴儿的满月、百天，周岁和 12 岁生日等。婴儿刚出生，家里头要做“喜饼”、买喜糖，供亲戚朋友和邻居“闹喜”食用。待婴儿出生满一个月，会为孩子“闹满月”；满 100 天或一周岁的时候，都要办酒席宴请亲戚朋友等。隆重的要算 12 岁了，亲戚朋友、邻居都要参加。外祖父母家要蒸枣糕，男孩过 12 岁的话，枣糕的上面要有一个面塑的老虎；女孩则是一个凤凰或石榴，寓意孩子成人成才，有所作为。其他亲戚朋友都会添礼祝贺。

丧礼是变化最少的一个礼仪，尤其是农村地区。丧礼有红白之分，高龄的老人自然逝世谓之“红事”；除此之外的都谓之“白事”。等人去世后，要为其理发，穿寿衣，并放置在正房，在其脸上盖上红布，接着要烧“倒身纸”。接着家里人穿白戴孝，之后，要知会亲戚朋友，并请阴阳先生选择风水好的墓穴。亲戚朋友会陆续地来吊唁。人过世第三天，要入殓，并在门上挂出长条白布和白幡，白布上写有逝者的生辰年月以及去世的时辰和年龄，上面还要附上直系晚辈亲属往后“三代”的姓名。第四天，三代内直系亲属都要到墓地烧纸，炸面糕，并分吃面糕，谓之给死者“暖房”。第五天就是出殡，这一天要置办酒席招待亲戚、朋友、邻居等所有来帮忙的人。还要请些响器、乐队等，这也许是为逝者超度的一种方式吧。待灵柩出门后，棺木要放置在平车上，三代内直系亲属要扶住灵柩，其他男性旁系亲属要戴孝，称之“孝子”，孝子要在灵柩前拉纤，把灵柩拉往墓地。下葬后，把花圈烧掉。第二天亲属要到墓地烧纸，逝者一般都要在过世第五天下葬，高龄的自然逝世的可以延长至第七天或是第九天，但必须要在十天以内的单数天。之后，每过七天还要烧纸，直到第七个七日，谓之“七七”。到第一百天的时候，在柏树枝上黏着白纸花，即烧“百日纸”。每年都要进行周年祭礼，头周年和三周年最为重要，所有亲戚都要参加，三周年过后每年的忌日都要烧纸，但要简单得多。虽然丧礼的程式以及蕴含其中的思想意识依然根深蒂固，但是，随着经济社会的发展和影响，人们传统的思想观念也发生了不小的变化。虽然村民们还都保存着这些程式，但以前都是要请邻居们前来帮忙挖墓穴、招呼置办酒席，而现在多是出钱请施工队来挖墓穴，请酒席服务人员来做，传统的人情事理、人与人之间的交道和联系不如以前那么多。这些也透露出了一个信息，那就是人们越来越关注自己的经济生活。

这里的民俗节日有春节、朔五（也称“破五”）、二月初二、清明、四月初一、端午节、七夕、七月十五、中秋节、重阳节、十月初一寒衣节、冬至、腊八节、灶神日、除日（也就是除夕）等各种农历节日。有特点的节日有朔五日、正月二十三、二月初二、四月初一、端阳（夏节）、腊八节等，这里的人们有朔五日的说法，就是在阴历正月初五的时候，各家各户将尘土打扫后，掷于门外，谓之“送五穷”。正月初五又称为“破五”，早饭要吃馄饨臊子面。过完这一天就意味着农历年结束了，要开始工作、学习了，可以出远门了。正月十五元宵节，这里的人们一般举办一些民间社火表演活动，主要有狮子舞、龙灯舞、高跷、旱船、高抬、花车、背高（背支）和焰火等农村地区常见的社火活动。正月二十三，传说这一日是太上老君炼丹的日子，家家户户都在家门上贴剪纸金牛，以除不祥。二月初二日要吃麻花，谓之咬蝎子尾巴，有避凶之意。之外，还要吃一种特制的面做的炒食和炒黄豆。

四月初一的时候，人人都要戴皂角叶。传说，宋朝时期蚩尤在运城盐池作祟，使得盐池的水干涸。而关帝率领众神兵神将讨伐蚩尤，并下令神兵神将头戴皂角叶作为标记。而蚩尤也命令妖兵们头戴树叶，不过是槐树叶，意图蒙混过关。不料，到中午时分，蚩尤的妖兵戴的槐树叶都干枯了，被关帝的神兵神将所识破，遂大败并逃之夭夭，盐池的水也复现如初。之后，这个传说被人们不断地演绎，并流传至今。五月初五端阳节（端午节或夏节）时，人们要做粳糕，包粽子相互馈送食用。此外，还要做布馄饨，里面包有香草或是艾叶、朱砂等物，以驱虫避邪。然后把五种颜色的线编成手带，并缀上小的布馄饨，做好之后带在小孩的手腕和脚腕上，以取吉祥之意。大人们要喝泡有雄黄、艾叶的酒，待喝完后，把残余的酒抹到小孩的手心、足心和耳孔、鼻孔等处，可以避一切毒虫，有避邪之意。

被称之为中国的情人节——七夕节，在当地的风俗也很有趣。七夕这一天，各村大多会设置一个织女的塑像，并上香，贡献瓜果、点心之类的贡品，谓之“献巧娘”。在七夕节的前数天，妇女们会把绿豆放在一个盆里，然后每天浇水几次，使其发芽。到七夕这一天，豆芽会长到二吋（古制）左右，称为“巧芽”或者“乞巧”。现在，这些节日礼俗都已大为简化，很少有人去“献巧娘”，“乞巧”。在农历八月十五中秋节这一天，一家老小会吃团圆饭。白天呼朋引伴外出游玩，晚上会一边吃月饼、瓜果点心，一边赏月。农历九月初九日，是重阳节或登高节。人们多结伴登高游山、赏菊、饮酒作乐等来休闲散心。村里的人大多要蒸枣糕送给亲戚中结婚不久的新人，谓之“送高高”（糕同高音）。

农历的传统节日还有腊八节、腊月二十三送灶神、除日（即除夕）等。农历腊月初八日，谓之“腊八节”，早饭要吃馄饨和稠粥混在一起的“腊八粥”。有的还会在馄饨里包硬币的，有抢金锅抢银锅之说。腊月二十三，传说这一天是灶神上天向玉皇大帝汇报的日子，民间都要烧香、献糖瓜或是其他贡品为其送行。除夕，又称之为“除日”，农历一年中的最后一天。人们要贴门神，贴春联，门楣上插柏枝（以前是插桃符以“避邪”），晚上一家人围坐在一起，吃团圆饭，一起守岁，在欢乐、温馨中辞旧迎新。

此外，在农村地区对祖先的祭奠是特别重要的一件事。除了以上的多少沾有快乐味道的节日外。还有三个很重要的节日便是清明节（也称“寒食节”）、七月十五、十月初一“寒衣节”，这些节日又都称为“鬼节”。清明的时候既是农事的节气，又是祭奠祖先的时候，直系血亲都要去墓地烧纸、悼念。农历七月十五，也要去烧纸、悼念。农历十月初一，又称“寒衣节”，把五种颜色的纸折成衣服、鞋等或直接作成布匹的样式和纸钱或是纸做的元宝，然后拿到墓地烧掉，表示冬天到了，给祖先添加衣服，以表示纪念。

这些节日古朴而有趣，都是代代相传、衍变而来，反映出了人们对先祖的纪念，最重要的还有对美好生活的期望，从中也能够体会到这里深厚的文化底蕴。

四、北梯村的经济结构

所谓经济结构是指国民经济的组成和构造，是一个地区经济发展现状的反映，包括农业、工业的发展和结构以及第三产业的发展状况。一定的社会经济和技术条件，要求与它相适应的经济结构。经济结构不仅仅是单纯的经济发展现状与产业构成，也是地区内社会现状在经济上的作用结果，经济结构的各个组成部分之间，都是有机联系在一起的，具有客观制约性，不是随意建立任何一种经济结构都是合理的。北梯村的经济结构要素主要有产业结构、消费结构、技术结构和劳动力结构等。北梯村的产业结构可以分为传统农业种植以及新兴的第二产业和第三产业。2005 年全村农民人均纯收入 4180 元，2008 年全村的人均纯收入已经接近 5000 元，处于虞乡镇乃至永济市农村经济发展中上游水平。

（一）传统的农业

传统农业是在自然经济条件下，采用人力、畜力、手工工具、铁器等为主的生产方式，靠世代积累下来的传统经验发展，以自给自足的自然经济居主导地位的农业。传统农业的特点主要是精耕细作，农业部门结构较单一，生产规模较小，经营管理和生产技术较落后，抗御自然灾害能力差，农业生态系统功效低，商品经济较薄弱，基本上没有形成生产地域的分工。这是我国传统农业发展的现状，也是北梯村传统农业发展的现状。

北梯村的经济结构经过改革开放近 30 年的发展，已经发生了巨大变化，经济发展水平得到了极大的提升，在对其经济结构进行了调整后，使得产业进一步得到优化升级。2005 年，全村工农业总产值为 7600 万元，其中农业产值 2600 万元，占到了总产值的 34.2%。

北梯村地处温暖湿润、土壤肥沃的河东地区，这里的人民勤劳、淳朴，使这里成为山西的粮棉基地，晋南地区也成为黄河文明的发祥地之一。粮棉种植是北梯村一项重要的传统产业，也是最基本的生活保障。北梯村全村共有 4 个居民组，劳动力 680 多个。目前北梯村仍以传统种植业为主，在 1440 亩耕地中，小麦种植面积为 740 亩，棉花种植面积 540 亩，占到总耕地面积的 80%，另外还有少量的芦笋、果树种植。

这里良好的环境非常适宜冬小麦、玉米，还有棉花的种植。冬小麦一般在玉米收获后，农历八月十五前后下种。过冬之前只灌溉一到两次，待到开春后，再灌溉两次或者三次。小麦经过成长、抽穗和灌浆后，就等着成熟和收割了。以前收割小麦是最累人的农活，因为所有的活都得靠人力，劳动力少的家庭还要和邻居们合伙收割。收割的时候，要用镰刀割麦，完了后要用绳子束捆，再用平车拉回生产队的打麦场。接着就是用脱粒机给麦子脱粒、晾晒、归仓，之后还要把麦秸堆起来方便以后使用。而现在就要省事的多，用联合收割机就可以省去好多工序，直接就可以把小麦拉回家晾晒、归仓了。村民们主要的经济作物便是玉米和棉花了。玉米一般都在小麦收割完毕后播种，一般每月浇灌一次。玉米生长的整个过程要经过发芽期、苗期、穗期、花粒期四个时期。之后，便是收获、晾晒、归仓。相对小麦和玉米种植来说，棉花的种植最耗人力。棉花一般在清明前后下种，并用薄膜覆盖，以促进发芽和生长。接着便是浇灌、施肥，侍候其生长。经过苗期后便是棉花开花、授粉，棉桃成长期，最后棉桃成熟、开花，接着农民们便开始摘花。有的还会在棉花地里间作花生或是种几棵西红柿，栽种些大葱来作为日常食用。近年来，有不少人在棉花摘花时节“打短工”，专职为棉花大户摘花赚钱，以增加收入。所收获的小麦、玉米、棉花除过少量供自己家庭使用外，都会出售给当地的商贩或企业。粮棉种植一年下来，纯收可以达到5000元以上，是村民们一年主要的经济来源。

近年来，村委会领导一班人结合北梯村人均土地较少的现状，确立了向“一亩地”要效益为重点的发展方向，大力引进优质专用小麦、抗虫棉等新优品种，并深入应用测土配方施肥、秸秆还田等农业新技术，努力提高粮棉单产。此外，还积极试验、引进双孢菇等节约土地、技术含量高、经济效益好的新产业，增加农民收入。

传统农业种植是北梯经济发展的基础，但不足以作为生产生活的全部来源。随着市场经济的发展，传统农业的生产关系需要进行改变，以适应生产力的发展。北梯人决定再次创业，经过对市场的深入研究和细致的论证，最后决定组建葡萄种植专业合作社，进行葡萄种植。这是因为他们看到了葡萄规模种植的优势以及良好的市场前景。葡萄种植对土壤的要求和平常作物不一样，但月亮沟的沙土地正好适宜种植葡萄。最重要的是葡萄有着广阔的市场前景，尤其是用于酿酒的优质葡萄。葡萄种植的收益已经成为入股村民们增加收入的又一重要来源，加上葡萄田间作种植黑花生的销售收入，收益颇丰。收获的葡萄会被销往周边各主要城市或出售给从事葡萄酒生产的企业。而黑花生会出口到韩国，赚取更高的经济利益。葡萄和黑花生的种植，将使得入股村民增收将近5000元。

由于国家的好政策、村委会领导班子的科学决策以及村民们自身的勤劳、努力，人们的收入逐年增长，也增强了人们致富奔小康的信心和决心。在发展传统农业的同时逐步走上了“生态农业”和“现代农业”道路，建起了优质、高产、低耗的农业生态系统，提高了农业生产水平。在有条件的前提下发展了相应的工业，并鼓励人们积极从事第三产业。

（二）新兴的第二、第三产业

随着经济的快速发展，除作为第一产业的传统农业外，又出现了第二产业、第三产业。第二产业对第一产业和本产业提供的产品（原料）进行加工的部门，包括采矿业，制造业等，是在工业革命后大规模发展起来的，是一个国家、地区经济发展的主要产业。而第三产业泛指第一产业和第二产业以外的其他业，例如金融业、商业、饮食业等。在传统农业种植不断发展的过程中，人们也在不断寻求进一步增加收入的新途径。那就是不断发展农产品加工业及其相关工业，并积极从事第三产业，增加收入。2005年，北梯村工农业总产值7600万元中工业产值为5000万元，占到总产值的65.8%。从事第二、第三产业的收入已经成为增加收入的主要来源。

随着村民们观念意识的转变、开放，以及传统农业种植的增收越来越难，人们已经不再依赖于传统农业生产作为生活的主要来源。开始从单一农业经济向多种经济发展转移，更多地通过改善农业生产品种、引进新的农业作物，发展规模种植、养殖来提升农业发展的活力。如种植双孢菇、规模养猪等。在农业专业化、产业化迅速发展的基础上，积极开展村民技能培训，通过向经济发达地区、非农产业转移农村剩余劳动力，从事第三产业，提高村民收入。2007年，北梯村对剩余劳动力技能培训达40余人，这些掌握了一定技能的村民多从事双孢菇种植、养鸡、养猪等种植养殖业，另外还有不少村民都前往经济发达的地区打工，从事工业或服务业。由此可见，副业的生产以及外出打工赚钱也成为村民们增加收入的主要来源。

北梯人有着超前的发展意识，早在80年代初期北梯村就在永济市率先一步，大力发展农副产品加工业，曾为全省农业战线十面旗帜之一。由于经营、技术、市场等多方面的原因，北梯村企业发展经历了由盛至衰的过程。北梯村村委会领导一班人在对传统农业种植增收乏力以及市场进行分析的基础上，并结合国家相关政策，决定进行经济结构调整。而所谓经济结构调整，就是根据国民经济发展的需要，对国民经济中各个领域、各个部门、各个地区和各种经济成分之间的对比关系和结合状况进行调整，借以改善各物质生产部门之间的有机联系和比例关系，利用技术进步的主导作用，促使国民经济结构合理化，推动整个国民经济向前发展。对于北梯村的人们来说，经济结构调整就是转变传统思维，改变传统农业的种植结构，并招商引资发展农产品加工业。经济结构调整不仅关系到村民们眼前自身利益的实现，更关系到长远小康的实现。

北梯村现有企业5家，涉及芦笋加工、饲料加工、铸造材料等，年工业产值5000万元。中国共产党第十七次代表大会召开后，又为北梯的再次发展与飞跃提供了良好的政策和机遇。根据村委会对北梯村的规划，一项重要的工作就是加快葡萄酒产业的招商引资工作，完成酿酒葡萄品种栽培对比试验。村委会一班人计划在北梯村建设酿酒葡萄品种试验示范园100亩，示范带动东坦朝村、西坦朝村、张家窑村等沿中条山各村建设5000亩酿酒葡萄种植基地，并通过与国内外知名企业的合作，组建年产5000吨葡萄酒加工企业，为北梯村提供新的产业发展动力。除以上工作外，还积极支持工业园区内永丰食品有限公司、永西食品有限公司、覆膜砂厂、饲料厂等企业的发展。还有就是加大招商引资力度，吸引新的企业入驻园区，把北梯村工业园建设成为全市农村工业化发展的中坚力量。

北梯村村委会的另一个重要决策便是组建养猪合作社，这是村委会一班人超前眼光的又一体现。由于近年猪肉价格突然飞涨，而且一直居高不下，于是村委领导果断决策，积极组建养猪合作社，发展瘦肉型商品猪规模化养殖。养猪合作社是一个集饲料生产、原种猪繁育、二元母猪繁育、商品猪饲养、商品猪收购加工和外销为一体的专业合作经济组织。这一农业合作社有效地把村民的积极性和闲散资金组织起来，进行科学管理、规避市场风险，取得了很好的经济效益，参与合作社的村民们仅此一项就可增收近10000多元。

根据村委会的规划，预计2010年，全村工农业总产值实现3亿元，比目前的水平提高4倍。北梯村的粮棉产业实现稳定发展，肉猪产业、葡萄酒两大新兴产业基地和生产加工实现双突破，以永丰食品有限公司、永西食品有限公司、覆膜砂厂、饲料厂为主体的工业园区形成规模，葡萄酒厂等新企业组建成功并入驻工业园区，实现投产并取得初步效益。通过五年的发展，使全村第二、三产业经济收入占到全村总收入的95%。

北梯村加工业的优势在于基础较好，更重要的是有村委会一班人精明的领导和科学的管理，其把发展企业加工作为北梯村的一个经济增长点。同时，又促进了劳动力转移，进一步提高村民们的收入。

通过村委会的领导整合作用以及对经济结构的调整，村民们的经营风险大大降低，面对市场的信心也大为增强。既提高了村民们的收入，也转变了传统的经营观念、方式，最重要的是开辟了农村优化农业经济结构，改善了农村生产关系，找到了一条农村经济飞跃的新途径，为建设社会主义新农村树立了一个榜样。我们相信，北梯村在新时期新形势中国共产党确定的富民政策指引下，一定会再一次迎来新的发展阶段。

第二章　北梯村转变经济发展模式的探索

改革开放30年来，我国的生产力水平有了很大的提高，人民生活水平得到了极大的改善。在这期间，虽然农村还存在这样那样的问题，但还是取得了令人瞩目的发展。在我国，农村的情况可谓是千差万别，发展农村经济也只能是因村而异。今天在广大农村人民群众的积极创造下，产生了许多新型的发展模式。本章我们将追溯北梯村改革开放前后的发展，探索他们试图转变经济发展模式的脉动。

一、北梯经济的初步发展

30年前的北梯村，和其他农村一样，经济很不发达，没有特殊的资源，没有特别的地理优势，它却在整个20世纪80年代就走在了中国农村发展的前列。那么，是靠什么使它如此迅速地发展？它的发展有没有什么可以遵循的规律？通过回顾北梯过去30年的经济发展，进而总结影响其发展的主要因素。改革开放之初，我国农民在中国共产党的领导下，创造了以家庭联产承包为主的责任制。这一农村生产关系的重大调整，使农民获得了土地的使用权，获得了承包范围内的经营自主权，解决了人民公社长期解决不了的分配激励机制和生产监督机制问题，极大地调动了广大农民的积极性，使农业生产力获得前所未有的大解放、大发展。

(一)“为北梯而生”的人——孙国宾

说到改革开放前后北梯的发展，不得不提到一个人，他就是孙国宾。用永济市新农办主任阎胜利同志的话说，“孙国宾简直是我们永济市经济发展中一个具有传奇色彩的人。新农村建设造就了孙国宾，孙国宾推进了新农村建设。”1984 年毕业于山西农业大学，现任永济市农经办的阎胜利主任现年四十五六岁，穿着一件似乎发白的夹克，从他的言谈中，能感到他对我们就要研究的北梯村以及村长孙国宾十分熟悉！

初见孙国宾还以为他年龄也就是 50 岁光景，细一问原来已经六十挂一了。出生于 1947 年 2 月 23 日的孙国宾，一米八三的个头儿，身板展展的，休闲裤、夹克衫，神采奕奕，一看这精神劲儿，就知道是个能人。他讲话时，声若洪钟，一手夹着香烟，一手点点划划，一口浓浓的运城普通话，说起来眉飞色舞，语调非常快而且不无自豪地向我们描述着他的过去，之后又胸有成竹地向我们讲述他对建设新农村的思考。

孙国宾从青年时代起就是村民心目中的传奇人物。改革开放前，北梯村就是永济市比较贫穷的村子，而孙国宾家又是北梯村最贫穷的家庭，孙国宾的父亲在解放前是一名地主家的长工，解放后分到了土地，但仍是一个普通的农民，其母祖籍河南，是饥荒年逃荒到北梯的一名勤劳的农村妇女，在这样贫穷的生活环境下，孙国宾从小就立志要改变家庭状况和改变家乡的落后面貌。他 8 岁在南梯村上完小（完全小学）。14 岁那年，由于下地割麦子引起感冒，从此也就结束了他的学习生活。随后到附近虞乡兽医站，当了一名兽医的助手。1964 年，也就在他 17 岁那年回到了北梯，担任村委会的秘书。2008 年 9 月 28 日，当孙国宾向我们回忆自己几十年的风风雨雨时，颇有感触地说：“我这一辈子就是为北梯而生的。”

“怎么能吃饱？怎么能有钱花？”是孙国宾从小就不断思考的一个问题。1968 年初，年仅 21 岁的孙国宾就担任了北梯村第二生产队队长，在他的带领下全队社员一边搞科学种田，一边搞粮食深加工和其他小副业，即加工粉条、养猪，这计北梯村第二大队的村民在过年时有了队里分的肉、粉条和豆腐吃。尽管他为此被打成“资本主义苗子”，但是他从那时起就懂得了富裕对于农民生活的重要性，也懂得了农村改革的必要性，并且在改革开放之初第一个站出来。

1978年，改革开放之初，经济体制改革首先从农村拉开帷幕，国家在农村实行了家庭联产承包责任制，政策放宽了，国家鼓励让一部分人先富起来。有了国家政策的支持，孙国宾也找到了自己的用武之地。当时，运城市外贸局委托虞乡搞麻雀加工出口创汇。因为有思想顾虑，当时虞乡没有完成任务。那时候，一只麻雀出口的价格是每只5角钱至8角钱。而在农村的收购价是每只5分钱到1角钱，中间有着巨大的利润空间。孙国宾稍一思考，觉得这事情能干，他便主动请缨，找到运城市外贸局的领导，要求由自己所在的北梯村承担麻雀收购、加工任务。因为长期出口，与外商打交道，他的大名在国外的野味加工行业中小有影响，荷兰、法国等国外商人也纷纷找他做在华代理商。

1980年，北梯肉联厂成立了。在孙国宾的领导下，企业发展很快，不断地扩大着加工范围，如他们根据市场需要，大胆屠宰本地人过去不愿食用的马肉和驴肉。加工范围扩大了，出口商品增加了，企业效益也水涨船高。到80年代中期，孙国宾创建的企业便成为山西省的利税大户，成为资产过千万元的排头企业之一。孙国宾本人也被评为山西省特级劳模，名扬三晋，还多次受到省领导的接见。

为了扩大再生产，凭借在外商中的良好信誉，北梯肉联厂又引进外资，成立了山西永丰食品有限公司，这也是当时山西省第一家由农民领军的合资企业。因为企业在经济发展中做出的突出贡献，1989年他被评为全国十佳党组织代表，走进了中南海，受到了当时党和国家领导人的亲切接见。

后来，乔石等国家领导人专门来运城视察了孙国宾领导的合资企业。从此，肉联事业走向了巅峰。考虑到企业的可持续发展，孙国宾决定从国外引进“肉鸡祖代”，先生产“父母本鸡”，再生产子代商品肉鸡，这样既可以避免肉食加工来源的枯竭，又可以延伸产业链，带动养殖户共同致富。如今因加工销售肉鸡而颇具影响力的山西粟海集团，便是当年在孙国宾的帮助下建立起来的。

在肉食加工事业已走到相当高度的孙国宾，并没有躺在利税大户的成绩上不思进取。相反，因为长期的市场经营，他发现农副产品加工利润较低，运转周期长，遂开始将目光转向铝合金加工。以解州铝资源为依托，孙国宾着手加工铝产品。他先后与永济电机厂、运城拖拉机厂等订下合作生产协议，生产发动机。他有一个大胆的设想，要在运城本土造车。正当孙国宾雄心勃勃发展事业的时候，却因为“黄羊案”影响，遭遇了72天的牢狱之苦。无奈之下，他出国前往澳大利亚。孙国宾的“金属加工”梦破灭了，但是他当初的尝试为以后永济天马铸造、千钧铝业的发展探明了路子。

而说起如今已成为永济农村支柱产业的芦笋产业，孙国宾可以说功不可没，当之无愧于永济人民送给他的称号“芦笋之父”。在孙国宾做野味出口生意时，孙国宾在荷兰考察时发现了一种适合河滩地生长的国际热销产品芦笋，看到荷兰的芦笋卖到12荷兰盾1公斤，他当时就想到永济靠近黄河，大部分土地属于河滩地，有芦笋发展的先天优越条件，加之中国有大量的廉价劳动力资源，这是中国发展芦笋最得天独厚的条件，他花费巨资购进了荷兰芦笋种子，在永济韩家庄、西厢、花园等村尝试推广。孙国宾当时就有一个信念支持着他，“有一天全世界的人都要吃上中国的芦笋”，而时至今日，这已经不是梦想，永济的芦笋大量出口，远销日韩、欧美等世界各地。而今在我们采访中，孙国宾这样感慨万分地说到：“幼稚产业不是一两年可以培养起来的，现在永济芦笋经过这些年的发展，在国际上颇具知名度，欧洲人不一定知道中国有个山西省，但一定知道有个地方叫永济。”

的确，如今永济的芦笋出口量，已居于世界前茅。永济笋农尝到了种植芦笋的甜头，以至在好年景时，不少农民日进账好几百元甚至上千元，大伙儿望着手中大把的钞票高兴地打趣说：“钱多得花不了，看来得给家里的小狗也娶个媳妇了！”

永济笋农靠芦笋致富了，人们也忘不了孙国宾当年发展芦笋种植的艰辛，有一户农民在盖新房时，特意将孙国宾的名字刻在了大梁上。1994年的“黄羊案”后，在1995年正月，孙国宾到了澳大利亚。在澳三年期间，他没有闲着，而是一直研究和关注后来确实对北梯甚至永济经济发展产生巨大影响的芦笋。1998年底回国后孙国宾出任永济市芦笋协会会长，1999年任山西省芦笋协会副会长，长期关注山西省芦笋产业的发展。2005年12月23日，孙国宾再次被选为北梯村村委主任兼村党支部书记，同年也获得了西北经济管理学院的毕业证。2006年3月出任北梯村养猪合作社的理事长，2007年10月任北梯村葡萄合作社理事长。2008年被选为北京奥运会运城地区的火炬手，6月25日，他代表运城市的几十万农民参加了奥运火炬的传递。

（二）改革开放前的北梯经济

解放后的北梯，和其他周边村子一样，穷山恶水，地上没资源，地下无矿藏，人多地少。在人民公社的几十年里，村里人都吃不饱肚子，改革开放前，北梯村还是个人均年收入30元，口粮100斤的穷村。

1. 队办经济的出现

在当时的北梯村，有1300多口人，4个生产大队，以路为界，路北一、二队，路南三、四队。1968年，刚刚21岁的孙国宾凭着自己初生牛犊不怕虎的冲劲，当上了二队的生产队副队长，次年就成为队长，听他回忆说，在当时，他是整个虞乡最年轻的队长。

刚当队长的他，没有什么经验，就是能拼，爱动脑筋，喜欢研究，有点子。在他当队长时，经过几年的打拼，二队成了全村产粮最多，结余最多，最好的一个生产大队，而他也从那时开始成为村里响当当的人物。他觉得，农民只靠种地不行，得搞副业，在他的带领下，北梯村开始走上“创业”之路。

在当时，开窑头很有可能被认为是“搞资本主义”，当时还都在割“资本主义尾巴”，老百姓都不敢去烧。孙国宾带头，在他们队开始了烧砖。砖窑得到了迅速的发展。孙国宾尝到了烧砖窑的好处，心想，现在自己能吃饱，别人也得有饭吃，又开始想着做粉条，改善群众的生活，经过几年的发展，在1971年，他所在的队到年底可以分到2斤肉、2斤豆腐和5斤粉条。据我们拜访的老人说，在那时，整个永济县（当时还称县）都吃过北梯村做的粉条。

村里多少年来没有自来水，夏天浇地也只能从河里取水，这些直接影响了村里的粮食产量。

1973年的春天，孙国宾就想着为村里打井，可在当时没有柴油机，永济离得河南近，而且听说那里有柴油机。正好是春天，村里面刚刚分到225吨化肥，在他的脑海中，有了这么一个想法：能不能拿上化肥去河南换他们的柴油机来打井，他和几个人一商量，那就换吧，换来了柴油机，在北梯村，打了虞乡第一口井。

他这么一“折腾”，惊动了整个永济县，县里开大会，罢免了他的生产大队长，把这个20几岁的小伙子打为“资本主义苗子”。他回忆说，当时没上过几年学的他，连资本主义是什么都不知道。这之后，他离开了北梯。

从以上北梯村在“文化大革命”时期的初步发展可以看出，是乡亲们吃不饱饭的现状使孙国宾有了改变原来面貌的勇气和决心，并且在北梯村的发展之初就扮演了一个重要的角色，在开窑头、做粉条的过程中，先是在他的生产大队中树立了很好的威信。为以后北梯村的发展指明了方向，同时又树立了为村服务、为百姓做事的强烈意识。在孙国宾成为北梯村的党支部书记后，村党支部一直发挥着领导全村的核心作用。与此同时，也不能忽视广大的北梯村民在此过程中的积极参与和配合，没有他们的响应，就不会有这几年的发展。

通过几年的实践，北梯村人民知道了这样一个道理，要想富起来，得做些买卖。“开企业，办工厂”便成了北梯下一步发展的方向和目标。

2. 保温材料厂的开办

20 世纪 80 年代，中国的农村发生了翻天覆地的变化，土地分了，农民自由了，不像以前一样束缚在土地上和村里。许多农村如大邱庄、华西村，在改革开放初期就走在了中国农村发展的前列。

和这些农村一样，北梯村在改革开放之初也迈出农工商一体化的步伐，形成了农业产业化的雏形。在当时，费孝通先生曾经考察农村工业化道路的发展，总结出了如“苏南模式”、“温州模式”及“珠海模式”等农村发展模式，但是当时北梯村的经济发展不适应于任何一种模式，它没有苏南地区“农工相辅”的良好传统，该地区有农民的积极积累作为启动资金，并且抓住了“文化大革命”时期大中城市工业停顿、大量技工回乡的机遇，以此发展社队企业；没有温州人有着传统的经商本领，靠着大批流动人口开辟国内市场，依靠小商品占领市场；它亦没有珠海得天独厚的地理条件，毗邻香港，外地企业在当地农村自愿接受的条件下入住农村，带动当地经济繁荣。①

北梯在改革开放之初虽然有了几个小型企业，但是要发展工业化，办大企业，还有很长的路要走。在工业化启动之初，他们没有太多积累，没有传统的经商思想，地理位置相对好一些，靠近河南、陕西，但也是在中部不发达的山西，但它在以后的发展中却摸索出了一条适于自己发展的独特之路。

由于 1973 年犯的“错误”，孙国宾被派到虞乡镇上种菜，但是种菜也没能埋没他的才华。据他回忆说，当时的种菜，就是“靠天吃菜”，没有什么技术。在这位“精英”来了之后，凭着自己几年的大队长的经验，很快熟悉了种菜的一些基本技术，很快便成为虞乡菜地的技术工。在那时，只有 20 几岁的他，在整个虞乡成了红人，人人都喊他“孙师傅”。据村民师红义回忆说，当时，全县都吃过虞乡“孙师

① 费孝通：《中国乡村考察报告——志在富民》，上海人民出版社 2004 年版，第 270～279 页。

傅"种的菜。而且,在这种菜一年当中,他还在一直关注着北梯村的发展。简直可以说是北梯村的"无冕之王"。

时间过得很快，在虞乡种菜一年，让北梯村的人们也开始想念这位让他们渐知温饱的传奇人物，1975 年底，孙国宾便被选为北梯村副村长，主要负责村里的几个小厂，也就是说，重新回到北梯，他负责村里的经济工作。

据村民师红义说，他刚回来，就召集干部们一起商量北梯的下一步发展。几个干部在晚上就开始合计，孙国宾说："全村百姓选我们，就是想让我们带领全村百姓走上富裕路，可是现在连温饱也没有解决，这不是太无能了嘛!"听着孙国宾的发言，大家鸦雀无声。他接着说，"不要不吭声，今天叫大家来，就是来商量咱们村下一步的发展，解决村民的温饱，有什么就说什么，看看咱们今后怎么走?"大家这才你一句我一句的开始把自己的想法说出来，最终在思想上形成了统一的认识，那就是大家一起努力，决定办厂，用几年时间改变北梯的落后局面。

1976 年的春天,对于全国人民来说,那是不平静的一年,大到国家,小到村庄,都发生了很大的变化。中央粉碎了"四人帮",三位领导人相继去世,国家处于拨乱反正时期。而在小小的北梯,却是靠着几个村干部,尤其是当时的带头人孙国宾建起了北梯村第一个像样的厂子——北梯保温材料厂,一年后,挣到了 10 万元。第二年就从运城市买了两台 30 马力的拖拉机,并成立了技工大队。

据 52 岁的村民师红义说，那会（时候）村里还很穷，但是在孙国宾的带领下，大家勒紧裤腰带，克服了种种困难，终于建起了厂子。那时是集体经济，大家在里面上班都是挣工分。刚建好厂时，孙国宾带头开展工作，坚持在生产第一线，学习新技术，加快发展。很快，保温材料厂有了很好的效益。接着在 1978 年，又在村里修起了氧化铁厂，很快，村里的经济有了好转。但是孙国宾又在为北梯下一步发展思考。

而在资源匮乏的永济，毕竟靠这些工业是不够的，于是，一个更大胆的想法在北梯村一部分发展经济的能人头脑中形成了。

（三）改革开放初的北梯经济

当年小岗村大包干带头人之一的严金昌说：“生活要有改变，要好上加好，就必须要‘想点子’、‘动脑子’。在饥饿、贫困年代时，想如何吃饱穿暖，要想要动；在吃穿不用愁了，口袋里也有钱了的时候，也要想要动。”费孝通曾指出：“苏南农村工业化是在公社制度中启动的，启动资金来自农民的集体积累。如果错过了公社制度这班车，集体的经济实体解散之后再办企业，就得从其他渠道去取得兴办工业的启动资金了。”①

十一届三中全会的春风吹遍了大江南北，也吹到了这个祖祖辈辈面朝黄土背朝天的小乡村。就是借着这阵春风，北梯迈开了它发展的第一步。这是辉煌的十年，是北梯经济持续快速发展的十年。在这里面，不得不写到北梯的食品加工。

1. 联产承包制的实施

在北梯村村委会大楼二层毗邻图书室的老年活动室，古色古香，墨迹条幅横挂墙上，报纸井然有序地放在架上，几个老年人正在下棋。我们与其中一位老人聊天，了解联产承包制给村民带来的变化。“联产承包制可真是好啊”，一谈起改革开放后农村改革的变化，77 岁的孙连科坐在村委大楼老年活动室感慨万千。作为老年协会会长的孙连科说到，改革前他在铁路上工作 33 年，1983 年退休回到北梯村。据他了解，那时小麦最好收成亩产也就 150 公斤，整整忙活一年，每口人才能分得 15 公斤的小麦，最好的年终收益分配，日工值 4 毛钱，全年能收入 200 元的家庭就是好农户了。1982 年，全县农村生产队实行“大包干”式的家庭联产承包制，提高了农民的生产积极性。他说到，分产到户后，村民积极性都很高，每天天刚蒙蒙亮，村民们就到自家地劳动；天黑多时了，还在田间劳作。每家每户都可着劲儿往地里施肥，可着劲儿精耕细

---

① 费孝通：《学术自述与反思》，三联书店出版社 196 年版，第 149 ~ 150 页。

作，好像都有使不完的劲儿。结果，第一年，每家种同样面积的地，农民的收入几乎是“大锅饭”时期的两倍。村民们不仅过年能吃上白面馍了，而且再也不用发愁到处借粮了。他的话，引起了我们对北梯及至永济联产承包制实行的回顾……

1978 年的 11 月 24 日晚上，安徽省凤阳县凤梨公社小岗村的 18 位农民在村民严立华家里召开了一次关系全村命运的秘密会议。这次会议的直接成果是诞生了一份不到百字的包干保证书。其中最主要的内容有三条：一是分田到户；二是不再伸手向国家要钱要粮；三是如果干部坐牢，社员保证把他们的小孩养活到 18 岁。1979 年 10 月，小岗村打谷场上一片金黄，经计量，当年粮食总产量 66 吨，相当于全队 1966 年到 1970 年 5 年粮食产量的总和。小岗村农民的这次冒险行动揭开了中国波澜壮阔的改革序幕。1979 年刚刚复出的邓小平同志到安徽视察，对小岗村农民的壮举给予了肯定：“……只要人民吃饱肚子，一切就好办了。”1980 年 9 月，中共中央发出当时著名的 75 号文件，首次对“包产到户”联产承包制的形式予以肯定，1982 年 1 月 1 日，中共中央批转《全国农村工作会议纪要》，指出目前农村实行的各种责任制，包括小段包工定额计酬，专业承包联产计酬，联产到劳，包产到户、到组，包干到户、到组等等，都是社会主义集体经济的生产责任制。有了中央文件的肯定，广大农村尤其是农村干部的心才踏实下来，“家庭联产承包责任制”也由此得以迅速推行开来。1982 年 12 月 21 日，《山西农民报》头版头条刊发了题为《大包干落实到了大寨大队》的文章，这标志着我省“家庭联产承包责任制”的全面实行。到 1983 年底，全省实行家庭联产承包责任制的农户已经占到总农户的 98%，改革的春风开始吹拂神州大地，北梯所在的永济县的 33 万多人随之走进了改革的春风里。①

---

① 1982 年 7 月第三次人口普查，载于永济县志编纂委员会：《永济县志》，山西人民出版社 1991 年版，第 52 页。

“1979 年永济县栲栲公社长杆大队第 9 生产队，率先实行联产承包制。1981 年，全县普遍推行各种形式的生产责任制。有 33% 的生产队联产到户，37% 的队包产到户，26% 的队包干到户，4% 的户包产到组。1982 年，全县农村生产队实行“大包干”式的家庭联产承包制，提高了农民的生产积极性。这种责任制，土地所有权为集体所有，以地定产，按户承包经营，农产品完成集体提留和国家税收后，全部归己。牲畜和农具等生产资料作价分给农户个人或卖给个人所有。集体的作坊、果园、林木、山滩、水面及机电水利设施等，一律实行合同承包。”① 1980 年全县划分为 5 个综合农业区。北梯所在的虞乡镇属于峡谷平川区，峡谷平川区“有耕地区 19 万亩，占全县耕地面积的 24.1%”。②峡谷平川区是全县的粮棉高产稳定区，粮棉单产高，复种指数大。

改革 10 年，永济市取得了不少成就。“1988 年粮食总产量由 1978 年的 10433 公斤，增加到 14746.7 公斤，增长 41%；农业人均收入由 1978 年的 72 元增长到 387 元，是 10 年前的 5.4 倍，农民生活水平大幅度提高。”③

2. 特色加工业的发展

随着家庭联产承包责任制的落实，在全国的大环境带动下，北梯农民的生产积极性有了极大的提高，北梯的经济也有了飞速的发展。

（1）坚持因地适宜，从麻雀战中起步

在我们的采访中，一提到这段历史，人们总是津津乐道，有着说不完的话。真是太神奇了！1979 年，北梯村党支部作出一项决策：凡能为集体提供一条工副业生产信息并组织生产者，奖给纯利润 1‰。这一招果然很灵。一个农民了解到县外贸公司计划搞麻雀

① 永济县志编纂委员会：《永济县志》，山西人民出版社 1991 年版，第 71 页。
② 永济县志编纂委员会：《永济县志》，山西人民出版社 1991 年版，第 75 页。
③ 永济县志编纂委员会：《永济县志》，山西人民出版社 1991 年版，第 71 页。

冷冻出口项目，他们连夜派人把这一项目承揽下来。他们搞的是外贸，做订单生意，把麻雀加工好装袋冷冻卖到国外，说干就干，因为有以前搞粉条加工和生产颜料的经验，仅3个多月时间收购加工麻雀27万只，农民收入5万元，集体收入17万元，户均收入千元以上。孙国宾和乡亲们打麻雀、收麻雀、加工麻雀，干得有声有色，风风火火。加工回收麻雀最多的时候，北梯村一年收购出口麻雀360万只，平均一天收购加工1万只。当时全村老少都捕麻雀、拔毛，曾有一个十七八岁的姑娘一天完成900只麻雀拔毛的记录，拔一只麻雀5分钱，这样其一天收入可达45元，这在当时相当于城市中效益很好的企业职工一月的工资水平。孙国宾这样形象描述当时的情景，“北梯村麻雀毛满天飞，有时出门像下着麻雀毛雪”。这一举措使得北梯村成为改革开放初永济乃至全山西省最富裕的农村之一，孙国宾也一跃成为野味出口大王而闻名全国。

1980年，他们了解到当地群众不愿食用的骡马肉在国际市场走俏，决定投资5万元建一座小型屠宰厂，当年投产，当年受益，纯盈利11万元，集体两年累计收入28万元，人均276元。当时就拿出13万元用于基本建设投资，除用扩大再生产外，还新建校舍12间、仓库16间，又拿出10万元投资农业。农业由于得到集体企业的大力支持，粮食产量连创历史最高水平，农民人均口粮由100多斤增加到400多斤。

（2）坚持自我积累，在“滚雪球”中发展

1981年，北梯村投资300万建起了肉联厂，由于过度捕麻雀，整个永济上空已经没有麻雀了。孙国宾加紧调整思路，扩大野味范围。野味的种类也扩大到了有鸽子、山鸡、野兔等10种，但是更大的是牛、羊、马等。据村民回忆说，当时在村的每个角落都可以看到牛皮、羊皮等。每年屠宰的牛马要达到25000—30000头。最开始是屠宰一些“废弃”的老牛老马等。但到了后来，没有那么多了，北梯的屠宰资源扩大到了甘肃等地，北梯在当时也成了最大食品加工基地。

说到当时的北梯，不得不插上一个这样的事情——“永济饺子”。

如今的永济饺子全国知名，在全国各地，不知有多少永济人在做饺子生意，而这和当时永济繁荣的野味加工产业是分不开的。说到这里，孙国宾点上了一支香烟，讲起了永济饺子的来历：当时肉联厂的牛肉是以订单出口到俄罗斯（当时是苏联）的，但是牛的肉不光只是瘦肉，瘦肉边上都是肥肉和油，这些不能出口，只能是割下来扔掉。可还是有人看到了它的用处，用它来做饺子，又肥又香，味道一定不错。就这样，这种偶然的发现又为永济人开发了一项致富的渠道。当时把大部分的肥肉和油都做了饺子，一斤这种肉才0.5－0.6元。整个永济县做饺子都是用的肉联厂的肉。今天全国有名的“永济饺子”的肉馅就来源于当时的北梯肉联厂。

据村民师红义回忆，当时他是厂里的司机，“那时我们村发展很快，一到年底，宝鸡铁路局单独为北梯批专门的火车皮来拉这些野味，运到全国各地。”说这些话的时候，从他眼神里可以看出他回忆当时情景时的幸福，从这我们也能看出当时北梯的繁荣。他接着说，“国宾是个好人，他不为自己，没有私心，为的是这个村。”这就是当时村民心中的孙国宾。在当时还有这样一件事，有一天早晨，在村里最显眼的墙上写着“东方红，太阳升，北梯出了个孙国宾”，从这些更能折射出孙国宾在村民中的地位。

（3）坚持改革完善，在一体化中提高

北梯农工商联合公司的发展大体经历了工业依存于农业、工业独立于农业和农业融合于工业一体化经营等三个阶段。

第一，北梯的农业、养殖业实现了分工分业，初步做到了专业化生产。公司和县内外4000多个集体和个体农户建立了种植、养殖、捕猎等生产原料供应合同。从美国公司引进罗曼鸡后，同当地1000多户农民签订了饲养、收购合同，由公司提供种鸡、配合饲料、病疫防治和饲养技术培训，农民只要按技术要求喂养，到时候由公司派车把成鸡收回进行加工。为了保证养殖户的经济效益，合同规定每只鸡要保证农户拿到纯利润0.8－1元。1987年底，在上级党委的支持下，公司决定成立农业队，专管全村1000多亩土地的耕作。同时他们还规定，凡在本公司各厂（场）上班的工人，一般不准再承包土地，使务工务农人员都安心地干自己的工作。

第二，工业紧紧围绕农业的发展而发展，反过来又服务和装备农业。北梯的工业发展始终不脱离农业，它为传统农业续接上加工环节，变农业的原料生产为商品生产，使农牧工商综合发展，促成当地自然资源的合理开发利用，劳动力的自然转移和经济效益的综合提高。在北梯公司的一体化经营中，计划在经济合同的签订中落实，统一经营的优越性在全过程的社会化服务中得到保证，农业的基础地位在以工建农中得到增强。公司组建以来，原参加联营的20个生产队除每年以公司利润分红还清了贷款外，还留下部分利润入股，这些过去的贫困队，现在都在公司有了自己的股份。对北梯村的农业基本建设和村政建设，公司也作出了巨大贡献。1981年以来，公司先后拿出80多万元为村里购买农机具，打井修渠配套，全村1000多亩土地，有90%的水浇地基本摆脱了干旱的威胁。全村农业生产从下种、管理、收割、脱粒到加工、销售，都实现了一站式服务。

最后，“一体化”经营促进了一批文化素质高、经营意识强的农民企业家涌现。公司规定初中未毕业的青年不准进厂当工人；中小学生全部享受免费教育；高中在校生公司每人每年补助100－200元。此外，公司采用“请进来，送出去”的办法，培养了大批的科技人才，保证了公司经营发展对具有较高文化素质人才的需要。

3. *北梯经济最初发展的主要做法*

这一时期，北梯经济有了初具规模的发展，在其发展的过程中，有许多做法值得总结。

（1）外引内联，实行股份制。以己为主，开展横向联合，扬我之长，避我之短，在已有的资金、设备、技术和规模上把农村经济推向新高度，这是北梯发展外向型商品经济的重要决策。创办加工企业，使北梯人收益增、胆量壮，也促使他们下决心大干一番。当他们将加工范围扩大到冷冻蔬菜时，却碰到了蔬菜基地不够、劳动力不足、储藏力不足等一系列困难。面对这些困难，北梯人及时选择“外引内联”作为突破口，以食品加工为依托，吸引国营、集体和农民入股联营，组建北梯牧工商联营公司，走出一条扩大再生产的路子。在开展“外引内联”中，北梯村采取了由近而远的办法，先吸收邻近9个村的20个村民小组合股联营共80股20万元股金。接着，又主动与山西省牧工商公司、北京钢铁学院、中国五金矿产进出口公司等单位“攀亲联营”。

（2）联营，使这个农村集体企业逐步发展成跨越村、乡、县、省的股份有限公司，从而使企业的加工能力、产值大幅度增长，经济效益显著提高。到1987年底，北梯共兴办了5个厂（场）子，经营类别主要是肉食品加工，种鸡、鹅鸭孵化，工业油脂加工，制药等；有着综合性厂房和100吨库容的现代化冷库拔地而起，经营范围扩大到大牲畜和羊肉加工、山禽野味加工、蔬菜加工等5类18种产品。在企业内部，真正形成了一个以养殖业促进肉食冷冻加工业，又以肉食冷冻加工业促进制药工业发展的良性经济循环。

（3）重视市场信息，增强企业活力。作为一个农民创办的现代化外向型企业，北梯人懂得，经营方向定成败，管理水平定效益，这些都取决于市场信息的捕捉和筛选。他们十分注意搜集市场信息、寻求发展门路，通过企业生产的信息化求生存、求发展。

他们捕捉信息的手段是：一靠报纸杂志。公司订有30多种报纸杂志，如《国际贸易》、《中国食品》、《世界经济导报》、《经济参考》等；二是组织一支信息收集队伍，其触角遍及全国，南至广州，西到新疆，北达哈尔滨，而东及日本东京。每年至少有100余人在外捕捉信息，最多时达300余人，仅1987年，就支付这方面差旅费达8万余元；三靠聘请一批外地专家、教授提供信息。北梯还十分注意对捕捉到的每一个信息进行筛选、论证。通过科学综合、分析、推导，利用准确的市场信息来影响决策。

（4）培养人才，提高企业素质。那些年，北梯在加速发展外向经济中，始终把人才培养放在突出的位置上。他们确立的用人之道是“能者上、平庸者下”。公司总经理、省优秀农民企业家孙国宾，长于决策，深有远见，在企业推行了一整套严密科学的管理制度。国务院农牧渔业部两位专家曾称赞他管理的企业是“一个典型的中国式农工商联营企业”。实践证明，这位领导者就是通过企业中的竞争，经过深造而逐渐成熟起来的。

二、北梯经济的稳步发展

“改革开放胆子要大一些，敢于试验，不能像小脚女人一样。看准了的，就大胆地试，大胆地闯。深圳的重要经验就是敢闯。没有一点闯的精神，没有一点‘冒’的精神，没有一股气呀、劲呀，就走不出一条好路，走不出一条新路，就干不出新的事业。不冒点风险，办什么事情都有百分之百的把握，万无一失。谁敢说这样的话?”①正是在这样的背景下，北梯村总结了10年的发展经验，抓住市场经济的机遇为以后的飞速发展奠定了基础。

（一）稳步发展的基础

改革开放之初，北梯的村办企业取得的成绩十分显著，但他们并没有被这些可喜的局面所陶醉，而是根据国内外市场的需求，酝酿着新的奋斗目标：一是采用拜名师、请专家的办法，计划培训一批技术人员，重点开展畜皮的熟制和肉类的深加工经营；二是利用价值4万元的肉骨加工机械，搞好碎肉、兽骨和血粉的科学加工，给养殖业提供充足的高蛋白饲料和矿物质添加剂；三是拿出一定数量的资金扶持群众进一步搞好种植业、养殖业、加工业。突出发展牛肉、肉鸡、北京填鸭和山东大肝鹅等名优畜禽，扩大经营加工项目，保障企业的货畅其流，为广大农民和企业的同步富裕登上一个

① 《邓小平文选》第3卷，人民出版社1993年版，第372页。

新台阶，开辟新的途径。

1988年12月召开的全省农村工作会议上，时任省委书记李立功在报告中提到："北梯成为晋南盆地崛起的一个致富典型"，"是我省大邱庄式的村子"。

1989年春，公司已经拥有8个厂、2个队的外向型联合企业，完全实现了农工商一体化，产供销一条龙。固定资产已达400多万元，年出口量2100多吨，产值1500多万元，创外汇300多万美元，全村人均纯收入达1100元；1980年以来累计总产值5775万元，实现总利润506万元，为国家创汇近1000万元，是山西省出口基地企业之一。从1982年开始，连年被评为省、地、县先进集体。

据曾任公司经理的孙国宾总结，那几年走过的道路，有这样几点体会：

一是坚持正确的发展方向和目标。自公司创建以来，始终坚持两条原则，一条是坚持公有制为主体。以巩固壮大集体经济为目标，带领群众共同富裕为目的，使得集体经济像"滚雪球"一样发展，群众生活如芝麻开花一样进步；另一条是坚持农业的基础地位。围绕农业办工业，以工带农，以农促工，相互促进，协调发展，以本村1400亩耕地为基地，组成农业队搞集约规模经营，抓好粮食、蔬菜生产。企业的发展，不仅安排了大批剩余劳力，还向农业投资20余万元，基本实现了水利化、机械化和专业化生产。

二是坚持走农工商一体化、产供销"一条龙"的外向型联合企业的路子，积极参与国际经济大循环。在生产上一方面形成自繁、自养、自己加工的配套式的系列化生产线；另一方面以冷库为核心，加工各种冷冻食品、新鲜蔬菜、山禽野味等出口产品。在产品销售上，重信息抓机遇，既抓住国际市场，又不忽视国内市场，在上海、北京、天津等国内大城市设立供销网点，使产品内销、外销畅通无阻。

三是坚持科学的管理办法，充分发挥人的潜在能力。加强企业管理的指导思想是，根据满负荷工作的要求，优化劳动组合，强化竞争机制，建立微观经济新秩序，进而提高劳动生产率、提高经济效益。主要办法是统一经营、层层承包，联产（利）计酬，超额计奖。

四是坚持党的核心领导，把政治工作和经济工作融为一体，促进物质文明和精神文明建设。主要抓三个方面的内容：首先是领导班子和党员自身建设；其次是经常对职工进行形势教育、职业道德教育和开展“争先创优”评比活动，提高全公司人员政治素质；再次是重视人才培养，10 年来智力投资了 20 多万元，采取请进来、送出去、上函授等多种方法定向培养技术骨干 500 多人次，先后有 50 余人分别到各大专院校进修深造，已有 17 人拿到专科文凭，12 人获得专业技术职务。全村中、小学全部实行公费教育。

这一时期北梯村依靠自己的优势，使集体经济实力增强，福利事业迅速发展，遍及每一个人，更为重要的是这 10 年的飞速发展为北梯下一阶段的发展奠定了坚实的经济基础。

（二）联营公司的壮大

20 世纪 80 年代末 90 年代初，中国的市场经济悄然起步，在邓小平南方谈话的激励下，北梯村已经不再满足于只是建几个小厂，而是要对集体经济进行改制，组建大厂，中外合资，实现产业的立体发展。

北梯牧工商联营公司，曾是一个拥有固定职工 250 人，临时工 350 人的联营公司。从 1981 年 1 月到 1986 年 8 月，这个公司累计加工牛驴骡马 23881 头、羊 15000 只、鸡 23 万只，合计加工肉类 2713. 9 吨；加工野兔、野猪、山鸡、麻雀等非禁兽禽 210 吨，油脂 1823 吨，速冻蔬菜 381 吨；向本地区制胶厂提供畜骨、兽骨 21. 4 万公斤，向国内市场提供牛皮、羊皮 2 万多张。企业总产值累计达 2199. 6 万元，为国家换回外汇折合人民币 1799. 9 万元，给入股的村民小组付股金分红款 27 万元，向国家缴纳税金 80 万元，纯利润累计 200 多万元。加工业的崛起，使整个过去很不起眼的平原小村发生了深刻变化。同时也积极推动了村公共事业的发展：一是扶持文化教育事业的发展。新建校舍、文化娱乐室19间，电视差转台1座，购置录像机1部；二是壮大了集体经济。先后购置汽车、拖拉机11辆，各种中小型农业机械16台，打深井4眼，扩修砖铺街1条，并安装了路灯；三是改善了群众生活，人均收入由1979年的129元提高到80年代末的700元，上百户人家住上了砖瓦房，全村基本普及了收音机、电视机、自行车、缝纫机，手表、收录机、落地电扇和高档家具也在部分北梯农民中安家落户。

改革开放使北梯村的经济发生了深刻而巨大的变化，成为运城地区乡镇企业中规模最大、产量最高、贡献最大的经济实体。截止1987年，企业固定资产自起初的5万元猛增到300余万元；随着经济的搞活，群众物质生活普遍得到了改善和提高。七年间，村民从企业领取工资70万元，股金分红35万元。

北梯村在短短几年时间里，能获得如此显著的经济效益，它的许多经营理念和方法值得借鉴。

（1）打破旧的传统习惯，确立发展农村商品生产的新观念。北梯村人多地少，劳力充足，交通便利，发展加工业有着极为有利的条件。但是，多年来他们在这方面走的是一条坎坷不平的道路。20世纪60年代，这里的群众拉沙搞副业。70年代又搞粉条加工，后来又被当做“资本主义尾巴”割掉了，粉碎“四人帮”后，他们又搞三氧化二铁作燃料。1977年孙国宾出任村主任后，开始从事外贸生产。十一届三中全会后，这个村的干部向广大群众认真总结了几十年农业生产的教训，分析了加工致富的优越条件和因循守旧给商品生产带来的危害，使广大群众明确了一点，要尽快摘掉贫困的帽子，必须改变旧的传统观念，冲破“左”的思想禁锢，走发展农牧产品加工业的新路子。实践使他们深刻认识到，只有进一步解放思想，同“纯粹农业”的传统习惯实行彻底决裂，发展农村加工业，才是尽快摆脱贫困，走向富裕的好门路。

（2）改变旧的管理方式，实行民主办企业、民主管企业。为了充分利用集体智慧，北梯村联营公司由入股单位和农户选出代表，组成联营代表大会，每年定期开会2－3次，主要审查发展规划、生产计划和收益分配，听取各方面意见，对企业建设和生产做出正确决策。联营代表大会常设机构董事会会长及其成员由代表选举产生。与此同时，他们从企业经理到班组工人，建立了严格的简政放权、人人负责的管理责任制，并赋予各级负责人一定的权力。如董事会确定经理人员，经理决定厂长、科室负责人人选，厂长确定车间主任人选，车间主任和科室负责人再挑选本单位的职工，不称职者逐级随时可以罢免和解雇。由于自上而下实行了民主办企业的一整套办法，企业的管理水平大大提高，职工的工作积极性得到了充分发挥，年年完成生产经营计划，受到天津口岸等地厂商的一致好评。

（3）改变闭关自守的旧观念，建立信息网络，加强横向联系，实行多种形式的经济联合。联营企业成立以来，面对市场激烈的竞争，首先抓住了信息网络的建立。他们先后选择了30多名有经济头脑、会捕捉信息的能人，分别驻北京、天津、上海、广州、西安、太原、深圳等大城市，广泛收集信息，向企业传递情报。1981年，他们看到国际市场牛肉、蔬菜需求量增大，企业随即建成一座百吨容量的冷库和两个加工车间，扩大了肉类加工和蔬菜的冷冻能力。1984年获悉国际市场蓖麻油销路好，又增加了榨油项目，当年获利8.3万元。1985年他们又根据港澳市场的需求，办起了肉鸡孵化厂，与400户农民签订了肉鸡肥育合同，着手肉鸡加工新业务；其次是加强了横向联系，注意了四个方面的联合：一是供销联合。以不同方式与省内外10多个国营、集体和个体商贩建立了长期的供销关系，年签订合同二三十份，预定销售任务2000吨，向外地销售肉类1000吨，同时联合单位要向企业提供一定数量的原料、资金和设备。二是技术联合。采用招聘或雇佣等形式，吸收了乡镇企业局、银行、畜牧局等部门的13名退职或在职职工参与企业的经济管理和技术服务。三是加工联合。在加工能力和库容量不足的情况下，同有条件的单位实行就地加工，就地入库，就地销售。四是销售联合。几年来，企业利用信息网站先后与上海、深圳、天津等十几个大中城市建立了长期订货关系，还曾派代表与日本大荣贸易株式会社客商进行销售业务洽谈，建立广泛的销售联合。

（4）改变企业单独经营加工的方式，利用劳力资源，发展家庭经营。北梯联营公司为了实现企业和广大农民经济收入的同步增长，改变了“就企业办企业”的单独经营加工方式，坚持开展了企业和家庭的联合经营。他们认为，家庭经营不仅是广大农民致富的一条重要门路，又是企业大发展的保证。多年来，这个企业一方面为农户提供水电、机耕和运输服务；另一方面，组织人力有计划地发展种植业、养殖业、畜产品的粗加工经营，这样做减少了企业的生产环节，又增加了农民的经济收入，使这个昔日经济落后的平川小村，逐步走上了种、养、加结合，农牧商协调发展的新型农业道路。

（三）芦笋产业的兴起

芦笋俗称石刁柏，是世界公认十大健康“蔬菜之王”之首，在欧洲已有2000多年的栽培历史，芦笋栽培种植随移民传入我国大约是在19世纪末或20世纪初，距今约有百年历史。在我国最早的药书《神农本草经》中将其列为“上品之上”，其嫩茎质地细腻、纤维柔软、风味鲜美，有特殊的芳香味，能增进食欲，帮助消化，因其品味兼优，对人体细胞的癌变具有很强的抑制作用，是目前世界上最为有效的防癌保健食品之一。

“欲得长生，必究养生”，延年益寿，是人类的共识，芦笋所含的蛋白质、维生素诸方面的营养元素，均高于其他蔬菜和水果。具有很高的营养价值，经中外科学家研究表明：芦笋的药用价值远远高于营养的价值，公认芦笋特有防癌和抗衰老作用，又能提高人体的免疫功能，所以，芦笋被世界卫生组织公布为“十大健康蔬菜之首”。

芦笋是世界十大名菜之一，风靡于西欧、北美、日本等国家。因含有丰富的抗癌元素－硒，具有极高的食用和药用价值，因此被誉为“蔬菜之王”和“抗癌食品”；又由于芦笋对生长环境、采收时间几近苛刻，市场价格居高不下，因此也被称为“贵族食品”。

芦笋原产于地中海沿岸，欧洲栽培已有2000年以上的历史。中国芦笋是20世纪50年代从台湾开始发展起来的。20世纪80年代，孙国宾花19000美元从荷兰带回10公斤芦笋种子，并在山西的永济市试种成功。

俗话说，“春播秋收”。而在山西省的永济市却是春也收获，秋也收获，普普通通的农户靠种植芦笋，一年收入10万元人民币，走上了致富路。可以说，在永济市没有不知道芦笋的人，而种植芦笋的人几乎没有不知道孙国宾的。

目前，中国成为世界最大的芦笋输出国，而山西成为中国最大的芦笋种植和出口基地。为什么呢？这还必须从黄河说起。

黄河为永济留下了丰厚的历史文化遗产，也为永济留下了30万亩黄河滩涂。这里土地贫瘠，沙化严重，用来种粮、种棉，亩产都不太高。因此，过去的永济是沿黄河一带最穷的地方；而今天的永济成了黄河一带最富的地方之一。这里流行着老百姓一句顺口溜：“有了孙国宾，沙土变成金。”

在永济，人们称孙国宾是“芦笋之父”，或者称他是“让黄河滩的沙土变成美金”的人。“农民（在这个地方）通过种芦笋，在黄河滩已经形成一个比较大的产业。农民在这块儿增收比较明显。”一说起芦笋，孙国宾就像提起自家的孩子一样高兴。

过去，永济人并不知道什么是芦笋。1979年，孙国宾带领乡亲们做外贸畜产品加工为村里挣了17万人民币，村民们都跟着沾了光。从此，这位生产队长做什么，村民们就跟他做什么。10年间，孙国宾在意大利、荷兰客商中做牛、羊等畜产品加工做出了名气，结识了许多国际上的贸易伙伴。1989年5月，应意大利客商邀请，孙国宾到欧洲考察农业，而就在荷兰，他发现了芦笋。

“全世界最早生产芦笋的是荷兰，荷兰的维利得公司带我去了荷兰南部的琳巴去看那个芦笋。”孙国宾介绍到，在芦笋地里，孙国宾买了1公斤想尝尝鲜，给他当翻译的香港小伙子告诉他，到荷兰多年了都没吃过芦笋，因为价格太贵，1公斤芦笋，12个荷兰盾，当时折合人民币60元。

有专家告诉他：“种芦笋的土地必须是沙地”，“特别是南北纬30-35度是芦笋最佳的生长地带”。孙国宾一听，简直太高兴了！他立刻想到了永济30万亩的黄河滩。位于北纬35度的永济到处都是沙地，不恰恰适合芦笋生产吗！

经过两天时间的考察，孙国宾当下决定与荷兰朋友合作“芦笋项目”。一回到北梯，他就把黄河滩的土质和永济10年的气象资料寄到了荷兰，请芦笋专家进行分析，给出的结果是“永济是种植芦笋全世界最理想的地方之一”。

“永济是全世界种芦笋最理想的地方。种子也回来了，我也有这个底了，就找人种芦笋！”孙国宾接着说道。为此，孙国宾花了两万美金，把世界最著名的荷兰芦笋种子专家杜比德先生也请到了永济。可是，专家讲荷兰话，当地没人能翻译，孙国宾就从北京粮油进出口公司请人来翻译。结果培训农民，农民听不懂，孙国宾就请专家把永济市科委的公务员培训了一遍。

回想起来，孙国宾举办芦笋产业发展之路走得十分艰难。种芦笋，农民根本不懂，也接受不了这个新东西。有的农民为了包地种西瓜，把老孙的芦笋苗领回去以后，放在院里故意晒死。为了让农民种芦笋，孙国宾费尽了口舌，还花了不少钱“收买”人心，但是一年下来，勉勉强强种植了不到1000亩。可就是这1000亩，让孙国宾开始是“喜”，后来是“忧”。

因为芦笋有一个与众不同的特性，从土里挖出来后，4个小时之内就必须加工，否则，一过夜就纤维化了，根本没法加工出口；此外，芦笋的采收期非常集中，在永济，每年4月初开始到7月份结束，形势十分紧张。然而孙国宾当时没有上罐头加工生产线，只是搞速冻加工，速冻产品必须要有能制冷的集装箱火车运输，由于产量太小，根本没法装车发货。为了不影响农户的种植积极性，孙国宾只好甘当“冤大头”，他出钱收购、加工，装箱发运；加工不了的，只好白白倒掉！这让孙国宾特别心疼，让他现在想起来还直摇头。

“老外要货你起码给个集装箱才能发到国外去。1994 年、1995 年的时候，我们是白天收，晚上倒。不倒怎么办？那时加工不过来。一天倒一个‘桑塔纳’！”

就这样，孙国宾熬了三年，倒贴了 90 万元人民币。正是孙国宾的坚持不懈，换来了农民种植芦笋的热情。到了 1994 年，永济种植芦笋面积达到了 5000 多亩，收购价又一路飙升，孙国宾开始赢利，村民挣得更多，黄河滩的沙土真的变成金了！

“当时价格太好了！一吨芦笋 2800 多美金，一吨就要赚一万多（元），一年一千吨就赚一千万（元）。我说是赶快扩建工厂啦！。”

永济大量的芦笋种植引来了投资者，在孙国宾扩建加工厂的时候，西班牙、荷兰等国外加工企业和中粮大保等国内加工企业纷纷在永济落户。

看到一座座加工企业拔地而起，永济人种芦笋的热情就更高了。每到芦笋采收的时候，许多农户都要雇人挖芦笋。为了找人手，有人专门搞起了用工介绍，每年都要到陕西、河南等地去招工。

据永济市新农村办公室阎胜利主任介绍：永济过去是运城地区西部比较穷的县，这些年来，永济经济远远超过了东部，很明显，就是芦笋这一产业让这里的农户富起来了。因为“一根芦笋的价格要贵于一根香肠的价格。最高一亩地能挣 9600 块钱。”

（四）1995 年后北梯经济的徘徊前行

1995 年年初，孙国宾到了澳洲，淡出了人们的视线。而北梯村辉煌的加工业也在渐渐滑坡，仅剩芦笋产业还在全国的大形势下艰难维持。

1. *芦笋产业的曲折发展*

在永济，芦笋自1989年开始实施产业化开发，期间经历了连续6年的发动阶段，到1995年当地农民才真正接受了这个产业。后来经过5个年份的大幅扩展，种植面积突破了10万亩，采收面积超过8万亩，初步形成了产业规模。16年间，芦笋产量超过26万吨，累积出口量达到19万吨，创汇总额超过2亿美元，永济农民从中获得的收益值高达9.5亿元。单是2001年到2004年的4年间，出口量占到了中国芦笋罐头出口总量的50%以上，拉动世界贸易份额1/3，永济在国际市场上扛起了全球芦笋生产大旗，更成为山西省农业创汇第一品种。目前，永济芦笋企业和农民构成的有形资产总值达到3.5亿元以上，当地龙头企业的生产质量在全国积聚起独立性加工能力，与世界上43个国家和地区的市场连接沟通，构建起长久发展的国际市场环境条件。

芦笋的发展之路决非一帆风顺。1995年前农民看到了芦笋可以卖钱，在政府的引导下初步形成了规模。1999年由于厂多笋少，芦笋出现持续性的高价，出于市场利益的驱动，农民发疯地栽种，产业原料基地扩大到10万亩以上。然而到了2002年，连续三年出现农民种植芦笋的收益不景气的情况，部分农民收不抵支，大多数农民对芦笋失去信心，工厂一度为原料无法保障而感到头痛，几个工厂的扩产计划开始撤除。2003年在芦笋采收期出现了“非典”疫情，因为一度车流人流受阻，盛产期原料有3000多吨无法调出，只能全部扔掉。同时因为原料过剩，价格出现大幅下降。2004年开春，芦笋进入采收期又经历了罕见的高温型气候，正常年份4月下旬气温可达20~25摄氏度，而这一年3月底气温就达37摄氏度，在高温作用下，芦笋暴长，采收期严重缩短。正常时每亩地一天的采量在12~15公斤，而2004年有的高达35公斤，永济基地有时一天的采量超过1200吨，工厂最大消化量也就是850吨。价格也开始下降，甚至有一公斤才几角钱的价格出现。平常可以采收到7月后，可当年到了5月20日以后已经无笋可采。

因为采收期的高温很难控制，而且近年来这样的气候特征越来越明显，越来越严重，已经成为企业和农民共同的头疼事。据统计，因此原因从2000年到2008年6年内，永济农民扔掉的原料不下2.5万吨，价值高达7000多万元。

值得自豪的是，经过几年的发展，永济建成芦笋出口创汇基地10万亩，成为全国最大的芦笋种植、出口大户。2003年，山西永济出口芦笋占全国芦笋出口量的1/3，创汇1800万美元。① 2004年山西省芦笋产量居全国第一，芦笋首次超过玉米成为山西省农产品出口第一位，而且世界芦笋消费的主要货源地在山西省。②据国家出入境检验检疫局统计，2001年至2005年期间永济芦笋出口量分别为3.2万吨、3.5万吨、3.3万吨、3.2万吨、3.4万吨，其中2005年中国白芦笋罐头出口总量不足4.5万吨，永济占到总量的75%，芦笋大旗自然而然地落在了永济市肩上。当全世界白芦笋罐头贸易下降到5.5万吨以下，永济就生产3.4万吨，占世界贸易总量的60%以上。③

2. 集体企业的相继破产

“风风火火十几年，一下回到改革前”，这是20世纪90年代后半期北梯经济的真实写照。1994年底的“黄羊案”，使得正蓬勃发展的北梯经济一下子平静下来，这也直接导致了北梯村集体经济的下滑。“黄羊案”直接针对的就是北梯的牧工商联营公司的肉联厂，孙国宾经理一走，这样的情况下，公司的效益直线下滑，经过一两年的挣扎，也就解体了。原有的村集体企业纷纷破产。

1998年，孙国宾从澳大利亚回国，担任永济市芦笋协会副会长，继续指导刚刚发展起来的芦笋产业。但是，此时的北梯村办经济已陷入十分萧条的境况。据武长俊副主任和张全民委员回忆，

① 山西永济大力发展特色芦笋产业．新华社。

② 山西省芦笋产业的现状与前景分析．新华社。

③ 永济芦笋——扛起中国芦九产业大旗．太原新闻网。

2005年前的北梯经济发展缓慢，实际是落后的几年。落后的原因主要是村委领导班子能力有限，问题复杂。1995年到2005年10年期间，曾换过3届村委班子。而这10年，北梯村几乎没有什么变化，昔日的辉煌已经淡去，随着中国经济在这10年来的飞速发展，而北梯却是原地不动，村里的人都已经走出了村子。路还是以前的老路，已经破烂不堪；村委会还是以前那些破旧的房子；10年前，各家各户还能在年底分到一些粮油，可在1996年就已经没有了。以前响当当的北梯学校也在2004年由于资金短缺，把暖气片都抵押了，学校也就此关门。村里的学生只能到邻近的虞乡上学。听住在村委会对面的师红义（他是80年代北梯辉煌时车队的老司机，后来由于车祸，脚出了问题，现在一直在家务农，子女们在外面上班）说，“整整十年，村里面基本没有什么变化，甚至觉得倒退了”。“自从国宾走后，换了几届村干部，刚开始还能维持村里的基本发展，可是好景不长，老底吃光了，村里的日子越来越不行。”

三、北梯经济步入新阶段

如果说家庭联产承包责任制是自下而上进行的制度创新的话，那么村民自治则是自下而上进行的一种大胆的民主实践。在选举期间，乘车数百公里赶回村里“行权”的打工村民屡见不鲜。村民自治越来越不是个“摆设”，而成为中国新的乡村治理结构的重要推手。

（一）2005年的村委会换届

2005年冬，中国的农村正在进行第七次村民选举，而位于中条山北麓的小村庄北梯，正是因了这次选举，拉开了新发展的序幕。

1. 中国基层民主选举的发展状况

1987年夏，在北京大学社会学系的课堂上，一位学者讲道：“千万不要鄙视农民，农民的民主意识，在一定程度上比你们大学生还要高得多!”这个结论顿时让课堂哗然，它几乎受到所有在座者的质疑。自然，在我们这个以农民为主体的国度里，“农民愚昧无知”几乎成了一种思维定式，如果谁持有异议，就好像不懂得某种社会常识一样。在这种氛围中，所谓“农民缺乏自治能力”的结论就是不可避免的了。然而，随着《中华人民共和国村民委员会组织法》的推行和各地富有创意的实践，彻底改变了人们的偏见。

在农村基层调研时，在许多村民的炕头上、水沟旁、井沿边，他们热切地告诉各级领导、新闻记者，在农村改革中，农民最渴望“两票”：口袋里钞票要多起来，手中的选票要起作用！尤其是30年农村改革使村级资产得到很大积累后，村民们越来越渴望选出他们信得过的“当家人”。

1998年，试行了10年之久的村民委员会组织法终于删去了“试行”两个字，指导中国乡村社会民主选举的纲领性法律文件——《中华人民共和国村民委员会组织法》隆重出台。一年后的6月11日，依据修订后的法律，温州辽东村村民启动了全国首例村民罢免村官的程序，因此该村的村委会主任，提前结束了自己的任期。

2. 北梯村2005年的村民选举

2008年12月20日，在北梯村委会大楼会议室，我们遇到了前来办事的徐少波。现年31岁的他，是虞乡镇政府派到北梯的包村干部，他目睹了当年北梯村委会换届选举的情景，并热情地介绍了气势恢宏，热闹非凡的2005年第七届村民选举。2005年的12月23号，三年一次的选举如期举行，经过第一轮的投票，孙国宾以高票领先。当日，共847人参加选举，其中601票都投给了被村民“架请”回来的、只在会场外露了一面的孙国宾。在第二轮投票中，没有任何争议，他就当上了北梯村的村主任。下午选举结果出来后，许多村民自费购买了上万头的鞭炮在孙国宾宅院前燃放了很长时间，在路上留下了厚厚的一层炮屑。

本届村委会换届选举的结果是，主任：孙国宾，副主任：武长俊，委员：孙好珠、柳银忠、张全民。

为什么北梯的老百姓对孙国宾这样情有独钟？这是因为，“黄羊案”后，孙国宾在澳大利亚度过了 3 年时光。在孙国宾淡出人们视线的 10 年中，家乡的人们没有忘记他。他们也一直在打探着他的消息，盼望着他尽早回来带领大伙儿致富。在 2005 年，村里人自发组织去找孙国宾，因为在他们的心中，眼下的北梯，只有一个人可以带领北梯人致富，那就是孙国宾。于是，在新的一届村支部选举开始的时候，时年 57 岁的年近花甲之年的孙国宾被北梯村村民敲锣打鼓接回村，又当选为该村的书记兼村长，孙国宾再一次走上了村支部书记的岗位。村民的夹道欢迎，孙国宾书记深知，那是给予他的信任和厚望，怎样不负村民重托又怎样带动村民致富，成了他肩上沉重的担子，心中隐隐的压力。而我们听孙国宾说，他是为北梯而生的，再不回北梯，就对不起一直期盼他的村民了。

我们还听村里的一位村民说，那些天，村里每个人自己拿出两块钱，为孙国宾买了鞭炮，租了锣鼓和桑塔纳，还为村长送了一块“致富的楷模”的光荣匾，为的就是迎接这位曾经为北梯创造过奇迹的村长，孙村长也激动地留下了两行泪水。

（二）合作社思路的萌生

2006 年的春天，新一届村领导班子满怀信心地坐在一起，讨论新形势下北梯的发展。

“我们村建立的是合作社不是公司，公司是为个人服务的，是以盈利为目的的，而我们合作社是为村的长远发展而成立的，是为参加合作社的每户农民服务的，是追求合作社所有成员的利益最大化。”这是孙国宾成立北梯村合作社的初衷。

在采访北梯村时的 2008 年 9 月 30 号下午，我们参观了孙国宾的家。他家坐北朝南，位于村委会大楼的北面。走到门前，是一座蓝砖灰瓦的房子，进到房里，是简单的卧室和客厅。在客厅里，挂着不少照片，有些是他以前在村里照的，有些是他和家人的合影。

屋子里和普通农家最不一样的地方就是放着很多书。据孙国宾自己介绍，他没有念过太多的书，但是自己爱看书，喜欢钻研，每次出外考察或开会，都会买许多自己喜欢的书，光这项支出每年就有2000元左右。也就是这些书，丰富了这位“知识农民”的思想，使他能够从更多的视角去思考问题，研究如何运用国家的政策去发展农村，使农民致富。

但是，重新走马上任的孙国宾，看到的情形已经和20世纪80年代有了很大的不同，村里的发展几乎陷入了停滞，没有了往日喧闹的工厂，没有了充满活力的校园。村里只剩下“3860部队”。在村里，年轻的劳力都去外地打工、上学，有10多户在外地做生意、开饭店，100多人在外打工，这些人常年居住在外地，只有过年过节时才回村里，根本不关心村里的发展。在地里只能看到中年以上的农民在地里劳作；在每户人家，只留下中年妇女带着还在上学的孩子。每户还是仅有的几亩地，靠天吃饭，没有什么新的变化。这些都让这位57岁的老村长心里着急。他心里明白，当初他能再一次当选村长，就是这些“3860”的支持，在村里，就是这些人最希望他能带领他们致富，寻找到发展的门路。

经历过大风大浪的孙国宾没有盲目乐观，他上任后先仔细分析了村里现在的劳动力结构，面对村里不少壮劳力已出门打工的状况，孙国宾决定把村里的留守人员组织起来，搞合作化生产。原因其实很简单：

第一，农村人口结构的改变。随着现代社会工业化的发展，需要越来越多的自由劳动力，而我国8亿农民正是劳动力的充足来源。而在农村，由于农业处于产业链条的最低端，没有发展优势。而且我国长期以来实行城乡二元体制，这样的情况下，光靠土地的收入很难维持农户的生活。在村务农的只有40～60岁的中老年人，而15－40岁的中青年都去外地打工挣工资，他们对土地不愿意投资，但也不愿意让别人种，因为这是他们最后的退路。这样，村的发展路在何方？通过合作社的形式，把村里剩下的劳力和基本闲置的土地集中起来，可以办到个人没有办法做的事。

第二，公益事业与个人发展孰重孰轻？市场经济下，市场是资源配置的基础，人们会去追逐利益，鼓励个人发展，但是村里的公益事业谁来负责？在村里，已经没有了校园，原有的卫生所也撤了。村里的公共收入只剩下政府的“政策补贴”（即政府的政策支持和资金投入），这不利于村的长远发展。通过合作社的形式，集中村里集体产业的财力，办一些学校、卫生所等公益事业，使农村的发展更有保障。

第三，资金和土地之间的矛盾。随着国家的粮食产业政策已经放开，农业发展出现了多样化，但在北梯，人多地少，土地已经不是村里人唯一的收入来源。现代农业是高投入、高产出、高回报，而目前的小农经济已经和大市场相脱节。在北梯，人均只有一亩地，一亩地的生产和十亩地差不多，从种到收再到卖，因为这样下来基本没有什么收入，人们都不愿意去投资土地。听村里人说，“种着不让荒了就行”。通过合作社的形式，把大片的土地集中起来，发展大农业、规模农业，人们不再像过去30年的样子，束缚在仅有的几亩地上。实现农业的产业化，既可以使农民更加专业化，参与国际农业分工。孙国宾有这样的一句话，“农民是一个‘单一’的劳动者，而不是产品的生产者”。通过合作社，可以使农民更加专业、专心地从事农业劳动，而通过合作社去搞技术、销售。

就是在这样的情况下，北梯村发展生产合作社的思路逐渐明晰起来。而且事实证明，2006年的全国农村，在国家政策和巨大财力的支持下，基本上都在根据自己村的实际情况，大力推进新农村建设，发展模式也是各种各样，但北梯专业合作社的发展模式完全符合中共中央十七届三中全会“按照高产、优质、高效、生态、安全的要求，加快转变农业发展方式，推进农业科技进步和创新，健全农业产业体系，提高土地产出率、资源利用率、劳动生产率”的精神。

第三章　养猪合作社叩响致富门

坐落于山西省永济市虞乡镇北梯村的北梯养猪合作社，是新农村建设发展生产的项目工程，该合作社2006年3月启动，总占地135亩，总投资6652.6万元。其自成立以来，以“民办、民管、民受益”为宗旨，将松散的养殖户连接起来，共同抵御市场风险，探索出了一条合作互助、不断壮大养猪业发展的有效途径。对北梯来讲，养猪业是该村在新农村建设中首先发展起来的支柱产业。

一、北梯养猪合作社的成立

北梯养猪专业合作社是新农村建设发展生产的项目工程，是永济市养猪规模最大，成立时间最早的合作社。

(一) 传统养猪业及其特征

我国农民传统的分散式庭院养猪已经有几千年的历史，而且一直是实行原始的农牧结合生态养猪方式，农民自产饲料，大量利用青饲料，猪粪用作肥料。分散式的庭院养猪一般是家庭经济中的副业，其最大的问题是对环境卫生的影响，从事养猪的多为农户中的老人或是半劳力，利用青饲料、块根、块茎、糠麸、农副产品等，还有生活中剩饭剩菜等。分散式庭院养猪在现代养猪产业中有以下难以应对的问题：

第一，没有统一提供农民养猪所需的仔猪苗，只有让农民自己到各处去购买，这样不便于控制猪的疾病，而且还能减少猪贩的盘剥。

第二，没有很好的猪的疾病防治及防疫的服务。

第三，不能很好的推广沼气发酵技术，既不能解决农村生活能源需要，又不利于环境保护及卫生要求。沼液和沼渣是很好的肥料。

第四，没有中间商及时地收购农民生产的猪，不能及时向农民提供有关养猪市场信息，中间环节繁琐。

第五，不能统一供应适于农村饲料的饲料添加剂。

第六，不能培育区域性中国猪种和国外猪种的猪杂交配套系，也不可能为农民提供生产水平高、肉质好，又适合农村环境生长的杂交配套系猪苗。

2006 年以前北梯村的养猪业以自发散户为主，处于无人统管状态，农民虽有一定养猪经验，但抗御市场风险能力、接受新技术、新经验机会有限，加上市场经济条件下，价格波动较大，时赔时赚，严重挫伤农民养猪积极性。首先，因为市场上种猪品种非常杂，市场行情好时，见猪就留，不分质量、不分品种，导致大多数农民养的肥猪瘦肉率不高，饲料报酬低，存栏时间长，最后卖不上价。这就使养猪成本在某种程序上增加，一般每头增加 20 元左右。其次，卫生检疫不规范，由于兽医、疫苗的不统一，猪有病乱用药。防疫不规范，疫苗质量有好有差，抗生素滥用，养猪散户容易发生各种疫病，挫伤农民积极性，造成极大损失。最后，销售环节有风险，猪到出栏体重不能及时出栏，同时还需给经纪人每头 3 ~ 5 元，加上装车费每头 3 元，遇上市场疲软还卖不出去，或者被极力压价，这样给养殖户造成很大损失，严重打击养殖户信心。

经过一番考察，北梯村委班子认为在分散养猪基础上建立合作社是深受村民欢迎和非常必要的。过去，由于种猪质量、猪舍建筑模式、饲养设备及饲养方式等方面的原因，商品猪的养殖质量受到了明显的影响，主要表现在母猪繁殖率低、仔猪成活率低、饲料转化率低、饲养周期长等，环境污染比较严重。而要很好地完成这些工作，情况很复杂，任务也是很繁重。

（二）北梯村养猪合作社的成立

2005 年底，村里走南闯北的“大能人”，时年 57 岁的孙国宾被北梯村村民敲锣打鼓接回村，又当选为该村的书记兼村长。村民的夹道欢迎，使孙国宾深知那是村民对他的信任和厚望，怎样不负村民重托又怎样带动村民致富，成了他肩上沉重的担子，心中隐隐的压力。他想到了这一产业，想到了应该成立养猪合作社，“抱团取暖”合作互利。

但是，孙国宾一盘算，发现养猪投资巨大。不用说每户投资10万元，就是每户投资2到3万元，村民也拿不起。如何创造条件，如何筹钱搞养猪？三年的国外创业经验使他清醒地认识到：只有搞合作，成立合作社，才是北梯村村民脱贫致富的唯一出路。2006年年初，孙国宾书记召开北梯村全体村民参加的养猪大会。在会上，他主要介绍了农民专业合作社是今后中国发展的必然趋势，他指出：当今世界，合作社已全方位深入到人们生活的各个领域，在发达国家，几乎所有的农民都参加了不同类型的合作社，有的农户同时参加了几个专业合作社。合作社不但能保护农民的利益，还会推动农业生产走上专业化、商品化和现代化道路。同时他还具体分析了北梯村成立养猪专业合作社的三大好处：首先，成立合作社，取得法人资格，可以向银行或信用社贷款和担保贷款，解决村民养猪资金短缺问题；第二，成立合作社，在法律上成为法人权利主体，可以和外界签合同，今后生猪销售不仅限于自家门口，还可以打入全国各大城市。只有通过合作社这个平台、这个组织、这种模式，才能走规模化、专业化养殖道路，才能从根本上解决小生产与大市场的矛盾；第三，成立合作社，具备大规模，才能享受更高的公共服务。俗话说：家有梧桐树，何愁引不来金凤凰。到那时，政府支持、业务主管部门联系、专家学者当顾问，有利于科技推广，有利于一条龙服务。国外合作的成功经验，国内合作的迫切需求，加上北梯村民经济收入低的现状，鲜明的反差，不由使他在大会上慷慨万分，晓之以理、动之以情。在他的引导和带动下，当场就有11户农民自愿加入合作社。2006年3月，北梯养猪专业合作社在永济市工商局登记成立，注册资金20万元。

北梯养猪专业合作社由山西农科院畜牧兽医研究所和永济市畜牧局畜禽改良站为技术依托单位，在家庭承包经营的基础上，由从事养猪的生产经营者，依据自愿加入、退出自由、民主管理、盈利返还的原则，按照《永济市北梯养猪生产合作社章程》进行共同生产、经营、服务活动的互助性经济组织。养猪专业合作社以全心全意为饲养户服务、依托于市场、增加农民收入为中心，以科技为支撑，以现代化产业管理方式为保证，依靠政府扶持与推动，以合作社牵头进行资金资源整合为方式，通过联保互助、盈利返还、赊销扶持、生产材料与生产商品厂价直销，降低生产与流通成本来提高生猪经济效益，改良品种，扩大规模，打造品牌市场，实施专业化、标准化生产，实现产、供、销一体化经营，建设“绿色、环保、生态、安全肉”生猪生产基地。统一建设标准化示范基地，开发、引进、试验和推广新品种、新技术、新设备、新成果；统一制定并组织社员实施产品生产质量标准，组织开展社员生产经营中的技术指导、咨询、培训和交流等活动，向社员提供生产技术和经营信息等资料；统一开展社员需要的法律、保险、贷款等服务和文化、福利等其他事业。

北梯养猪生产合作社，按照“民办、民管、民受益”的原则，不断创新运营机制，下设一室二部——办公室、生产部、财务部，管理一中心二厂三场——技术服务中心，饲料厂、肉联厂（待建），原种猪场、二元种猪场、商品猪场，拥有总资产1160万元，管理人员7名，饲养户29户，带动周边村8户农民饲养生猪。注册资金20万元。该社首期融资195万元，其中社长34万元，4名管理人员16万元，贷款145万元。2007年先后供给市场商品猪4260头，肉产品17600公斤，年产值1350万元，净利润268万元，社员盈利余153万元，26户饲养户年均增收10万元，最高户35万元，最低户5万元。

可以说，北梯养猪生产合作社的经营发展主要呈现出以下三个特点：“能人”效应明显，整合资源能力强，带给农户收益高。

（三）合作社养猪初见成效

秋高气爽，瓜果飘香，生机盎然的北梯村呈现出一幕幕令人陶醉的图景：一片片农田，一排排的猪舍生机勃勃，养猪合作社方兴未艾，广大农民勤劳致富，幸福而安康。提及北梯现代化新农村建设，北梯养猪合作社可谓功不可没。而在农民专业合作社的发展壮大过程中，有一个至关重要的因素不容忽视，那就是政府提供的资金支持。

目前，该合作社共有社员40余户，受2007年猪肉价格上涨的拉动，入驻该合作社的饲养户最高年收入30万元，最低收入也可达5万元，户均收入10万元以上，培植起一方主导产业。北梯养猪专业合作社已被运城市农业局确定为永济市12家典型示范合作社之一和基地型产业化龙头企业，被省中小企业局命名为“中小企业创业园”和“永济市政府批准的工业园区”。经过近两年的发展，北梯养猪专业合作社现已拥有固定资产200万元，共占地125亩，建筑面积10605平方米，下辖原种场、二元种猪场、商品猪场、3个饲料场和1个饲料厂。现存栏种猪150头，年可提供二元种猪1200头，年可提供商品猪6000头，商品猪存栏915头，生产饲料2000吨，合作社引进的法系长白、法系大白、法系皮特兰、法系圣特西、合系杜洛克种猪，通过科学饲养，截止2007年年底，原种猪已成功扩群120头，二元种猪已向商品场提供仔猪3000余头，商品场已向市场提供商品猪2200头和猪肉产品176000公斤。合作社实施年出栏5万头瘦肉型商品猪小区建设项目，仅用一年多时间，现已初具规模，已建成二元猪舍3栋，建筑面积为1728平方米，商品猪场4栋，建筑面积为3456平方米，原种猪场建筑面积为1520平方米正在建设中。完成饲料厂厂房改造3400平方米，可班产40吨饲料。特别是入社农户年均10万元的高收入，使北梯养猪专业合作社在永济市乃至运城市众多农民专业合作社中脱颖而出，声名大振，享誉河东。

养猪合作社成立后，先后在虞乡镇信用社贷款165万元，合作社还为6户社农担保贷款，每户5万元共计30万元。对于经济上确实有困难的农户，合作社采取统一建圈舍，然后收取农户租金的办法。目前，已有29户社农租用合作社圈舍进行生猪饲养。该社还聘请了省畜牧兽医学会常务副理事、博士生导师、全国著名养猪专家郭传甲教授和山西农大动科院兽医学博士庞全海教授为常年顾问，对养猪户实行岗前技术培训，只有考核合格，才能成为该社社员。该社按照宜统则统、宜分则分的“五统一分”管理模式进行管理，收到了良好效益。

“统一圈舍”即合作社猪场选择远离村庄，从根本上实现了人畜分离，解决了人畜传染；其次，二元猪舍和商品猪舍统一采取东西走向，坐北朝南，二层建筑，通风保暖，有效地提高了土地的利用率；再是猪场之间相距在500米以上，有利于对疫病的控制；“统一供仔猪”即原种猪场统一供应二元猪场仔猪，二元猪场供应商品猪场仔猪，避免了猪与猪之间的交叉感染；“统一供料”即养猪取得高效益的关键是饲料的利用率，合作社对不同阶段的猪只采取不同的饲料配方，分阶段饲喂全价饲料。猪一般分为配种妊娠、产仔哺乳、断奶保育、育肥4个阶段。饲料以美国康地集团配方为主，并根据五个体系原种猪的特点，统一合理配方，提高饲料利用率；“统一防病防疫”即合作社成立了疫病防控中心，建立了免疫程序，完善了消毒制度，始终贯彻预防为主这条主线，做到了防患于未然；“统一销售”即合作社从2008年开始实行统一销售，一是可以避免对外拉猪车带来的疫病污染，二是能提高价格、集中销售。“一分”即分户饲养，合作社农户自己的猪自己养，尽心尽力，当然积极性高，猪养的好、养的壮。同时，该合作社还专门从社农中挑选了6位工作能力强、业务素质高的管理人员，分别负责合作社的财务、文秘、采购、配料、防疫、销售等工作，兼职不脱产，工资与效益挂钩，用孙国宾的话讲：“合作社正是有了这样合理的管理体系，良好的利益机制，才充分调动了生产者和经营者的积极性，人尽其才、物尽其用。”

养猪合作社是产业化经营的组织形式，连接产、供、销的纽带桥梁，承担服务功能的载体。该社的职能任务就是为社员办实事，具体内容包括以下几方面：搞好产销衔接，拓宽市场渠道；推广优良品种，提高经济效益；供应养猪物资，减轻社员负担；提高技术服务，改善饲养水平；联系当地政府，支持养猪生产；协调小额贷款，解决资金困难；统一收购肥猪，增加社员收入；用足用活政策，争取扶持奖金。村民们加入养猪合作社的好处就是合作社能为社员谋利益的，它的职能任务，就是让社员得到好处，为社员提供后勤保证，让社员减少了又买又卖的麻烦，专心搞好养猪，不用自己买饲料、兽药，不用找人卖猪，省心、省力。另外，合作社为社员消除了中介环节、节省了养猪费用。北梯养猪合作社加强技术服务，指导社员改善饲养管理、养好猪，多成活、多出栏、降低生产成本，提高生产效益，联系协调金融机构，优先为社员办理小额贷款，缓解资金困难，进行规范化管理，科学规范用药，标准化饲养，保证猪的质量安全，提高产品信誉度。收猪过程中因减少了中间环节，价格肯定高于市场，所以增加了社员的养猪收益。北梯养猪合作社的收入归其社员所有，社员享受股息和分红。另外，北梯养猪合作社积极争取政府支持，逐步建立风险保障机制，通过合作社，社员与龙头加工企业的关系不断巩固，越来越密切，最后融合为一家，真正成为利益共同体，分享产业化经营各个领域的利润，更好的发展北梯养猪合作社的好处就是合作社可以本着“互惠互利，互为双盈”的原则，为养殖户带来实实在在的好处。它可以利用网络等形式开展本行业的信息交流，实行信息的共享。它可以以会议等形式组织本行业的技术培训，实现技术交流。

在政府的支持下，在孙国宾和其他村干部的带领下，通过联络本行业的资源交流，从而实行资源共享，以走访等形式进行本行业的服务推广，实现互惠互利，还以协助管理的形式搭建本行业的专业平台，实现绿色健康的养殖模式。北梯养猪合作社为养殖场（户）有偿提供种猪、饲料、兽药，无偿提供技术服务，实行“六统一”服务。建立兽医防疫体系配备高素质的管理人才和技术人才，负责兽药使用认证、招标采购和配送供应、防疫技术的宣传推广、疫情信息的搜集和预警等项工作。同时，与畜牧部门联合健全各级防疫体系，承担各繁育场、商品场的兽医防疫服务，提高生猪养殖的安全性。建立人工授精体系对繁殖母猪进行人工授精，是发挥优良公猪优势、防病、提高生产水平，增加经济效益的重要措施。建立环境保护体系在优质肉猪生产基地建设中，要切实加强环境保护，合作社统一设计猪舍图纸，采取干出粪、低污染的工艺，对猪的粪便根据养殖规模进行多种形式的无害化处理。采取农牧结合的方式，对猪粪堆积发酵后用于葡萄种植等。总而言之，北梯养猪合作社是北梯社员自己的组织，是为北梯社员服务办事的，一切工作的出发点都是为了北梯社员的利益，以北梯社员利益最大化为目的，共同开创养猪产业健康发展的新局面。那天，在北梯养猪合作社负责人张全民的向导下，我们参观猪场，首先映入眼帘的是那一幢幢的二层建筑，坐北朝南，通风保暖，给人一种很专业的视觉冲击。我们还陆续走进了猪舍，看着那一头头白色的猪仔，像是看到一条条充满希望的光明之路，“嗷嗷”的叫声，仿佛在问候我们这些远来的客人。通过跟参与养猪的村民进行深入的交谈后，我们知道该合作社按照自己的这种模式进行管理，收到了良好的效果。

张全民说到，2008 年养猪合作社人均增收 1000 元。养猪合作社成立两年，最大的收获就是人们养殖观念的变化。由以前的不分猪品种和防疫，到现在优良猪的品种，一个月大疫苗，猪幼儿疫苗是一个系统工程。张全民回忆说，2005 年分散养猪赔钱的最大原因就是分散家庭没有防疫意识，致使口蹄疫爆发流行，使大量猪感染瘟疫死去，农户痛心又流泪。而合作社的成立就像是给村民们送来了及时雨，该养猪合作社让养殖户由散养向规模化方向转变，合作社养猪场技术力量雄厚、管理水平高、生产效率高、抗风险能力强。目前国家扶持政策也逐渐向规模化猪场倾斜，发展规模化生猪生产将是未来养猪业发展的方向。广大养殖户可以把握市场脉搏，进行客观分析，向科技要效益，在稳定中求发展，冷静地面对市场，及时合理的调整养殖结构，才能立于不败之地。在圈舍的外边，我们碰到了该社社员孙增斌，他满脸洋溢着灿烂的笑容，知道我们是前来调研养猪合作社的发展情况和运营模式后，就滔滔不绝的向我们讲起养猪合作社与以前分户饲养的区别，以及带给村民的好处。他说："北梯村素有养猪传统，过去农户都是一家一户分散经营，传统养猪业使农户在饲料购买、市场信息获取、技术保障、抗风险等方面都处于明显劣势。"是啊，特别是2006年以前，养猪产业市场波动较大，养猪户信息滞后，造成利益受损，致使养猪业发展速度缓慢。为更好地发展壮大养猪业，将分散的养猪户联合起来，共同抵御风险，而成立合作社后，养猪户以合作社为纽带，通过到合作社实地学习、社员间相互交流，来促进信息共享、降低养殖成本、提高市场风险抵御能力，实现农户利益最大化。建立稳定销售渠道，解决农户后顾之忧。合作社成立以来，经过张全民社长及广大社员的共同努力，为农户养猪解决了后顾之忧。近年来，在全国猪存栏量急剧下降的大环境下，合作社社员及辐射范围养猪户补栏的积极性仍然很高，该区域养猪量不但没有受到影响，还略有增加。从另一个方面来讲，组建合作社是现代畜牧业发展的有效途径，北梯养猪合作社在短短一年内，逐步发展到拥有社员40余家，逐步形成了"办一个合作社，带动一个产业，兴一方经济，富一片农民"的发展态势。

二、生产管理步入科学化轨道

农业，特别是畜牧业发展的又一个春天已经到来，养猪业面临难得的发展机遇和大好形势。抓住机遇，迎难而上，建设现代养猪业既是北梯养猪业跨出永济，走向全国乃至世界的需要，更是调整农业结构、增加农民收入、促进农村发展、推进全面建设小康社会进程的重大举措。

(一) 加大技术创新，实现科学孕育

北梯养猪合作社对于猪的杂交方式采取二元经济杂交、二元级进杂交、三品种杂交和双杂交，二元经济杂交是指两个纯种猪间的杂交。二元杂交的优点：简单易行，应用广泛；缺点：母系杂种优势得不到利用。二元级进杂交模式的优点：可提高瘦肉率，在母猪瘦肉率太低时采用，还可以提高窝产仔数；缺点：杂种的生活力、健康水平有所下降，日增重和饲料利用率也较二元经济杂交的杂种商品猪为差。三品种的经济杂交模式的优点：一般优于二元杂交，尤其是繁殖性能；缺点：繁育体系复杂。双杂交是两个品种杂交的杂种公猪与另外两个品种杂交的杂种母猪，进行杂交生产杂种商品猪。优点：杂种优势明显，商品猪体重差异小，便于全进全出的工厂化生产方式；缺点：繁育体系复杂，投资较大。杂交亲本的选择过程中对父本猪种的要求，要突出其种性的纯度，要求其生长速度和饲料报酬的性能要高，服体性状要突出膘薄、瘦肉率高、产肉量大，眼肌面积及大腿比例都比较高；对母本猪种的要求，特别要突出繁殖力高的性状特点，包产仔数、产活仔数、仔猪初生重、仔猪成活率、仔猪断奶窝重、泌乳力和护仔性等性状都比较良好。由于杂交母本猪种需要量大，故还需强调其对当地环境的适应性。

北梯合作社对猪的人工授精之所以有较高和稳定的受胎率，很大程度得益于一次性用品的应用。一次性用品的应用减少了人工授精人员对用品清洗、消毒等环节。因此，大大降低了猪场人工授精卫生管理的难度，确保了人工授精效果的可靠性。现代猪人工授精技术的主要特点，其一是规范了操作过程，其二是对每份用来输精的精液的有关指标做了具体的规定（尽管这些指标有待进一步研究），第三就是广泛地采用一次人工授精用品。北梯村以前的散户养猪人员平均技术素质和卫生观念普遍较低，猪人工授精全过程消毒环节的多少，很大程度上决定了人工授精效果的好坏。为此，北梯养猪合作社在猪的人工授精的推广实践中，逐步确立了一套猪的人工授精免消毒方案。其中大部分借鉴了国外广泛应用的现代猪人

工授精技术有关规程。

采用一次性用品和规范的操作规程，实现猪的人工授精全程免消毒是提高猪的人工授精效果的必要措施，能有效提高猪场人工授精的成功率，使母猪的人工授精受胎率和产仔数高于本交，而且效果更可靠，更稳定。

（二）采用系统方法，实现高效养育

北梯发展合作社的经验的雏形就是在组织养猪生产合作社中形成的。在这个基础上又进一步发展了公司加农户的新的合作方式，从而为发展现代养猪奠定了良好的基础。北梯养猪合作社自成立以来，得到了村民和社员们的一致好评，带动了周边村镇的发展，取得了很大的成绩，这是因为该社运用了科学、高效的养育方法，采取了先进的管理理念。

1. 种——选购仔猪，合理交配

选购仔猪的要求是在尽可能低的价格前提下，购到品种优良、健康无病、发育良好的仔猪。要实现这一目标须注意下列三点：

选购地点。选购地点关系到仔猪的健康状况和品种优劣。一般来说，集市上的猪品种杂，且易携带传染源，因此，可以去较好的猪场购买仔猪。

选购猪种。选购何种猪种应视购猪目的而定。如果目的是培育商品猪，应选择二元或三元杂交猪，选择30公斤以上的杂交猪作为商品猪育肥对象。如果是作为种母猪使用，则应考虑其繁育性能及与哪些父本公猪配套使用。

仔猪外观。仔猪外观首先应符合所购品种的要求，其次是根据外观判断是否健康。

2. 料——科学选料，合理用料

养猪效益高低，在很大程度上取决于如何选择饲料。要通过看料肉比等选择优质高效饲料。选用预混料或浓缩料时，须按配方配好原料，才能满足猪的营养需要。在养猪中，饲料成本占养猪总成本的70%以上，养猪效益的高低，很大程度上取决于如何科学选择饲料。按照乳猪、小猪、大猪、公猪、母猪的不同生理阶段选择用料。仔猪“抓三食过三关”。抓乳食，过好生长关；抓开食，过好补料关；抓旺食，过好断奶关；仔猪切勿喂得过饱，防止精料过多，这时采取多餐勤添的饲喂原则，多者造成拉稀，仔猪容易发生水肿病，而且造成精料的浪费。不要突然更换饲料。在饲喂过程中，要将原来的料和要更换的料进行混匀后饲喂，逐渐减少原来精料的含量，最终至全部换成新料，这个过程至少需要1周左右的时间。猪料中粗纤维不能过多，适当搭配紫花苜蓿、野菜等青绿饲料，防止饲料单一，以免造成胃穿孔、胃溃疡等多种疾病的发生。科学调整日粮结构。夏季饲料中的能量饲料应相对减少，增加青绿饲料，实行夜间喂猪（晚7点、11点、凌晨4点），可以减少白天活动，增加猪的睡眠时间。上午10点和下午3点各喂1次0.5%的食盐和青绿饲料，同时供足饮水。

日粮中各种营养成分应充足，以满足胎儿、子宫、乳腺发育以及母体增重和弥补经产母猪在上一个泌乳期的损耗。推荐日粮水平为：消化能3100千卡/千克，粗蛋白13.5%～14.5%，赖氨酸0.6%，钙0.75%，有效磷0.35%。因为怀孕母猪对粗纤维利用率较高，所以在妊娠期应用部分粗纤维往往可以降低饲料成本。麸皮由于兼有缓泻作用可以改善怀孕母猪大便状况，常被应用于怀孕母猪料中，通常用量为14%～22%。但应注意的是麸皮所含霉菌素也总是比较严重的。多项研究表明，对怀孕母猪全期添加0.2%亚油酸可明显提高产仔数。这可能跟亚油酸能很好提高机体免疫力和促进蛋白质沉积密切相关。在生产中，母猪背骨和臀部骨骼清晰可见，显示母猪过瘦，这时在多给予饲料的同时，还应关注其健康状态，比如寄生虫、消化道疾病及其他。如果母猪臀部非常圆滑，没有明显的凹凸部位，显示母猪过肥，这时应予以限料；臀部骨架隐约可见，手压稍用力即可摸到背骨时，显示母猪体况良好。生产中，提倡对母猪实行精细的单独饲养，应每天更改母猪的饲喂量，使母猪处于适中或稍肥的体况，从而使母猪发挥最佳生产性能。

3. 洁——清洁消毒，增强免疫

仔猪场要建立严格的消毒制度，采用消毒剂进行消毒。常用的消毒剂有火碱、次氯酸钠和各种含有苯环的芳香族消毒剂。在实际饲养操作过程中，还要经常定期更换消毒剂，不要单独使用一种消毒剂。对于生猪的粪便要进行酵池发酵。夏季猪舍地面做到每周清刷1次。进入冬季后，猪舍在做到保暖的前提下，还要打开通气孔，将过多的二氧化硫、氨气等有害气体及时排出。

为了防止猪传染性疾病的发生，必须重视猪舍的清洁卫生和消毒工作。要使用通过兽药 GMP 认证厂家生产的消毒药，确保消毒质量。定期对猪舍内外环境，包括栏舍、场地和用具、器械，以及排水道、空气以及猪体表等方面的消毒，还应注意一些卫生死角，如装猪台、污水沟、水池、食槽等场所和设施的消毒。猪舍应保持良好的卫生状态，并保持栏舍地面干燥，以减少母猪四肢疾病的变化。

营养与疾病之间存在着非常密切的联系，动物的营养状况影响着机体的免疫功能和对疾病的抵抗力，机体的健康状况又影响着动物的营养需要模式。“营养免疫学”的诞生与发展为解决动物生产中的疾病问题提供了新的思路。国内外关于猪的营养与免疫研究的热点主要有两大部分：一是营养素对猪免疫机能的影响；二是免疫状况对猪营养代谢和营养需要量的影响。

4. 病——预防为主，防重于治

猪病种类多而病因复杂。但严重威胁养猪业的仍然是传染病，尤其是猪瘟、猪丹毒、猪肺疫、猪副伤寒、大肠杆菌病等。应严格遵循“预防为先，治疗为辅，防重于治”的猪病防治原则，猪场至少每7天带猪消毒1次，适时注射疫苗，一旦发现病猪，立即隔离治疗。

据北梯养猪合作社的技术人员介绍，猪的病因可以归纳为六大类，即传染病、内科病、外科病、产科病、寄生虫病及中毒。对于猪病应坚持“防重于治的方针”，以预防为主，治疗为辅。众多猪病中，以猪的传染病对养猪生产威胁最大。

目前，猪的病原微生物传播途径主要有呼吸道传播：病原体随着病猪咳嗽、打喷嚏的飞沫以及呼气排出体外，健康猪吸进这些病原体后而引起传染，如猪气喘病、流行性感冒等；消化道传染：很多病原体都是随着猪的吃食、饮水和拱土等进入体内，如猪瘟等；伤口传染：当皮肤或粘膜破伤时，病原体由伤口侵入，如破伤风、猪丹毒等；生殖道传染：有的公猪或母猪配种时互相传染，如猪传染性流行病等；昆虫携带传染：如蚊子、虱子、跳蚤等吸血昆虫的传播，如猪附红细胞体病等。

采取严密的防疫措施是防治猪病的重要环节，特别是那些危害性大的群发病，如猪瘟、猪丹毒、猪肺疫、仔猪副伤寒以及寄生虫病（弓形体病、附红细胞体病）。具体措施有以下几方面：第一是建立严格的科学预防接种制度，这是预防猪传染病极其重要的有效措施。猪的防疫接种程序，应根据当地猪病流行情况科学制定，常规免疫程序是：仔猪生后20～25“日龄”，首次免疫猪瘟；40～50“日龄”，免疫仔猪副伤寒；60～70“日龄”，免疫猪瘟、猪丹毒、猪肺疫（三联苗）；仔猪断奶后，养肥猪就不再接种免疫了。另外，在猪瘟流行地区，可采取超前免疫。方法是：小猪生后不给吃初奶，注射猪瘟疫苗半个小时后再喂奶。公母猪一年两次接种三联苗（猪瘟、猪丹毒、猪肺疫），即在3月、9月各一次。母猪应在空怀期接种。第二是切断疫病传播途径，要坚持做到以下几点：建立无病猪群，实现自繁自养，肥猪要做到全进全出，猪舍清扫清毒一周后再进新猪，应选择远离村庄、交通要道、牲畜市场、地势高燥、向阳的地方建猪场。猪场要有围墙隔离，门前设消毒池，最好建隔离猪舍，引进的新猪在其内饲养观察，无病才能合群。病猪、待出售的猪养在其内治疗好再出售。第三是增强猪体抗病能力：喂猪的饲料要清洁卫生，科学搭配，营养全面，因此，喂猪料必须根据猪的不同类型（公母、大小）及猪的不同生理阶段（空怀、哺乳等）给予不同营养水平的日粮。日粮应为：能量饲料，如玉米等，约占70%～80%；蛋白质饲料，如豆粕等，约占20%左右；矿物质饲料，如钙、磷、食盐等，约占3%左右；维生素饲料，如青饲料或复合多维素，最好加喂一点微量元素（铁、铜、锌、硒、碘等），或在圈内放些地下深层红土。

5. 管——精心管理，合理饲养

猪只有在适宜的温度、湿度、干净、通风等条件下，采食优质饲料，才能充分发挥其生产性能，提高饲料转化率。同时，对初生仔猪要注意辅助吮乳，帮助其固定乳头。一般来说，弱小猪应固定在前中段乳头，强壮仔猪应固定在后段乳头。仔猪要及早补料，同时注意"少食多餐"，防止腹泻。饲喂育肥猪，要干湿交替饲喂。喂后自由饮水。同时，喂猪要遵循"定时定量，先粗后细，喂匀喂饱"的饲喂原则。母猪分娩后，要帮助仔猪固定乳头。具体做法是：弱小的仔猪放在前中段乳头，比较强壮的小猪放在后段乳头。仔猪要进行早补料，同时注意少食多餐，防止腹泻。在饲喂育肥猪时，可干喂、湿喂交替进行，喂后让猪自由饮水。饲喂时要严格遵循定时定量、先粗后细、喂均喂饱的饲喂原则。

北梯养猪生产合作社对仔猪采取21－35天"日龄"断奶（早期断奶）措施。早期断奶优越性很多，但在生产中也存在许多具体问题，其中，最关键的就是早期断奶仔猪生长抑制现象。引起生长抑制的因素很多，其中营养因素是最主要的，具体表现为两个方面，即断奶导致的仔猪暂时营养不足和断奶饲粮改变引起的仔猪胃肠微生物区系变化对仔猪的损害，以消化机障碍和腹泻为其重要特征。为此，通过该合作社养猪专家的摸索和实践，提出了许多改善早期断奶仔猪营养、缓解其生长抑制的新技术，取得了很好的效果。

事实证明，当初孙国宾带领大家走合作社实为明智之举，该社经营成功的地方就在于从根本上解决社员户和合作社在生产和营销方面的矛盾入手，综合市场、饲料和防疫三大因素，创造性的制定了宜统则统、宜分则分的"六统一分"（统一管理、圈舍、供仔、供料、防疫、销售和分户饲养）办法，加强对生猪饲养、疫病防控和市场风险抵御的经营管理工作，发挥出了合作社应有的经营主体作用。

（三）重视日常管理，改善猪栏环境

北梯现代养猪法又称生态养猪法，与传统养猪方式相比，主要以秸秆、锯末、稻壳等垫圈料，添加天然盐、微生物、营养剂等物质混合形成发酵床，通过生物发酵技术分解猪的粪便，保持猪圈温度，避免病菌传播。北梯养猪合作社的社员们告诉我们，对待猪和对待人的道理是一样的，猪才能给你高回报。于是他们从保温、设施方面去改变养猪环境。

首先是解决断奶仔猪的保暖。把所有的保育舍都改为水暖保温，有些猪场保育猪成活率99%以上，一头母猪年提供商品猪23头多。环境上的改变带来了直接的效益。

其次是母猪定位栏。从福利角度讲，母猪定位栏不符合福利养猪的要求，由于建舍时定位栏已建好了，因此只有在原有的基础上最大限度地改善母猪的环境。把母猪定位栏架高，一是通风，二是防止潮湿。窗台应与猪卧睡区平台水平，或者比猪卧睡区平台稍低。这点对于通风很重要。现在很多猪场窗户设在高处，窗台和人的头部水平，这其实是给人通风而不是给猪通风，因为猪舍内外存在温差，有温差就会有对流，有对流就会有风，所以很凉爽。

以猪为本，猪是生产力，是给我们赚钱的，你对猪不好，猪怎么会给我们高的回报呢？人要跟着猪转而不能猪跟着人转。人要配合猪的习惯。而不是猪配合人的习惯：不要试图去改变猪的习性，即使你能改变这头猪，那么下一头猪呢？因此，首先要尊重猪的习性，围绕猪的习性从设施上去解决问题。

例如，猪喜欢在门那里排粪尿，不管门是设在中间还是侧面，就满足它的习性，在门那里做了一小块漏缝地板，减轻了饲养员的工作量，也不用改变猪的生活习性。还有就是保育舍的食槽每栏设有12～13个，这也是因为猪的习性。因为断奶后的仔猪仍然保有以前的习性：母猪放奶时一同吃奶，吃完奶后又一同休息，所以断奶后一同进食一同休息的习性也保留了下来。如果食槽不够，有的猪吃食，有的猪吃不到，当先吃食的猪吃饱休息时，即使没吃到食的猪也会跟着休息。保证每头小猪都能同时进食就可能做到仔猪断奶后几乎不掉膘，整齐度高。

养好猪，饮水是关键。有人认为水比饲料更重要，尤其对仔猪、母猪。很多猪场母猪便秘的问题很严重，大多是由于缺水造成的，一是食槽喝水不方便，二是给水时机不对。现在的母猪变得很懒惰，若采食完后饲养员仍还没有给水或给水不及时，睡下后它就不会再起来喝水了，除非它渴得不能忍受了，猪很长时间处于缺水状态。

每个猪吃料的习惯并不一样，有的猪习惯吃湿料，把料衔到水槽里拌湿后再吃；有的母猪习惯吃干料，吃完料后再喝水；有的则吃几口料喝一口水再吃料。因此可按照猪的这个习性设计食槽，对产房的哺乳母猪，则把饮水器安装在食槽内，水料同槽，维持它自己调节饲料干湿度的习性。哺乳母猪采食量是一个大问题，若能满足它的习性，工作就会简单得多。

要让合作社的社员从内心接受“人要跟着猪转而不是猪跟着人转”的理念，并且主动执行它，那就是奖金制度。首先有一个保底工资，然后是奖金。与效益挂钩，充分调动员工的积极性。

除此之外，合作社对养猪的社员更是实行人性化管理，以人为本。社员可以自己安排工作时间，没有固定的上下班规定，鼓励员工用自己的智慧养猪，猪养好了就是最高的境界，给予社员充分的自由。养殖不同于其他行业，对个人素质要求很高，如果你把时间定得过死，晚上下班后就绝对没有人进猪舍。养猪要从小的细节上去解决大的问题：人要跟着猪转而不是猪跟着人转，要尊重猪的习性，以猪为本，对猪投入一分，就会有两分的回报。

三、壮大集体经济，搭建增收平台

“虽然我们北梯的养猪合作社还处于起步阶段，但前景十分看好”，北梯养猪合作社社长张全民对北梯养猪业的前景表示乐观。他说，养猪合作社准备贷款500万元资金，扩大养猪合作社的规模，让100户农家进入产业养猪，实现与农业的彻底分家。

（一）北梯养猪合作社的发展经验

第一，以规模化经营组织现代养猪生产。今天，养猪合作社是我国现代养猪业的重要的组织者和实施者，也应该是现代养殖的龙头。一个具有一定规模的专业养猪合作社饲料厂和种猪场，并且要有创新研发机制及市场开发机制。这样的养猪合作社可以联系地方较大的猪场，并通过他们与专业户及农村养猪户联系并组织他们的现代养猪生产。合作社与其他的养猪生产单位、协会或合作社建立起经济关系，由合作社向其他养猪场供应种猪、猪苗、饲料及技术服务和有关信息服务，更重要的是收购其他养猪场，将其兼并，一起管理，进而获得发展规模，获得更多的经济效益。所有的这些经营活动都是一种经济活动，要通过协议或合同得到可靠的经济和法律保证。而互相间要体现互赢的关系，组成一个利益共同体。在实践过程，合作社以其成员为主要服务对象，提供饲料的统一购买，商品猪的销售以及与养猪相关的技术、信息等服务。养猪合作社已经成为市场经济发展的必然趋势，在提升产业化水平，促进科技推广，组织农民进入市场、发展产业集约化经营、提高畜产品市场竞争力、增加农民收入等方面，发挥了重要作用，也是推进社会主义新农村建设，解决“三农”问题的有效途径。

第二，一定要在提高合作社社员的经济效益上下工夫。发展养猪业一方面是为了满足人们的生活需求，但更重要的是为了取得最大的经济效益。因此，能否做到优质、高产、高效、安全，是检验是否是现代养猪业的决定性标准，具有一票否决的意义。建设现代养猪业，工夫要下在提高社员经济效益上。按照合作社与家庭双层经营方式生产、经营、分配和管理的经济实体。合作社对内不以盈利为目的，免费为社员提供生产、营销、技术等方面的服务，维护社员的合法权益；对外实行市场化运作，为社员赢得最大利润。坚持办社方向，加强制度建设，合作社经社员大会通过了《合作社章程》，并严格按照章程进行规范化运作。要求加入合作社的社员，采取社员申请，理事会申批和发放社员证的办法。合作社坚持“民办、民管、民受益”的原则，入社自愿，退社自由。根据章程，合作社创建了管理机构，设有社员大会和社务管理委员会。社员大会是合作社的最高权力机构，由全体社员组成。社务管理委员会是合作社的执行机构，委员由社员大会选举产生，执行社员大会决议。管委会由5人组成，严格遵守各种报告制度，定期向社员大会提交有关业务、财务等工作报告。理事会采取社长负责制，下设生产部、技术部、加工部和营销部，部内实行单独核算，自负盈亏的经营方式。为了完善内部管理机制，合作社先后制订了《合作社社务管理委员会议事规则》、《合作社财务会计制度》、《合作社利润返还实施细则》、《合作社生猪生产质量管理细则》、《合作社社员、工作人员奖罚细则》、《合作社公积金、公益金、风险基金使用准则》、《合作社产品统一加工、统一销售实施办法》等14个制度、标准和规范文件。目前，合作社按照山西省“四有”要求聘请了代理记账员，申领了法人营业执照。这些措施将进一步保障合作社的可持续发展。坚持“六统一分”实现互惠互利合作社，在“五统两分”的基础上实行生产、供应、加工、储运、销售等一体化经营。合作社取得的收入，扣除经营成本和服务支出外，年终结余按以下比例分配：20%留作公积金，用于增强合作社运行能力或弥补亏损；5%作为公益金，用于合作社文化福利事业；5%作为教育基金，用于社员培训；20%作为风险基金，用于社员在生产、营销中受到的重大经济损失时的补贴；50%作为对社员的利润返还。

第三，加大对农民专业合作社的培养宣传力度。要通过宣传引导，增强农民的合作意识，激发农民的合作动机，创造农民的合作机会。一是培养带头人。分期分批组织当地热心于合作事业的龙头企业法人、养殖大户、社会能人进行合作经济知识培训，让他们了解北梯养猪合作社组织的性质、作用和意义，增强组建和加入北梯养猪合作社的积极性，通过引导和扶持，起带头示范作用。二是培育典型。要在现有的参加养猪合作社的村民中，择优确定若干名养猪户进行案例讲解，通过帮助完善内部运行机制，组织对外交流学习，科技培训等途径，促使其自我发展、自我完善，使北梯养猪合作社成为当地专业合作社的发展典型。同时，及时总结养殖户现有的成功经验，不断完善提高，树立一批可推广的典型，扩大典型的示范效应。三是扩大影响。加大宣传力度，充分利用各种宣传媒体，介绍北梯养猪合作社，提高农民的认识，消除当地村民对兴办或加入该合作社的思想顾虑，更好地推进北梯养猪合作社建设。北梯养猪合作社解决了一家一户农民不能解决的问题，联合社则能解决单个合作社不能解决的问题。联合社使得各个合作社间相互配合，资源共享、互利互惠，并且使单个合作社与外界接触增多。政府部门应通过积极引导，把分散的养猪合作社组建成联合社或行业协会，打破区域界限，逐步形成统一而又多元、全方位多层次综合性的养猪合作体系。

（二）养猪生产合作社的特点

北梯村的养猪事业方兴未艾。目前，北梯养猪生产合作社的养猪事业已步入了科学化、规范化、产业化的轨道。

1. 做到了科学规划，合理布局。

首先，猪场建设远离村庄，实现人畜分离，特别是原种猪场建在山根，从根本上解决人畜传染。其次，二元猪舍和商品猪舍采取集团设计方案，东西走向，坐北朝南，二层建筑，通风保暖，有效地提高了土地利用率。再次，猪场之间相距在500米以上，有利于对疫病的控制。

2. 做到了提高科技含量，实现科学喂养。

一是聘请专家当顾问，合作社聘请了省畜牧兽医学会常务副理事长、博士生导师、全国著名养猪专家郭传甲教授和山西农大动科院兽医学博士庞全海教授为常年顾问。通过专家教授的指导，提高养猪业和科技含量。二是岗前培训，凡是养猪者必须经过养猪专业培训，考试合格之后，才能成为社员。三是开展猪的人工授精技术，避免猪与猪之间交叉感染，同时提高了公猪的利用率，降低育种成本。建立防疫体系，做到预防为主。合作社成立了疫病防控中心，建立了免疫程序，完善了消毒制度，始终贯彻预防为主这条主线，做到防患于未然。

3. 做到了合理搭配，分段饲养。

养猪效益关键取决于饲料利用率，合作社对不同阶段的猪采取不同的饲料配方，分阶段饲喂全价饲料。猪一般分为配种妊娠、产仔哺乳、断奶保育、育肥四个阶段。饲料以美国康地集团配方为主，并根据五个体系原种猪的特点，合理配方提高饲料利用率。

4. 做到了发展循环经济，减少环境污染。

年出栏5万头的商品猪，将会产生大量的粪尿等废弃物，现主要采取集中沤制，消毒后作为农家肥料施用。随着沼气项目的落实和建设，将会为农户提供新的能源，既利国利民，同时又减少环境污染，还可产生一定的经济效益。

北梯村党支部书记兼该社社长孙国宾告诉我们，今年猪年发猪财，随着养殖户不断扩大，现有的规模已经远远满足不了群众的发展需求。孙国宾具体分析说，现在，资金问题已是制约生猪生产发展的一个最大瓶颈。一个养殖户按养100头商品猪计算，需要8万元的流动资金，个人仅能拿出2万元~3万元，需要贷款5万元~6万元。合作社年出栏5万头商品猪，则需要贷款150万元方可周转，同时需要建设300头原种猪场一座和1500头的二元猪场一座，按每头种猪年需2000元周转，需贷款400万元。照这样的规模发展，年需流动资金500万元左右。我们看到这里的养猪事业方兴未艾，孙国宾更是充满自信，他说，为了满足群众养猪致富的要求，扩大养殖场规模，合作社要建一座年屠宰30万头的肉联厂，这个项目已经得了各级政府的肯定，也找到了合作伙伴。

今天，北梯村养猪生产合作社以全心全意为饲养户服务，依托市场增加农民收入为宗旨，以科技为支撑，以现代化产业管理方式为保证，依靠政府扶持与推动，以合作社牵头进行资金、资源整合方式，通过联保互助、盈利返还、赊销扶持、生产原料与生产商品厂价直销，降低生产与流通成本来提高生猪经济效益，改良品种，扩大规模，打造品牌市场，实施专业化、标准化生产，实现产、供、销一体化经营，建设"绿色、环保、生态、安全"的生猪生产基地。

北梯农民养猪合作社的社员编写了一段"三字经"，表达了他们加入合作社后的感受。现摘录如下：

合作社，有来历；顺潮流，合民意。
民互助，聚实力；同增收，是目的。
合作社，民自建；党倡导，凭自愿。
民主管，避风险；民受益，促发展。
社员会，权最高；制计划，定购销。
大小事，均操劳；众拾柴，火焰高。
理事会，为民累；管预算，审经费。
搞培训，学技巧；统购销，收效高。
监事会，监督为；管审计，提建议。
口舌费，诚为贵；讲原则，权益维。
合作社，重联合；成本降，利润多。
又返利，社员乐；齐努力，壮规模。
党组织，作用大；遇困难，迎刃化。
帮扶带，民拥戴；党指引，民心稳。
合作社，讲合作；集广义，智谋多。
御风险，图发展；新农村，展眼前。

我们相信，有孙国宾这样的领头人，有广大群众的积极参与，有各级政府和社会各界的鼎力相助，北梯的养猪事业一定蒸蒸日上、兴旺发达。

（三）北梯养猪生产合作社仍需完善

发展农民专业合作社是推动新农村建设的有效途径，北梯村通过建立养猪合作社积累了很多农业产业化发展的经验，该养猪合作社把握机遇，因势利导，铺就产业发展的快车道。从当前北梯养猪生产合作社的发展现状来看，尚处于起步阶段，一些问题还在探索与实践中，还存在某些方面的不足。

第一，北梯养猪合作社现有的种猪的数量还不多，且规模不大，抵御风险能力不是很强；第二，该社现在还没有自己的品牌，只停留在信息服务、技术服务、统一销售等层面上，没有品牌意识，缺乏适应和开拓市场的能力，合作社的组织优势具有一定局限性；第三，与其他专业养猪合作社之间缺乏有效的联合。目前，同行业的合作社各自为战，不能获得规模效益；第四，受资金不足困扰，难以扩大再生产。流动资金短缺，银行贷款难，缺乏专项资金组织扩大生产；第五，服务水平还不够高。北梯养猪合作社还不能对社员提供资金、信用担保、先进设备、大型销售网络、全方位信息等高水平服务。特别是在对农民的教育培训方面，由于农民对生猪的传统饲养意识较深、文化底子薄弱、接受能力不强，还缺乏一套行之有效、切合实际的教育培训方法；第六，缺乏高学历、高技术专业人才。目前，直接、间接参与合作社的经营、养殖、管理的人员当中，只有会计和兽医人员属于大中专学历、中高级技师。但这些人员都是农业产业化龙头企业聘请的，不在合作社领取薪酬。从严格意义上讲，合作社的管理经营者中还没有较高学历和较高水平的专业人才；第七，宣传工作还不到位，有些农民对合作社的权利和义务认识不清。有些农民加入合作社带有一定的盲目性，甚至有“跟风”现象。这种情况容易导致：一旦生猪价格出现低迷、银行信贷资金不能按期偿还等问题，农户有可能与合作社发生经济纠纷。另外，管理工作有大有改进之处。农民成员都是一个村的，很多都或多或少与管理者沾亲带故，这无形中在增大管理难度的同时也增大了管理的隐患。一方面，它可能导致管理制度执行力的薄弱，导致内控制度成摆设；另一方面，也可能导致出现“一言堂”的现象，法人代表“一人说了算”，还有一点就是对管理者的激励机制不健全，据调查，合作社只给予理事长、监事长和出纳人员的工资偏低，其他理事会、监事会成员皆为义务工作。工资的低廉和义务性，一旦在合作社运转低迷期，可能导致管理者丧失信心，荒于社内事务。

面对以上提到的问题，我们认为应采取以下措施加以应对：

一是政府要加大扶持力度，切实履行好管理服务职能。要摆正好政府的位置，既不缺位，也不越位。一方面，要摆正政府与合作社的关系，除了规章制度的制定外，更多的是履行服务职能，不干涉合作社的具体事务；另一方面，要摆正政府与市场的关系，不能因为保护合作社，而过于采取手段干预市场经济的正常运行。即使政府有必要干预，也应更多采取经济手段和法律手段，而不是行政手段。

二是要推进配套制度建设，确保财政补贴资金及时到位。建议政府建立生猪产业领导协调小组，积极配合有关部门进一步完善落实对养猪专业合作社的财政、税务、金融、保险、教育培训等方面的扶持政策措施，督促相关部门保证财政补贴资金及时到位，还要进一步减免合作社税费。由于合作社刚刚起步，很多方面都需要资金，建议在3~5年内免收各项税费，帮助合作社增强造血功能，实现可持续发展。

三是要加强农村基础设施建设。切实加大投入力度，加快建设步伐，尽快改变通讯、水电、交通道路等农村基础设施建设薄弱、落后的局面，强化对合作社的激励约束机制。可以通过开展“创建示范养猪专业合作社活动”、评选“养猪专业合作社先进个人”等活动，对那些信用良好、管理规范、硬件完备、机制完善、经营正常的合作社和先进个人加大奖励力度。

同时，对那些经营不善、管理混乱、信用败坏的合作社要制定一系列的扶持制度和惩处制度，要完善生猪疫病防治体系。通过各级畜牧局的指导，加大对合作社养殖户的生猪防疫培训，组织防疫员对生猪防疫进行检查，确保每头猪得到有效的防疫。另外，还可以减免生猪防疫的费用，从而减少广大养殖户的负担；金融机构要加大信贷支持力度，做好金融服务工作要转变观念，强化大局意识。各金融机构应站在时代的高度，充分认识到养猪专业合作社在进行社会主义新农村建设中的重要作用，改变“零售”业务而“惜贷”等观念，在不违背原则、深入调研的前提下，做好信贷发放工作；要强化信贷风险管理工作。始终强调贷款风险防范，严格执行贷款“三查”制度，对合作社中重点客户和优质客户，推行“一站式”服务，在信贷审批、利率标准、信用额度等方面提供方便和优惠；要大力推进金融产品创新。要探索完善担保和保险机制，扩大抵（质）押范围，凡法律法规不禁止、产权归属清晰、价值评估合理的各类资产，都可以作为贷款的抵（质）押物。

另外，还可以积极支持发展具有担保功能的农民专业合作社，探索建立农户、农民专业合作社、农村企业和保险公司等各有关农村市场利益主体间的利益联结机制和互动合作机制；要分工协作，确立重点支持领域。农业发展银行可以通过储备粮、储备肉贷款重点支持饲料生产和生猪储备，农业银行则通过技改贷款和流动资金贷款重点支持生猪加工，农村信用社、农村商业银行可以通过小额信贷重点支持养殖农户改造圈舍，而邮政储蓄银行则可以通过扩大小额质押贷款试点重点支持养殖农户流动资金贷款。另外，鉴于农村信用社联社是统一法人，其对养猪专业合作社的贷款，还可以在基准利率的基础上少上浮20%以上。

2008年12月20日，当我们再次踏上北梯这块肥沃之地时，孙国宾已经当选为北梯村的第八届村委会主任了。他前一天刚从省城太原回来，原来这些天他正忙着论证一个更大的发展北梯的规划项目——生态循环农业园区畜禽粪便资源化处理工程。这天，他操着一口连我们同去的一个运城人也没有听得太懂的运城话，说这个项目国家计划投资“一千万零二万”。我们连续追问了三次，最后才在要求他写出来的情况下，搞明白了是1002万元，预计该工程占地5000亩，包括1200立方米沼气工程，覆盖北梯、罗村等四个村的五六千人，完全可以解决5口人之家的生活用气，以及1002万立方米的生物有机肥料生产基地，建成后可年产3万吨有机肥，以减少食用（化学）农业危害，进而发展循环农业。我们一边听、一边看，也许是受到了孙村长的强烈感染，对北梯村的美好发展前景变得十分期待。随着沼气项目的落实和建设，合作社将会为农户提供新的能源，既利国利民，又减少环境污染，而且还可产生巨大的经济效益。

第四章　葡萄合作社尝试“新土改”

在改革开放30周年之际，农村土地改革也整整经历了30年。30年前，我国改革从农村的家庭联产承包责任制发力，30年后的中共十七届三中全会，我国有望部署再从农村发力，吹响深水区改革攻坚战的号角。在新农村建设中，北梯村以土地入股建立合作社，发挥集体规模经济优势，积累“土地入股，农民分红”式土地流转改革经验，吹响了新一轮土地解放的新农村建设浪潮。2008年召开的十七届三中全会放宽土地流转限制，无疑是对北梯村此举的肯定与认可。北梯葡萄生产合作社自2007年成立以来，土地流转工作优化了土地资源及其劳力资源的合理配置，社员享受土地保障金和红利分配，形成了富有特色的土地规模经营模式。

一、土地流转改革背景

解放初期的土地改革，实现了“耕者有其田”。新中国成立后，1958年人民公社化通过建立农业生产互助组、初级农业生产合作社、高级农业生产合作社三个步骤，推行了人民公社制度，把农民的土地私有制转变为农村土地的集体所有制。1978年，十一届三中全会废除人民公社体制，实行了以“包产到户”、“包干到户”为主要形式的家庭承包经营制。联产承包责任制已执行30多年，已经不能完全适应形势发展的需要，农村的土地改革已势在必行。2008年，十七届三中全会关于土地流转的决定，完善土地承包流转市场的形成机制，新一轮农村土地改革也由此启幕。

（一）联产承包制面临挑战

改革开放以来，虞乡镇乃至永济市经济取得了飞速发展。但农村的发展并没有同国民经济同步发展。在市场经济条件下，农产品的竞争力越来越低，农业收入越来越低，增长速度越来越慢。随着国民经济的快速发展和产业结构的不断调整，农村零散分布、条块分割的土地承包经营现状已经严重阻碍了农村经济的发展，不能适应新农村建设的步伐。联产承包制彻底解决了农民的温饱问题，但这种体制现在却限制了农村的发展。

1. 农村“小生产”与“大市场”的矛盾

自 1978 年实行家庭联产承包责任制以来，土地分田到户，粮食收购市场放开的初期，确实解放了农村生产力，增加了农民收入。但在农业逐步市场化的今天，分田到户后出现了一块地“五颜六色”的状况，农村“小生产，大市场”的矛盾日趋凸显，农民不再把土地作为家庭收入的主要来源。农业小生产下农民的单户作业无法掌握及时准确的市场信息和拥有抵抗市场风险的能力。其次，农民的专业化程度是制约其增收的一个重要因素。村支书孙国宾认为：农民的素质其实很高，然而他们是一个非常完整的生产者，从播种到收获，这决定了他们对每一行都必须懂，但每一行都不是专家的作业模式。最后，就全国的整体形势而言，我国农业发展的一个“瓶颈”就是缺乏标准化生产，即难以用高科技产品取代人工劳动。我国加入 WTO 后，经济全球化的发展使得产品开始参与国际流通，农民只有积极参与国际分工才能加强竞争力。而这一切只有加入农村合作社才能得以有效解决。

2. 农业机械化与土地零散分布、条块分割的矛盾

北梯村现有土地面积 1400 余亩，共有 310 多户村民，1200 余口人。农村土地二轮承包时，基本上都是把土地按类分片，按片人均分地的方式进行发包。这些条块状分割的土地分配格局，基本上只适用于大牲口或小型机械进行耕作。北梯村人均占有耕地面积少，条块分割的土地甚至不足两米宽，最宽的也不过七米，大型机械无法作业，相邻地块互相争执的现象时有发生，直接影响着农业生产。

3. 条块分割的耕地使农民难以经营，增加了农民的经济负担

现在按类分片、按片分地的土地分配格局是当时按照旱地、水浇地，远地、近地等标准，各类地每户都有，按人口均分的思路进行承包的。这种各类耕地每片都有的土地零散分布条状格局，导致耕作经营成本高，直接增加了农民的经济负担。以小麦为例：小片地用机械耕作、秸秆还田、播种、施肥、浇地渗渠、收割等各项综合费用，每亩要比大片地多投入 50 元以上。其中仅收割一项费用每亩就多 10 元，联合收割机在大片地收麦每亩仅收费 40 元，而小片地收麦每亩出 50 元都不愿去。现在仍按类分片，按片分地的土地分配方式已不可取。其实个别农民为了耕作方便，已在私下自发更换，将不同地片的耕地互相换成一大块进行耕作。但这种自发换地仅限于两家地块相邻、面积相同的农户在自愿的基础上进行互换，由于绝大多数的农户并不具备这两个条件，又缺乏政策主导和政府引导，想换地基本是不可能的，难以从整体上改变其地分多片，零散分布局面。

4. 农业集约化生产与家庭承包经营之间存在矛盾

现代化农业要求规模化大生产，而家庭联产承包制决定了在中国大多数地区不可能实行规模化生产。分散经营使农民和农业的组织程度低，客观上形成了农业集约化生产程度低，限制了农业经济的进一步发展。由于土地过于零碎、分散，无法形成适度规模经营。小农经济模式已经成为制约北梯农业发展的“制度瓶颈”。

在这些现实冲击下，“种地根本不挣钱”。于是，村子里好多人出外打工，无心种地，甚至出现了土地撂荒现象。说起农业收入，我们走访了北梯二元养猪场农户孙增兵。夕阳西下，他与另一个养猪生产合作社的社员坐在养猪场门口，在等待给猪喂食时间探讨今年的猪肉市场行情。他的孩子在县城里上学和生活，每年都有不少的花费。他说光靠种地收入根本不够孩子上学和家庭开支。在这种情况下，除了种植耕作自家承包地，他加入了养猪合作社种猪厂，寄希望于养猪能实现收入的提高。

养猪合作社社长张全明也深有同感。他说到，“农业产业单一，以及资金不足缺乏项目，严重制约了农业的发展。现在农业和农产品不挣钱，村子里25至45岁的人都出去打工了，45岁以上的人才在村务农，农村普遍存在能吃饱，不够花的状况”。他也有两个孩子在县里上学，而现在高中学费、生活费一年需要7000元到8000元，大学一年也要花费10000多元。如果光凭农业收入，根本入不敷出。

在这种情况下，如何发挥土地的价值，提高农民的收入水平，引起了北梯村村委一班人的深思……家庭联产承包责任制是在新中国成立后，经过了土地改革、初级农业合作社、高级农业合作社和人民公社几次重大变革之后，最终被确立下来的。家庭联产承包责任制的产生不同于以往土地制度变迁，是在农民自发倡导下的诱致性制度变迁。家庭联产承包责任制极大地调动了广大农民群众的生产积极性，但是随着农村经济和社会结构的改变，这种一家一户以家庭经营为主要形式的生产方式已经不适应生产力的发展要求，家庭承包制已到了“死路”。农村生产力无法发展，就是因为一家一户的单干无法形成“规模经济”。农业如何持续稳定增收？如何在维护农民土地承包合法权益、保护农民利益的前提下促进农业产业化发展，成为“三农”问题的一项重要内容。农业的最大长项就是农业规模经营。整合生产要素，实行专业化、规模化经营是现代农业发展的必然选择，也是市场经济发展的客观要求。农业规模经营可以通过土地承包经营权流转的方式，有效地解决保护农民利益与土地适度集中的矛盾，促进农业产业化的发展。

（二）土地流转改革应运而生

土地流转指的是土地使用权流转。土地使用权流转是指拥有土地承包经营权的农户将土地经营权（使用权）转让给其他农户或经济组织，即保留承包权，转让使用权。北梯土地入股式土地流转在新的机遇与条件下，适应了新形式下农村经济发展和土地使用现状，做到了生产关系适应生产力的发展。

1. 政策导向

十七大召开后，北梯村党支部和村委会认真学习胡锦涛总书记的报告，对报告中提出的“走中国特色的农业现代化道路”、“土地适度规模经营”的精神进行了认真探讨和反复研究，提出必须稳定农村基本经营制度。根据近几年外出人员的增加，土地投入不足，农业比较效益低的现状，他们提出以土地入股式流转进行适度规模经营的想法，实现“农业产业化”。

2. 经验借鉴

三年的国外创业经验，使村支书孙国宾清醒地认识到：只有搞合作，成立合作社，才是北梯村村民脱贫致富的唯一出路。他指出：当今世界，合作社已全方位深入到人们生活的各个领域，在发达国家，几乎所有的农民都参加了不同类型的合作社，有的农户同时参加了几个专业合作社。丹麦98%的农民都是合作社社员，每个农户平均参加3.6个专业合作社。美国每个农户平均参加2.6个合作社。他本人在澳大利亚呆了三年，那里的农民90%以上参加农业合作社。合作社不但能保护农民的利益，还能推动农业生产走上专业化、商品化和现代化道路。

土地流转的形式很多，一是股份制。农户以土地使用权入股，并按股分红，将农户实物形态的土地使用权，变为份额形态的土地使用权。同时，原有的土地承包关系不变，人口增减、实际承包土地面积增减时，通过“股利”来进行调节。二是股份合作制。股份合作制是实行土地、劳动、技术、资金等多种生产要素入股，以扩大生产规模，发展社会生产力的一种经济组织形式。此种形式多出现在农业产业化经营中，农户以土地为基础进行联合，通过专业协会、“龙头”企业等组织，交售农副产品。三是租赁、转包。出让方通过租赁、转包等方式让出土地使用权，而获得与受让方协议的利益。这又有一些特殊形式：代耕，代耕者在占有土地使用权时，可以不支付任何费用；反租倒包，龙头企业或种田大户向农民租用土地使用权后，又将土地反包给农户按合同要求进行生产；抵押，债务人把自己的土地使用权押给债权人，作为清偿债务的保证；转让，农户将承包合同转让给其他农户、单位或个人，承包权和经营使用权一同转让。四是拍卖。荒山、荒沟、荒丘和荒滩的“四荒”地等未承包到户的集体耕地的经营使用权，面向社会公开拍卖。五是土地互换。这是农村十分常见的土地流转方式，互换双方以土地使用权换取土地使用权。

那么，到底该采取哪种方式？摆在村委班子面前的是，选择何种土地流转模式才能更好地适合北梯的现状，发挥土地的最优价值。

3. 土地入股式土地流转条件

依据北梯村的土地使用状况和村子发展现状，村委班子提出以土地入股实现土地流转，走土地适度规模经营之路。

(1) 农村已有相对剩余的土地用来流转

土地流转必须是农民有剩余土地才可出让经营权。由于农业比较效益低，甚至土地入不敷出，使得北梯已有相对剩余的土地用来流转。

随着农业科技发展，人们为满足个人生存需要而对土地的需求量越来越小。同时相当部分的农业劳动力转入了非农产业，外出经商、务工的农民逐渐增多。城市经商、务工人员当他们融入城市，但因对养老保障有忧虑，缺乏安全感，故不愿放弃土地。这样导致一些外出务工人口较多的家庭，只剩下老弱妇孺，管护农田有心无力，土地发挥不了最大效益，还出现了土地撂荒现象。而且由于农业收益小，使得许多家庭出现零散分布的土地闲置现象。据《永济农村》第8期介绍，村西月亮沟地块较多、旱地较多、片形相对较大、地上附着物较少，承包地合同基本到期或履行不到位的较多。这些地块，农民的收入相对较低。亩小麦收入420～540元，亩棉花收入千元左右，只是打工两个多月的工资，且费人费力耗时工效低。对外承包一般一亩为150～180元。这些地不种使不得，荒了耕地；种了也使不得，剔除投资成本，农民辛苦一年只能解决温饱问题。农业收入低微，而同时产业结构的调整，从事二、三产业农民的增加，加剧了土地闲置。永济市经济工作会议上，市委、市政府明确提出：“要逐步实现农民向城镇集中，土地向大户集中。”现永济市农民从事二、三产业的人数每年以2.6%的速度递增，但农村由于条块分割、零散分布的土地经营格局，使土地难以向大户集中，不想种地的农民难以把自己的耕地，以合理的市场价将经营权流转出去。村中好多家户外出经商、打工，由于青壮年农民都已外出，只留下了老人和儿童，家中零散分布的承包地自家不能耕种又难以流转，目前基本上只能由各自的外村亲戚耕种。

（2）农民已逐渐适应土地流转的需要

随着市场经济的逐渐成熟，北梯农村劳动力的大量转移以及农村城镇化的发展，使原来一家一户式家庭联产承包面临新时代的难题，土地流转大势所趋。北梯在无资金的条件下，实行土地入股式土地流转，建立合作社。

第一，土地严重投入不足，土地与资金的矛盾日益严重。主要表现为农民土地投入不足。造成这种现象主要有两个原因：首先是农民没有能力投入，当然没有投入就没有产出；其次是有的农民认为不值得投入，就算投入了也不一定收益就高。而农业合作社通过各种渠道的筹资可以先解决资金问题，从而缓解土地投入不足的情况发生。也正是基于这点，孙国宾首先想到应该把土地集中经营，发挥土地的规模效应。

第二，全村非农业收入占农民家庭收入的比例达40%，农民经济来源的多样化使土地所具有的社会保障功能和社会调节功能趋向弱化，人们眷恋土地的传统观念已逐渐改变。单位土地面积负担重，外出就业更容易赚钱等现实使农民越来越深刻地认识到：仅仅依靠自家的一点责任地是不行的。

第三，农民文化水平普遍提高，一些农民已具备了科学种田的水平和驾驭规模经营所需的管理素质。

第四，北梯人口结构发生巨大变化，农村劳动力短缺。一方面，由于农民的教育意识提高，加之国家需要大量的产业工人，农民的孩子已经很少成为农民了。据调查，北梯村基本上没有40岁以下的农民，这是农村面临的一大危机。另一方面，由于农村发展较城市落后，许多人纷纷外出打工。大量年轻劳动力外出务工、经商，还有部分劳动力到其村子附近的西班牙独资的芦笋加工厂上班。留守人员，要么是做生意没本钱，要么是没有进厂打工的门路。这样一来，造成了农村劳动力的短缺，对农村的现代化也是一个挑战。加入农业合作社可以把许多农民从土地上解放出来，留在农村，促进农村的发展。

二、北梯葡萄生产合作社的成立与运营

今天，顺着村庄的主干道往西走200多米，便是村庄的两个经济园区——葡萄种植园区和养猪示范基地。放眼望去，整个葡萄种植园区一片葱绿，刚种植的葡萄秧子长势喜人，不仅让人联想到了丰收的成果和喜悦，让村民们的干劲更加十足，也使得村民对社会主义北梯新农村建设更加充满了希望和期待。这些深深激励我们了解北梯村因地制宜，以土地入股，实行土地流转，建立葡萄生产合作社的过程。

(一) 北梯葡萄生产合作社的成立

崭新的红白相间的村委大楼，门口右边悬挂着“永济市北梯葡萄生产合作社”的标牌。从村委会大楼出来，一条大道直通北梯葡萄基地。在与武长俊社长的交谈中，我们了解到葡萄生产合作社的成立进程。经过仔细调研，北梯村支两委一班人，就十七大报告中提出的“走中国特色农业现代化道路”和“土地适度规模经营”的精神与这几年农村外出人员增加、土地投入不足、农业比较效益低的实际相结合，决定借鉴先进的农业发展模式，把土地和农民集中起来，成立永济市北梯葡萄生产合作社。

1. 宣传动员

在养猪专业合作社逐步步入正轨后，村支书孙国宾认识到养殖

虽好，但是作为农村发展第一资源的土地在经济发展中更应发挥重要作用。北梯村人均土地仅一亩多。因为土地面积少，村民们在土地上并不下工夫，造成了不必要的浪费。面对这种小生产的局面，孙国宾经过多方考察学习，反复研究中央在农村的各项政策后决定，让农民将土地入股，进行土地的规模经营，实现农业的现代化；同时吸纳村民手中的闲散资金，共同投入生产，收入后分红。这样一方面解决了农民土地投入不足的问题，另一方面又为外出务工人员解决了后顾之忧。外出务工经商人员可以放心外出，其把闲置土地入股后，既避免了土地资源的浪费，又使得这部分人在农村有了“资产性收入”，这种方式类似于为这部分农村劳动力提供了城市居民的社会保障。由于农村土地种植效益的递减，以及出于对养猪合作社农粪便的合理利用，以孙国宾为核心的村两委，决定借着《农民专业合作社法》的东风，依靠村里现有的自然条件，把土地和农民集中起来，发展北梯村自己的葡萄种植农民专业合作社，从而达到减小投资风险、增加农民收入的目的。可由理想规划变成现实，就需要村民的接受与实践，能被村民接受的才是好的发展途径。

基于农业收益效益的减少，以及村民外出务工的盛行，造成了土地种植的低收益。许多外出务工村民的承包地转租或荒弃，这对作为农村第一资源的土地，价值也是未合理利用。村民们也都意识到这一现状，可“巧妇难为无米之炊”，没有好的项目，村民们只能任由这一现状困扰。村委班子认识到种植葡萄是一项不错的投资项目和发展路径。为了获得广大村民的认可与共识，村委班子组织了一次对邻村南文学村葡萄生产的参观和借鉴。武长俊社长在交谈中说到，在2007年9月，村委安排了两辆大卡车来接愿意去南文学村葡萄生产参观的村民。当初热闹非凡，村民们对南文学村葡萄种植产生了浓厚兴趣，看到邻村都可以发展葡萄种植，北梯又为何不能呢。村民们亲眼见到邻村葡萄种植的现状和成果，羡慕、激动、希望显露在每个人的脸上和交谈中。黄明贵在事后回忆时，还心情激昂地说道当初去参观的情形。他说好多村民自己都10元、20元买南文学村单户种植的葡萄来品尝。村民们亲眼见到土地种植葡萄的好处，心中充满希望，认识上基本得到统一。

2. 组织成立

为了解决葡萄生产合作社的土地问题，村委班子提议采用村西月亮沟的土地。孙科连老人回忆，老辈人说村西月亮沟以前是无人烟的地方，有不少狼窝。后来，人口的增加，村子规模才越来越扩大。黄明贵老人也风趣地谈到，在解放前全国人口有4亿多时，北梯村有400多人；而现在全国人口有13亿多时，北梯村有1300多人。到现在，村子扩大，月亮沟就在村西，距离村委会楼不到500米。

2007年10月，在村委班子任期两年之际，召开了村民大会。村委班子经过多方考察学习，针对当前农村发展特点，以及北梯养猪合作社的示范效果，决定建立葡萄合作社，并提议在村西月亮沟建葡萄基地。针对北梯村当前农业种植收入偏低，土地价值递减，本村村民没有多余资金投入项目建设的现状，村委班子创造性地提出了“土地入股”，农民以土地作为投资，对土地进行适度规模经营，建立葡萄合作社。农民将土地入股，共同投入生产，收入后分红。村民们对这几年农村外出人员增加，土地投入不足、农业比较效益低的实际也深有同感，而踊跃报名，当场84户农民同意以地入股，占入股农户数的96.6%。同时，所有入股农户都在协议书上签字并选举产生了新一届的合作社理事会。由合作社理事会负责经营管理及园区筹划工作。

3. 组织落实

（1）土地入股，建立葡萄合作社，最重要的工作是测量和核实入股村民的土地大小。为了保证公平公正性，村委班子成立了由村组小组干部和村民代表组成的土地丈量核实小组。土地丈量核实小组对村西月亮沟土地，一块地一块地测量核实，对入股村民的土地实行张榜公开，由村民监督。最终，核实了月亮沟土地共312亩土地。

（2）村民签订协议。在完成土地测量后，合作社理事会制定了《永济市北梯葡萄生产合作社章程》和《北梯葡萄生产合作社土地入股协议》。该章程规定，土地股以农民流转给合作社的土地多少来确定，每一亩土地为一股，经营股以被选举为合作社理事成员所有。农民每亩一股股权，折合经营股每股300元，明确了土地股为优先股。同时，明确了附着物赔偿及红利分配等办法。以下是村民加入北梯葡萄生产合作社的规范文本。

北梯葡萄生产合作社土地入股协议

为了葡萄生产，增加农民收入，发展现代化农业，党的十七大报告的精神“保障家庭联产承包制，适度土地规模化经营”的方针，经过村民大会协商，同意将北梯村村西89户273亩土地通过土地入股的方式成立北梯葡萄生产合作社。为了明确合作社与股东之间的权利和义务，特制定本协议。

甲方：北梯葡萄生产合作社

乙方：

1. 乙方同意将位于北梯村西的　亩土地以土地入股的方式加入合作社，按照合作社每亩一股的规定，在合作社享有股权。

2. 合作社2008年支付乙方每亩土地200元的土地保障金，自2009年将土地保障金提高到每亩300元，由合作社按时支付给股东。

3. 合作社对乙方土地上的附着物进行赔偿，乙方共种植麦苗　亩，每亩青苗按150元赔偿，乙方共种植树　棵，每株按照　元赔偿，两者赔偿总额为　元人民币。

4. 从甲方有收益后的第一年开始，在合作社留够生产和再生产费用的情况下将剩余收益按50%返还给股东。以后根据收益和合作社发展计划逐年提高返还比例。

5. 乙方在以土地入股合作社之后，成立合作社，享有合作社章程规定的股东权利与义务。

6. 本协议如与国家法律政策相抵触的部分，以国家法律政策为本。

甲方：北梯葡萄生产合作社　　　　乙方：

二〇〇七年十二月十一日

合作社在充分尊重农民利益和测量土地面积公平公正情况下，一天时间就同87户农民一一核对了土地面积，并签订了土地入股协议。目前，北梯葡萄生产合作社共吸纳入股土地312亩，其中社员89户，占总户数的27%，273亩土地，占全村土地的19%。如下表：

北梯村各队葡萄生产合作社入股土地表

队（组）	农户（户）	土地合计（亩）
第一队	12	45
第二队	7	15.8
	（村委会）	（29.3）
第三队	44	135.6
第四队	24	31.28
	（承包地）	（10）

（3）考查落实

北梯葡萄生产合作社一班人，还曾赴太谷果研所聘请专家，一次次论证适度规模经营的可行性，所有工作进展顺利。同时，考虑到葡萄生产的市场要求，必须引进优质的葡萄品种和管理才能在市场竞争中有生命竞争力。合作社理事长孙国宾带领合作社班子，到山东平都请专家教授来检验北梯土壤成分，提出对应的葡萄生产品种。武长俊社长回忆起专家来调研测评，还历历在目。当时山东韩渔波专家来到了北梯，并且参观了南文学村的单户葡萄生产，当时就提出南文学村的葡萄生产技术不过硬，而且单户生产没有规模经营优势。他进而认可并支持北梯的合作社葡萄生产。这无疑给合作社理事会成员一定安心剂。后来，合作社理事会又到山西、河北、山东考察葡萄品种苗子，最终选定河北葡萄苗，葡萄生产合作社正式投入运营。

4. 资金落实

葡萄生产合作社是农户以土地入股的方式，实行集约化、规模化的合作经济组织，总占地面积 312 亩，涉及农户 89 户。预计总投资 100 余万元。

葡萄生产合作社参与经营管理人员特设经营股，理事长、社长监事长每人 90 股；副社长、副监事长 2 人，技术顾问 2 人，每人 70 股；会计、出纳，每人 40 股；保管员 37 股，共设经营股 737 股。每 300 元为一股，合计 221100 元，作为启动资金。合作社又在虞乡镇信用社贷款 40 万元，为葡萄生产合作社的成立与运行奠定了经济基础。同时，葡萄基地 2008 年不产葡萄，故先在葡萄丛中排隙间套种黑花生。葡萄合作社基地亩产花生 400 多斤，共 312 亩，一斤 10 元钱计算的话，可以收入 1 万多元。这为第一年葡萄合作社的运行提供了一定的资金。

最终，永济市北梯葡萄生产合作社依据《中华人民共和国农村土地承包法》，以稳定农民土地承包权，搞活经营权，提高土地产出率，促进农民增收为目的成立了。葡萄生产合作社是农户以土地入股的方式，实行集约化、规模化经营的合作经济组织。它以土地入股的方式对土地进行适度规模经营，同时吸纳村民手中的闲散资金，共同投入生产，收入后分红。

（二）北梯葡萄生产合作社的运行

在村委会大楼明亮的会议室里，我们采访了孙国宾书记。窗户外十月稀落的雨声，掩饰不了孙书记的热情、信心与希望。“合作社现在运行很好，明年就产葡萄了，到时就等丰收了”，当我们问到合作社现状时，孙书记挥舞着手指，满怀希望对我们说。葡萄合作社的规章制度赫然挂在墙上，昭示着合作社的规范运营。接着他告诉我们，葡萄合作社不同于商业公司，它是追求村民集体利益，所以合作社坚持村干部和群众的集体规划，民主管理。他说到他只是葡萄生产合作社理事会理事长，而一般重大事情的决策权主要是村社员代表大会。葡萄生产合作社成立了村民代表大会，村民代表大会下设了理事会和监事会。经过一番交谈后，他又带我们查看了北梯葡萄生产合作社的若干规章制度，采访了葡萄生产合作社社长武长俊及其他村委班子，通过他们的言谈和文件的梳理，我们对葡萄生产合作社的运行有了初步了解：

在第一届社员代表大会上，通过了《永济市北梯葡萄生产合作社章程》并自社员大会之日起生效。合作社实行独立核算、自负盈亏、自主经营、自我约束民主管理的机制。

1. 股份设置和管理

为使葡萄产业适度规模经营，促进土地、资金、技术、劳动力等生产要素的合理流动和优化组合，解决农民资金紧缺的问题，合作社采用土地自愿入股的办法，实行每亩土地为一股，并将土地股明确为优先股。同时为了保证前期资金和葡萄基地的起步，合作社以管理人员资金作为经营股。

(1) 土地股

合作社社员以农村集体土地承包经营权进行入股经营，实行“民办、民营、民受益”的管理方式，年终以股权分配红利。股份份额以该户农户流转给合作社的土地面积多少来确定。合作期限将不超过集体土地承包期的剩余期限。土地股权在承包期限内可以继承，但不得转让、抵押，入股协议期内不得退股。土地入股完毕，本社对持股者签发股权证书，采取记名形式，作为股份持有者的股权证明和分红依据。

最终，土地经营权入股这一办法吸引了87户农民签订了土地入股协议（见北梯村首批入股葡萄生产合作社社员表），加上村委会和第四队承包地共89户股东。入股农户以户为单位，每亩承包土地折算股份1股，折合总股份273股。

北梯村首批入股葡萄生产合作社社员表

项目 队	序号	姓名	股权	序号	姓名	股权
第一队	1	孙海海	5.1	7	孙乐乐	2.4
	2	孙伟进	10.0	8	申建平	1.8
	3	申建国	3.0	9	王宏栓	6.5
	4	申建军	2.4	10	孙正兴	4.2
	5	申建斌	1.8	11	孙　瑛	3.0
	6	黄军礼	3.8	12	黄军波	1.0
第二队	1	申兵学	2.3	5	申喜强	2.6
	2	申成学	1.5	6	刘复兴	1.2
	3	申学成	1.8	7	申　椎	4.1
	4	申进学	2.3			
第三队	1	贾桂莲	2.4	23	杨会民	1.7
	2	王金有	2.5	24	赵凤英	1.2
	3	王随强	2.4	25	柳银忠	5.0
	4	洪艳苹	3.0	26	郭　平	3.6
	5	李金刚	2.0	27	张治强	1.8
	6	贾凤珍	4.9	28	王雷强	0.8
	7	张占强	3.9	29	王金海	4.3
	8	王荣强	3.5	30	申正强	4.5
	9	张宽强	3.2	31	王红刚	1.2
	10	王争茂	2.3	32	郭红喜	6.2
	11	张春娃	4.9	33	郭奋有	1.8
	12	王一问	4.2	34	李淑凤	6.0
	13	王立刚	4.8	35	王爱民	2.8
	14	王宁宁	3.9	36	张立刚	1.5
	15	李发家	1.7	37	李法有	1.6
	16	王力争	5.8	38	郭东圈	4.8
	17	郭春娥	1.7	39	杨五民	1.0
	18	许成弟	1.7	40	王民正	4.4

续表

项目 队	序号	姓名	股权	序号	姓名	股权
第三队	19	许高虎	2.2	41	王　鹏	3.7
	20	许周弟	4.6	42	张选强	4.6
	21	张清波	2.4	43	王　刚	1.8
	22	杨正民	1.3	44	王　根	2.0
第四队	1	郭随勤	2.16	13	师三多	1.08
	2	杨牛生	1.35	14	师随成	1.35
	3	师展心	1.21	15	杨桂忠	1.35
	4	杨民娃	1.24	16	杨圈娃	1.08
	5	许建国	2.16	17	阮战峰	1.62
	6	杨文芳	1.21	18	杨永祥	1.21
	7	杨正芳	1.21	19	兰金发	1.08
	8	杨春秋	1.62	20	师随存	0.81
	9	武安有	0.81	21	师养心	1.48
	10	韩银锁	1.08	22	杨表生	1.08
	11	张运科	0.81	23	王元旺	1.08
	12	师旺财	1.35	24	武创月	1.85

（2）经营股

为了充分调动土地所有者和经营者的积极性，合作社特设经营股。经营股为合作社参与经营管理人员以每300元为一股，共设经营股737股。具体股权分配为：理事长、社长、监事长300股；副社长、副监事长3人，每人70股；会计、出纳每人40股，保管员37股。经营股股东名单及股权情况见下表：

经营股股东名单及股权表

序号	姓名	股权	序号	姓名	股权
1	孙国宾	90	7	王立增	70
2	武长俊	90	8	王金有	70

续表

序号	姓名	股权	序号	姓名	股权
3	孙稳进	90	9	郭红喜	40
4	柳银忠	70	10	申进学	40
5	黄明贵	70	11	侯淑明	37
6	师月有	70			

2. 社员代表大会是最高决策机关

葡萄合作社的经营管理最高决策权属于合作社社员代表大会。所有土地入股的社员和设经营股的村委会干部都属于社员，是葡萄生产合作社的主人，都有对葡萄生产合作社理事、监事的选举或罢免；生产经营方针和投资计划的决定；理事会、监事工作报告和财务报告的审议等有决策与监督权。合作社社员代表大会第一届社员代表共设 30 名，社员代表以村民小组为单位，由拥有土地承包权入股的农户直接选举产生，村委会干部为当然社员代表，社员代表每届任期 5 年，可连选连任。

3. 理事会是经营决策机构

理事会是葡萄合作社的经营决策机构，对社员代表大会负责。理事会成员由社员代表大会从社员代表中选举产生。葡萄合作社理事会设理事长、副理事长、财务总监、常务理事等。在葡萄合作社园区的筹划、葡萄基地的建设、农民土地入股的签订及其他日常管理中，合作社理事会具体操作执行。

村支书孙国宾为葡萄合作社理事会理事长，是葡萄合作社的法定负责人，负责根据社员代表大会的决定组织实施年度生产经营计划和生产、经营、服务活动等。理事会负责执行股东代表大会的决议、审议和实施合作社发展计划和年度经营计划、审定合作社年度计划执行情况和财务报告、审议理事长关于经营情况和经济效益的报告、制定合作社利润分配方案，决定收益红利分配方案等。

4. 监事会是合作社监察机构

葡萄合作社设立监事会，它由社员代表大会从社员代表中选举产生，对葡萄合作社是否执行社员（代表）大会决议和章程、生产经营业务、财务收支及盈余分配情况监察与监督。葡萄合作社监事会成员由9人组成，监事长一名。监事会成员每届任期5年。村干部不得担任监事会成员。监事会人员和理事会成员不得相互兼任。

葡萄合作社监事会的主要职责是：列席参加理事会，检查监督合作社的经营和财务活动，检查监督集体资产不受损失，检查监督理事会的经营活动，保护社员合法的权益。

5. 财务制度和收益分配

按照现行村级集体经济组织的财务制度，建立规范的合作社会计制度，实行财务公开。贯彻勤俭办社，民主理财的方针，开支有预算，严格审批制度，正确处理积累和分配的关系，严格控制非生产性开支，杜绝铺张浪费。

土地作为农民最基本的生产资料，土地股设为优先股。土地入股的第一年（2008年）每股补贴200元，从2009年开始每年补贴300元，此笔资金计入合作社成本。合作社的主要收入来源为生产经营性收入，合作社支出主要有土地优先股支出和经营过程中实际发生的生产费用（水电费、化肥和农家肥费用、劳务费、农药费用等）以及管理费用。本社的可分配收益是本社的总收入减去总支出的余额，按照股份比例进行分配。

6. 葡萄生产机制

葡萄生产合作社以合作社的形式为种植户提供“统一种植标准、统一管理、统一品种、统一销售”的产前、产中、产后服务，解除农户后顾之忧，促进了葡萄种植业向优质、稳产、高效益的方向发展。合作社使土地所有者实现土地利益最大化。2008年葡萄生产合作社不产葡萄，故先在葡萄丛中排隙间套种黑花生。葡萄合作社基地亩产400多斤，共312亩，一斤10元钱计算的话，可以创收1万多。这样不仅使在第一年葡萄合作社起步，葡萄苗生长阶段，合作社有收入。而且在以后葡萄基地出产葡萄，仍可以发展“立体农业”，实现葡萄与花生的良序双丰收。

7. 日常管理

理事会是葡萄合作社的经营决策机构。日常管理实行“常任制”与“招工制”。“常任制”是指在葡萄基地的日常管理与工作中，实行葡萄合作社社长及其他理事具体操作管理。“招工制”是指在葡萄基地的建设、葡萄种植生产的过程中，需要人手时，招临时小时工，有时可达到一天六七十个人。

葡萄生产合作社作为北梯村新农村建设走中国特色农业现代化一个模式，为广大农民持续稳定增收，寻求新的经济增长的切入点和突破口，使北梯村产业发展更上一个台阶，为新农村建设奠定了更为坚实的基础。

（三）北梯葡萄合作社股份制改革的特点

北梯村土地由家庭联产承包制向股份制过渡，以土地入股实行土地流转的改革过程，是村委和村民以政策为导向，以本村现实为基础，村委与村民共同参与而实行的。

1. 充分动员，取得共识

随着农村经济和社会结构的改变，一家一户以家庭经营为主要形式的家庭联产承包责任的生产方式已经不适应生产力的发展要求。整合生产要素，实行专业化、规模化经营是现代农业发展的必然选择，也是市场经济发展的客观要求。通过土地承包经营权流转的方式有效地解决了保护农民利益与土地适度集中的矛盾，促进了农业产业化的发展成为解决“三农”问题的一项重要内容。为了使村民取得共识，村委班子采用先“见”夺人的策略，组织村民集体参观周边村南文学村单户葡萄生产种植。眼见为实，客观事实摆在面前，打消了农民的疑虑，激发了建立葡萄合作社的动力。也为下一步葡萄生产合作社的建立、工作的开展铺垫了良好的群众基础和思想认同。

2. 民主决策，体现村民意愿

2007 年 10 月，在村委班子任期两年之际，召开了村民大会。村委班子在此次村民代表大会上，提出了建立北梯葡萄生产合作社的构想，提请村民大会审议。村民们对这几年农村外出人员增加，土地投入不足农业比较效益低的实际也深有同感，而踊跃报名，当场 84 户农民同意以地入股，占入股农户数的 96.6%。

3. 制度规范，建现代合作社企业制度

《永济市北梯葡萄生产合作社章程》自社员大会之日起生效，明确规定股权配置、股权界定、股权流转、股份运作等，明晰产权，激活了流转使用权。同时，章程也确立了理事会、监事会人员的任免和工作职责，把葡萄生产合作社的管理纳入制度化、规范化的进程中。《永济市北梯葡萄生产合作社章程》易于操作，群众容易接受，各股东投入的返还土地和资金制度透明，监管到位，做到了廉洁高效，减少矛盾。

4. 加强领导，充分发挥管理人员的组织功能

在村民大会上，所有入股农户都在协议书上签字并选举产生了新一届的合作社理事会。由合作社理事会负责经营管理及园区筹划工作。在葡萄的选苗、技术人员的聘请、葡萄基地的平整、葡萄园的日常管理等方面，充分发挥管理人员的组织管理职能。

5. 充分发动群众，村民参与

在葡萄基地的建设中，充分发挥集中民意，发挥民智，村民献计献策。同时在葡萄基地建设、苗木的栽培、花生的耕作等活动中，充分发挥入股村民的参与。村民的广泛参与，不仅使他们有额外的打工收入，而且使他们掌握先进的生产种植技术和熟悉葡萄生产合作社的管理制度和流程，更是他们发挥主人翁的建设和监管作用的体现。

（四）北梯葡萄合作社股份合作制的特征

北梯以土地入股实行土地流转，建立葡萄生产合作社，实行股份制经营，实现土地、资金资源的优化配置。北梯土地入股的股份

合作制不同于租赁、转包、拍卖、互换等土地流转形式，它是不改变土地公有制性质，不改变土地农业用途，不改变农民身份的土地流转。

1. 股权多元化

生产要素的合理流动，优化组合，实现了规模效益。兴办农村股份合作制企业，能够在较大范围内促进资金、技术、土地、设备等生产要素的合理流动，在经济实体之中，实现优化组合，尽快形成新的生产能力。

北梯农村股份合作社分经营股与土地股，实现了资本、土地的有机结合。葡萄生产合作社占地 312 亩，这是 89 户农民土地经营权和村集体土地入股构成的土地股。入股农户以户为单位，每亩承包土地折算股份 1 股，折合总股份 273 股。同时，合作社以管理人员资金作为经营股。经营股为合作社参与经营管理人员以每 300 元为 1 股，共设经营股 737 股。具体股权分配为：理事长、社长、监事长 300 股；副社长、副监事长 3 人，每人 70 股；会计、出纳每人 40 股，保管员 37 股。

北梯葡萄合作社股份制构成

	主体	股数	共计（股）
土地股	村民	273	273
经营股	理事长	90	737
	社长	90	
	监事长	90	
	副社长（2 人）	70	
	副理事长（2 人）	70	
	技术顾问	70	
	会计	40	
	出纳	40	
	保管员	37	

2. 运作企业化

北梯葡萄生产合作社成立理事会、监事会，引进现代企业管理制度。合作社实行社员代表大会制度，社员代表大会是合作社的最高权力机关。理事会是合作社的经营决策机构，对股东代表大会负责。监事会由社员代表大会从社员代表中选举产生，监事会主要是列席参加理事会，检查监督合作社的经营和财务活动，保护社员合法的权益，确保将土地入股的收入按股份比例支付给村民。

3. 程序民主化

北梯葡萄生产合作社实行社员代表大会制度，社员代表大会是合作社的最高权力机关。社员代表以村民小组为单位，由拥有土地承包权入股的农户直接选举产生，村委会定工干部为当然社员代表，社员代表每届任期 5 年，可连选连任。社员代表大会每年至少召开一次例会，遇特殊情况或半数股东代表提议，可以召开社员代表临时会议，合作社的经营方针、重大经营决策、年度计划及其执行情况、财务预决算和年终分配方案，都需经社员代表大会审议，2/3 以上多数通过。

作为合作社的经营决策机构的理事会对股东代表大会负责。理事会成员由社员代表大会从社员代表中选举产生，理事会由 5 人组成，设理事长 1 名，任期 5 年，可连选连任，村委会定工干部为理事会的当然理事，理事长由村书记兼任。监事会成员由 9 人组成，监事长 1 名。监事会由社员代表大会从社员代表中选举产生，每届任期 5 年。村干部不得担任监事会成员。监事会人员和理事会成员不得相互兼任。

三、先进模式激发农村经济发展新活力

农村股份合作社优点是产权明晰，责权明确，实行农村股份合作制是农村经济发展的必由之路。北梯葡萄生产合作社土地入股制是顺应我国农村家庭联产承包责任制运行的实际和生产力发展的特点而产生的，在实践过程中，发挥“物尽其用，财尽其用”，土地

价值极大地发挥出来，充分显示其优越性和生命力。

(一) 发展高效农业，增加农民收入

加快推进土地流转的实践证明，规范、有序的土地流转，为现代农业的规模化和集约化经营注入了发展动力。北梯葡萄生产合作社作为一种农村股份合作制，是集股份制和合作制特征于一体的崭新经济组织和财产制度，是继家庭联产承包责任制后又一创举。它符合我国社会主义初级阶段发展生产力的需要，是在社会主义市场经济下，集体经济的一种新的实现形式。北梯人在利用土地入股葡萄生产合作社的发展过程中，深深认识到土地是一种资源、一种财富，是市场配置的产物。土地流转工作优化了土地资源及其劳动力资源的合理配置，实现了家庭承包经营责任制与现代农业发展有效对接，挖掘出了农业内部增收潜力，社员享受土地保障金和红利分配。土地入股把农民从家庭承包土地经营中解放出来，扩大了农民就业渠道，外出打工或从事其他经营，增加了农民收入，形成了富有特色的土地规模经营模式。

1. 引导小生产与大市场衔接，发展生产力

葡萄生产合作社能促进社会资源的合理流动和配置，加快农村生产力的发展。它适应生产和经营的实际需要，打破家庭联产承包制的外壳，引导农民进入市场，在利益机制的驱动下，按照各取所需，各尽所能的原则，实现技术、资金、土地、劳动力和各种自然资源等生产要素的重新组合，通过组合而形成的新型生产组织形式，以获得较高经济效益为目的，按价值规律组织生产，有效地启动和加速生产力的发展。

2. 推进适度规模经营

在家庭承包经营机制长期不变的情况下，在耕地使用性质不变的前提下，土地入股克服了当前农户小规模经营的局限性。它能在大范围内优化生产要素组合，增加农业投入，有利于促进发展规模经营，形成区域经济，加快农业产业化经营的进程。继农村第一步改革获得巨大成功之后，稳定家庭联产承包经营这个基础，又能发

展适度规模经营，克服承包制的局限性，推动农户分散经营与社会大市场接轨。土地入股把分散的零星的土地从一家一户农民手中集中连片，按效率原则重新安排使用土地，进行葡萄产业适度规模经营，促进土地、资金、技术、劳动力等农业生产要素的合理流动和优化组合，实现土地资源的充分利用。允许流转土地经营权，农业集约经营便具备条件，可大规模从事农业生产，摆脱小农经济，加速农业的现代化和全球化步伐。

在葡萄生产合作社成立后，规模经营节约了成本，也改变了农民主体主位。如机耕地成本减低，旋耕 28 元/亩，而成立合作社后旋耕 23 元/亩，一年两次机耕，每亩便宜 10 元，合作社 312 亩地就节省 3000 多元。而且在化肥的购买中更能体现合作社的优势。以复合肥为例，市价每袋 43 元的复合肥，合作社 312 亩土地要买 19 吨化肥，这样每袋化肥可便宜 30 元。而且化肥已经有人订购要让买他的化肥，合作社的规模经营改变了农民的市场地位，有利于更好实现现代农业。

3. 推动农业生产要素的重组、合理流动和资源的配置，开辟了工商资本进入农业的渠道

由于常规农业比较效益低，小规模经营农户效益差，农村劳动力转向二、三产业的比例将会逐步增加。农村社会结构的变化，特别是外出务工劳动力的增加，在短期内对农业生产将产生一定的影响，但却为农业生产要素的重组、合理流动和资源的配置创造了条件。通过土地流转为农业的适度规模经营，集约化、标准化生产创造了条件。土地的规模流转又为有志于投资农业的工商资本和社会闲散资金获取回报创造了条件。

4. 促进了农业适用技术的推广应用，促进发展现代农业

通过土地流转形成规模经营的合作社，为了提高劳动生产率，降低劳动力投入成本，提高种植效益，无一例外地均采用了优良品种和先进葡萄生产技术，聘请专业技术人员。提高土地产出率、资源利用率和农业劳动生产率，提高农业效益和竞争力等，都是发展

现代农业的必然要求。发展现代农业是社会主义新农村建设的首要任务，是以科学发展观统领农村工作的必然要求。

5. 促进了农民增收，提高了农业经营效益

葡萄生产合作社让农民以土地入股的方式对土地进行适度规模经营，同时吸纳村民手中的闲散资金，共同投入生产，收入后分红。葡萄种植园总占地面积312亩，涉及农户89户，北梯葡萄合作社项目全部完成后，预计每亩葡萄1万株，亩产三四千斤，每斤最低2.5元的话，每亩收入最少5000元，全年生产总值达150万元多，人均增收1000余元。

通过土地流转，农民可以获得相对较高和比较稳定的有偿转让收入。从调查的情况看，农民通过流转土地，一般每亩每年可以得到300元的租金收入，有的土地流转收入甚至高于自己传统作物纯收入；此外，合作社为本地农民创造了更多的就业机会，使农民从原来直接的生产经营者，变为企业和外来业主打工的农业工人，由此增加了打工收入。农户土地流转后，部分农民不离土不离乡，为业主打工每天可收入20元左右。同时经营者通过规模经营，也可获得相当可观的利润。北梯村有30多名劳动力非常看好葡萄生产合作社的经营方式、经营理念及前景，积极在社内打工，参与葡萄生产合作的苗木栽植、管理及其他经营，日工资25元左右，年收入预计6000元。

北梯村农民黄明贵，有承包土地6.8亩，自己经营时，由于缺计划，无技术，投入少，一年耕作产出粮食并不多，除保障生活水平外，剩余粮食并不多而且卖不了好价钱。2007年他将4亩土地全部流转给葡萄生产合作社，土地流转年补偿1200元；为葡萄生产合作社打工每小时3元，日工资25元。2.8亩土地农业种植，解决家庭口粮问题，4亩承包地入股，成为合作社的股东，每年有保底收入，年底还享受合作社分红，加上在这里工作每月收入，不仅照顾了家庭，而且比到外面打工强多了！由此可见土地入股既实现了土地的保值和增值，又扩大了农民收入的来源，改变了农民闲

时打工、忙时种田的游离状态，改变了农民生产方式和生活发展方式，促进了农民收入的提高。

6. 培育了农民的市场意识，更新了农民的观念，提高了农民的素质

土地入股既培育了农民对土地及市场的价值意识、风险意识和参与意识，又赋予了农户选择葡萄生产合作社的权利，有利于提高农民素质，实现土地资源利益最大化。同时，合作社和外来业主进入农村后，改变了农民的传统生产观念，先进的生产经营理念、生产技术和市场意识对当地农民起到了潜移默化的作用，改变了农民传统的生产观念。农民在受聘务工的过程中以及与合作社、企业的业务交往中，自觉不自觉受到磨炼，学到了先进的生产技术和管理经验。

(二) 优化产品结构，形成规模优势

采访中，我对村支书孙国宾的几句话印象特别深刻。在谈到葡萄种植股份制集约化生产优势时，孙国宾举例说到："当有两亩葡萄种植时，针对的葡萄销售目标市场是虞乡；当有 20 亩葡萄种植时，销售目标市场是永济甚至是运城市；而当有 300 亩葡萄种植时，目标市场是广州、上海甚至于俄罗斯、新加坡。"所以，针对农村小生产与大市场的矛盾，合作社集约化、规模化生产具有极大的优势。

葡萄生产合作社社长武长俊也深有同感地说道，葡萄生产合作社有三大优势——规模大、统一管理、技术先进。在谈到葡萄生产合作社的未来时，武长俊社长充满信心而且面带笑容说到，北梯葡萄生产合作社在以后利用规模化生产的优势，采用"品牌"和"超市"两大战略来销售葡萄。的确，当今的水果大战不再是比产量，更是比质量、比精致。更为重要的是，高科技农产品的种植、品牌的销售，才能在激烈的市场中获得竞争力。与传统的公路两旁农民沿路设摊叫卖的热闹场景相比，合作社将提供更为专业的服务，开拓和占领更高端、利润更丰厚的市场，发挥合作社自身的魅

力与优势。

1. 品种技术优势

北梯葡萄的品种以后将年年都有更新。在过去一年时间里，北梯葡萄基地引进了20多个新品种，其中3种品种形成了规模生产能力。每一个新品种的引进和推广，都意味着种植技术的更新。而品种频繁更新的背后，离不开合作社的选择与指导。农民在选择品种的时候，其实就是选择了与合作社的合作关系，这有利于葡萄种植户规模化经营。

2. 科学管理、规模经营

统一的品种、统一的葡萄种植标准、统一的管理办法的“三统一”科学管理原则将大大促进北梯葡萄的科学种植。在北梯葡萄基地，每亩田种多少株葡萄，每株葡萄留多少枝条，每个枝条长多少串葡萄，每串葡萄结多少粒果实，每粒果实要求多大尺寸，都有严格的界定和规范。在科学管理上，发挥规模经营优势，北梯葡萄将具有极大的竞争力。合作社设有技术服务中心和市场营销部，负责葡萄新品种、新技术的推广，组建营销队伍，拓宽产品销售市场，并与客商建立购销关系，搞好葡萄销售期间的协调、服务工作。

3. 发挥品牌优势

标准化生产体系的建立，规模经营形成的区域品牌优势，将无形中提升了产品的附加值。发挥品牌优势，打造大市场，北梯葡萄将打破传统葡萄销售范围始终局限在县（市）两区、凭借社会关系打开的市场状况。合作社将葡萄销往长三角、珠三角等地的大城市，进的是超市而不是农贸市场。这样，合作社面对的是高档消费群体，普通农贸市场卖不了的价在超市中品牌销售顺其自然。

（三）改变劳动方式，增进农民收益

规范、有序的土地流转，为现代农业的规模化和集约化经营注入了发展动力，也为农民带来了实实在在的好处。但是，土地是不可再生资源，是农民长期赖以生存的命根子，土地承包经营制度又是农村家庭经营最基本的制度。因此，土地流转必须以发展和保护农民的利益为取向，要在坚持“依法、有偿、自愿”的前提下，尊重农民的自主权，规范土地流转程序。同时，土地流转的形式要因地制宜，流转过程应循序渐进，尤其要进一步完善收益分享机制，确保农民在土地流转中实现增收，让农民得到实实在在的利益。永济市虞乡镇北梯村在建立葡萄生产合作社的实践中，土地入股把农民从承包土地经营中解放出来，改变了农民的劳动方式，社员享受土地保障金、股权分红和打工工资收入，扩大了农民的就业渠道，增加了农民的收入。

1. 在自己的田里挣别人的钱

十月的北梯，细雨蒙蒙。红白相间的亮丽村委大楼、葱绿的纵横交错的“和谐园”花园、笔直宽阔的马路、排列整齐有序的民居……仿佛都在诉说着新模式下北梯村的变化。

我们到村民师红义家采访。顺着宽高的家门进去，偌大的院子里几乎堆满了摘回来成熟的玉米棒子。一条小狗跑出来迎着我们，随后“快请进来”附带着主人爽朗的笑声传来。主人的热情好客，打消了我们担心采访受阻的疑虑。在主人的介绍下，我们才得知主人名叫师红义，之前在外跑野味采购，儿子在太原开饭店。

“我们在自己地里挣钱了。”当我们问到葡萄生产合作社，对村民生活有什么改变时，他情绪激昂地说道：他儿子在外打工，两口子一年能挣上万元。他一个人种地，种地辛苦赚不了钱，年龄50多了出外打工不现实，他这种现象村子里好多人都是。土地种植收益低，只能权当挣点口粮。而现在，有葡萄生产合作社，不仅土地入股每年可分红，而且还能打点零工挣点钱。在家门口，在自己家地里工作就能挣钱了。

土地入股解放了入股土地的农民。89户农户入股后，有40多名劳动力从土地承包经营中解放出来，从事其他经营；有30多名劳动力常年在合作社内打工，人均年工资收入6000余元。每亩地年收入租金300元，每年12月30日前付清……根据土地流转合同，村民们将享受30年的土地承包经营权租赁费用。根据合同，土地流转后有劳动力的当地农民将转化为农业产业工人，“种自己的田挣别人的钱”将成为现实。打工的农民，每人每月至少有七八百元收入。土地流转后，农民的收入有实质性增长。

常年在合作社打工的村民孙晋学说：“土地入股的办法不但搞活了农村经济，增加了农民收入，而且农民再也不用担心农业种植的风险，葡萄的种植生产每个环节都有专人负责管理，我们只管干好活就行了！现在，我们再也不用背井离乡外出打工，做到了管家收入两不误。同样是干农活我们却能领到工资、赚到红利，真是咱农民增收的好办法啊。”农民不仅“旱涝保丰收”地收取租地金，还可放开手脚地安心外出经商、打工挣钱或在家门口的田间打短工赚钱。“村民现在市场观念很强，不发钱根本不来”，村支书孙国宾微笑着说到。相对于外出打工风险多、农民工弱势群体、被骗、年龄偏大等现状，村民在本村打工方便、放心。许多村民以土地入股到农业合作社，既领工资又得分红。实现了在家门口、在自己田里挣别人的钱。

2.“股权＋红利＋工资”的收入分配方式

秋日的北梯，田间地头随处可见辛勤劳作的人们。10月，在葡萄园基地，农民们正在一丝不苟地摊晒花生……忙碌中露出了无限喜悦。我们碰到了正在摊晒葡萄套种花生的郭红喜。“现在不出外也能打工了”，当我们问郭红喜对葡萄合作社成立后给村民工作带来什么变化时，他边拿木锨摊花生边和我们说到，“一个小时3块钱，接到电话说需要人晒花生就过来了。反正农闲，在家呆也是呆着，出来打工也是一笔不小的收入。”

旁边67岁的黄明贵也深有体会、饶有兴趣地过来交谈。他说到，葡萄基地一年中在花生种植、锄草、浇水、施肥等活需要人做时，村里一般都会通过广播、打电话联系村民来打工。一般来过葡萄基地打工的人，都留下了联系电话，当葡萄基地需要人手时，打电话联系就都来打工了。当问到他是否也有土地入股时，他脸露微笑说到“当然有了，我有4亩地入股了。当初好几家和我置换地都不愿意了”。他又说到，以前自己种地收益不高，每亩地收益不足几百块钱，除去化肥、耕地支出，几乎剩不了多少；包给别人，即使好地一亩地一年才150元。而现在，类似在自己地中种地，不仅每亩地入股补贴300元，而且还另外打工每个小时给3元，一天就20多元了，这种好事，何乐而不为呢……

从去年10月以来，北梯村在村民自愿的前提下，以土地经营权入股，土地集中，统一由北梯葡萄生产合作社，引进社会资本，采取股份经营模式，实行“股权+红利+工资”的收入分配方式，使农民土地得以流转。这片300多亩的葡萄基地，就是北梯村委进行集中流转的，它不仅使当地农民每年每亩稳收300元租金，以后每年每股分红利，而且还可解决40人常年的务工收入问题，每人月务工收入在800元左右。看到如此好的农村建设项目，周边村庄村民也想加入北梯葡萄生产合作社，但理智的村委班子们，计划先把这300多亩葡萄搞好、做出点名头打好基础，再吸收周边村庄的入股合并，最终形成更大规模的合作社。

一年来，北梯村积极调整农业产业结构，因地制宜发展葡萄种植，带来了村民生产方式和生活方式的巨大变化。以前，除200余名劳力常年在外打工，其余村民一直靠种植业维持生计，经济收入十分有限。农村现有的土地经营方式有一定的局限性，对村民来说，地不种荒了可惜，种了效益又不明显，大部分人辛苦一年只能解决温饱问题。而现在，依靠村里的条件，把土地和农民集中起来，发展北梯村自己的养猪、葡萄种植农民专业合作社，从而达到减小投资风险、增加农民收入的目的。土地地租收入的出现，使一部分农民可以通过土地流转轻松获得这两块收入，而且并不比种粮收入低，以至于他们感觉到种地不如租地。

“土地入股，农民分红”，是解放思想的具体体现，是农村改革进一步深化的有益探索。“土地入股”实现了土地的合理流转，既解放了土地，也解放了与土地紧密相连的劳动力。它使土地的利用率和效益大大提高；使劳动力不再依附在有限的土地上，可以放手从事其他经营活动；使进入合作社种地的农民转变为“农业工人”。永济市虞乡镇北梯村部分农民把现有的小面积土地通过流转的方式，入股到农民专业合作社，自己和企业工人一样在合作社的田间上班，既领工资又得分红，双份收入使他们的腰包越来越鼓，成为一群从土里刨出金子的新型农民。而今在孙国宾和股东们发展的300多亩葡萄种植园里，碧绿的葡萄苗，排着整齐的队列，在微风中向人们徐徐招手。葡萄苗下间作的黑花生，郁郁葱葱，生机勃勃。

十月是个丰收的季节。那天，在我们调研的时候，看到路边红透的柿子高挂在柿子树上，红绿相间；成熟的玉米棒子斜搭着，下绿上黄；棉花地中绽放出白色的美丽花朵，白绿相间，整个构成了一道亮丽的丰收风景线，让人无限欣喜。在“北梯葡萄基地”，展眼望去，一大块方平地上绿油油的一片，让人心中豁然开阔。白色的水泥架子矗立在绿色的葡萄叶中，沟横纵错，一排一排葡萄枝叶弯曲直悬，仿佛在向行人诉说它们的无限生机。在葡萄基地中间过道上，有些村民在晾晒花生，成熟饱满的花生被平摊铺在垫子上。几位村民在拿木锨平摊，也有村民在手推二轮车拉花生。走近，我们才发现葡萄生产合作社社长武长俊也在其间摊铺花生。看到我们，武社长一边双手不停地翻弄着刚从地里挖出的黑花生，一边高兴地说：“这种花生是黑花生，这是本地不曾种植过的新品种。黑花生含硒高，是要出口到韩国的。”过了一会，他拍了拍手上的尘土，抹了一把脸上渗出的汗水，一手拄着木锨，一手指着眼前已经初显端倪的葡萄园说，“你看那边都是葡萄基地”。武社长略带兴奋和自豪地指着不远处的葡萄对我们说到，整个葡萄基地所在的月亮沟东西600米、300多亩。“明年，明年这时候你们再来看，这里就会是硕果累累的丰收景象了！”“月亮沟”，多好听的名字，这里寄托了多少代农民摆脱贫困的梦想啊，今天终于要变成现实了。此时此刻笔者仿佛已经闻到了北梯的葡萄浓郁的香甜滋味！

第五章　北梯专业合作社的运作模式

运作模式是指组织在决策、执行、监督、反馈这一过程中反映出的规律，它标志了组织各部分之间隐藏的关系，而这些关系并不必然是图像、图案，也可以是数字和思维。在社会化大生产条件下，在激烈的市场经济竞争中，通过新型合作社，弱小生产者可以抵御资本的压榨和市场的风险，在激烈的市场竞争中保护自己的利益。北梯村组建和发展专业合作社的运作模式，对我国农业在社会主义市场经济体制下加速市场化、走向国际化具有重大的意义。

一、北梯专业合作社的管理机构

管理机构是对人类社会的经济活动进行管理的实施单位。它是根据生产力发展水平和一定社会生产关系的要求而设置的，既是协调和组织生产力的机关，又是代表生产资料所有者行使所有权和管理权的机关。它的设置有两种基本类型：第一种为行政直线制，在这种机构设置中，基层经济单位权力很小，不能对自身的经济活动的后果负责。第二种为社会职能制，经济管理的权限集中于企业。企业是相对独立的经济实体，对自己的经济活动后果负责。北梯新型农业合作社通过设立社员（代表）大会、理事会和监事会来管理合作社的运作事项。

（一）社员（代表）大会

社员（代表）大会最初是适用于社员人数过多、居住地点过于分散、难以召开社员大会地区的基层管理机构。在北梯新型合作社中，社员（代表）大会是生产合作社的最高权力机构，社员（代表）大会行使社员大会的各项职权。社员（代表）大会由全社社员（代表）组成，社员代表由社员选举产生，代表人数不少于社员人数的60%，代表任期5年，可连选连任。

1. 社员（代表）大会的职权

在北梯村的专业合作社管理上，社员（代表）大会是最高权力机构。在合作社成立之初，全体社员就制定了相关制度对社员（代表）大会的地位进行了明确。

社员（代表）大会的职权

第一条　审议、修改章程；

第二条　选举或罢免理事、监事；

第三条　决定增减注册资金和股金转让；

第四条　决定合并、分立、终止、清算；

第五条　审议理事会、监事会工作报告和财务报告；

第六条　决定生产经营方针和投资计划；

第七条　决定社员认购股金总额、每股金额、单个社员认购股金最高份额和从事生产的社员认购股金的最低份额；

第八条　决定重大财产处置；

第九条　决定盈余分配和弥补亏损方案；

第十条　需要社员（代表）大会审议决定的其他重大事项。

2. 社员的权利与义务

北梯村专业合作社在参照其他合作社规章制度的基础上，对本合作社社员的权利与义务等也进行了规定。

社员的权利与义务

第一条　凡从事与本社同类或相关产品，有一定的生产规模或经营、服务能力，具有完全民事行为能力的农民、组织或相关事业的个人，承认并遵守本章程，自愿提出入社申请、认购股金，经社员大会讨论通过，核发社员证，成为本社社员。

第二条　以组织名义入社的社员，其权利与义务由该组织法定代表人负责行使。

第三条　社员的权利

（一）有权参加本社社员（代表）大会，并有表决权、选举权和被选举权；

（二）享有本社提供的各项服务和产品优先交易权；

（三）享有按股金额和交易额参加盈余分配权；

（四）享有民主管理权、民主监督权，有权对本社的工作提出质询、批评和建议；

（五）有权建议本社召开社员（代表）大会；

（六）有权拒绝本社不合法的责任；

（七）有权申请退出本社；

（八）享有本社终止后的剩余财产分配权。

第四条　社员的义务

（一）遵守本章程及本社各项制度，执行社员（代表）大会及理事会的决定，支持理事会、监事会履行职责；

（二）按本社规定认购资金，承担相应责任；

（三）严格履行与本社签订的各项协议和合同，按规定的生产质量标准和要求组织生产、提供产品；

（四）积极参加本社组织的学习、培训等各项活动，积极向本社反映情况，提供信息；

（五）根据社内工作分工，发扬互助协作精神，积极开展生产、经营和服务活动；

（六）维护本社利益、保护本社财产、爱护本社设施；

（七）承担本社认为需要承担的其他责任。

第五条　社员如要退出本社须以书面形式提出，出具责任承担字据，经社员（代表）大会讨论通过后办理相关手续。退社后，其入社股金于该年度年终决算后两个月内退还。如本社经营盈余，可参加盈余分配；本社经营亏损，应扣除其应承担的亏损份额。合作社公共积累不能分配。

第六条　有下列情况之一，经社员（代表）大会批评无效，由社员（代表）大会讨论决定予以除名，并办理退社手续。

（一）不遵守本社章程和各项制度；

（二）不履行社员义务；

（三）其行为给本社名誉和利益带来严重损害；

（四）违反国家法律、法规被依法惩处的。

第七条　社员死亡的，其社员资格和股金，经理事会讨论通过，由其具有入社条件的继承人继承；继承人不愿意入社或者难以继承的，可按照章程规定办理退社手续。

北梯村养猪生产合作社由山西农科院畜牧兽医研究所和永济市畜牧局畜禽改良站为技术依托单位，按照《永济市北梯村养猪生产合作社章程》进行共同生产、经营和服务活动。

（二）理事会

理事会是由代表某一社会团体行使其职权、处理其事务的人员组成的机构，一般由选举产生的理事组成，设有常务理事、理事会主席、副主席、秘书长等职。

1. 理事会

北梯村农业生产合作社的社员代表在经过详细、认真的讨论后，对合作社的管理机构——理事会的职权与职责进行了规定。

理事会

第一条　理事会的职权

（一）组织召开社员（代表）大会，执行社员（代表）大会的决议；

（二）向社员（代表）大会提交需讨论审议的章程、制度、工作计划等有关事项；

（三）讨论决定内部业务机构的设置及其负责人的任务；

（四）讨论决定入社、退社、除名和继承；讨论决定对社员和职员的工资、奖励和处分；

（五）根据本社发展需要为社员提供各项服务；

（六）聘用或解雇本社职员；

（七）管理本社的资产和财务；

（八）履行章程和社员（代表）大会授予的其他职责。

第二条　理事会负责经营本社业务，保障本社的财产安全。如有因渎职失职、营私舞弊等造成损失的，追究当事人的经济责任；构成犯罪的，由司法机关依法追究其刑事责任。理事会应严格执行各项报告制度，按期向社员（代表）大会报告本社生产、经营、服务和内部管理、财务等情况。

北梯理事会是北梯新型合作社的执行机构，负责日常工作，对社员（代表）大会负责。理事会由理事7人（单数）组成，理事由社员（代表）大会选举产生，任期5年，可连选连任。理事会选举产生理事长1人，副理事长2人。理事长（执行理事）为本社的法定代表人。

2. 理事长

理事长的职权如何更有效地发挥，对合作社的发展至关重要。所以，北梯村社员代表大会咨询了有关方面的专家，确定了北梯合作社理事长的职权。

理事长的职权

第一条　主持本社的日常工作，负责召开理事会议；

第二条　根据社员（代表）大会的决定，组织实施年度生产经营计划和生产、经营、服务活动；

第三条　组织拟订本社内部业务机构和各项制度；

第四条　代表本社对外签订合同、协议和契约；

第五条　聘请或者解聘本社财务人员和其他管理人员；

第六条　组织落实本社的各项任务；

第七条　履行社员章程授予的其他职责。

目前，北梯村养猪生产合作社主要管理人员简历如下：

理事长：孙国宾，男，1947 年出生，籍贯：山西省永济市虞乡镇。孙国宾同志于 1976－1980 年担任北梯村村支部副书记，1980－1985 年任北梯村村委会主任和北梯村肉联厂厂长，1985－1994 年任北梯村党总支书记兼北梯牧工商联营公司总经理，1994－1997 年出国经商，1997 年后任山西省芦笋协会副会长并兼任永济市芦笋协会会长，曾任永济市人大常委会委员。在担任北梯牧工商联营公司总经理期间，曾获得国家农业部优秀农民企业家、山西省特级劳模和国家科委授予的“优秀星火企业家”等称号。

副理事长：赵彩萍，女，1957 年出生，籍贯：山西省永济市虞乡镇。赵彩萍同志毕业于山西省委党校，1975 年参加工作，现任永济市交通局纪检组长，曾被山西省劳动竞赛委员会荣记二等功，运城市劳动竞赛委员会荣记一等功，2006 年 5 月受聘北梯养猪生产合作社副理事长。

副理事长：武发家，男，1961 年出生，籍贯：山西省永济市虞乡镇。武发家同志毕业于山西省农业大学，1982 年在永济市畜牧局参加工作，现任永济市物价局副局长兼党支部书记，2007 年 6 月受聘为北梯养猪生产合作社副理事长。

财务总监：张玉成，男，1963 年出生，籍贯：山西省永济市蒲州镇。张玉成同志毕业于山西省财税专科学校，1984 年参加工作，中级职称。现任永济市审计局纪检组长，曾受聘于山西粟海集团财务总监，2007 年 6 月受聘北梯养猪生产合作社财务总监。

（三）监事会

监事会一般是指依照国家法律和公司章程的规定，在有限责任公司和股份有限公司中设立的，对公司的董事会及其成员、经理等管理人员行使监督职能的机构。在上级组织的指导下，北梯合作社社员（代表）大会高度重视监事会这一机构的设置，反复征求社员意见，对监事会工作的开展作出了规定。

监事会

第一条　监事的职权

（一）监督理事对社员（代表）大会决议和章程的执行情况；

（二）监督、检查合作社的生产经营业务、财务收支及盈余分配情况；

（三）监督社员履行其义务情况；

（四）向社员（代表）大会提出工作报告；

（五）向执行理事提出工作建议；

（六）提议临时召开社员（代表）大会；

（七）履行社员（代表）大会授予的其他职责。

第二条　合作社理事、财务负责人及近亲属不得担任监事。

第三条　社员（代表）大会、理事会、监事会决定事项和执行情况，应采取适当形式及时向社员报告。

《中华人民共和国公司法》规定，在股份有限公司和经营规模较大的有限责任公司中设立监事会，其成员不得少于3人。监事会应在其组成人员中推选1名召集人。监事会由股东代表和适当比例的公司职工代表组成，具体比例由公司章程规定。监事会中的职工代表由公司职工民主选举产生。公司中的董事、经理和财务负责人不得兼任监事。在股东人数较少和规模较小的有限责任公司中，可以设1~2名监事。监事是指股份公司的监察人员。监事和董事一样，都由股东大会选出并对其负责。监事不得兼任董事和经理，任期不超过3年，可连选连任。监事会的人选，除了本公司的股东外，还可以是持有本公司股票、债券的其他企业派出的代表，以及社会上的知名人士等。

二、北梯专业合作社的规章制度

规章制度最一般的含义是，要求大家共同遵守的办事规程或行动准则。许多情况下，规章制度也是某一领域的制度体系，当人类不断建立、改变、创新各种制度的时候，制度的综合就形成了社会体制。规章制度的核心本质就是规则，基本作用是规范与约束人们的行为，通过约束人们的行为而促使个人与组织向同一个目标前进。规章制度有以下三个方面的特点：第一，长期性，规章制度是对较长一段时期内的经营管理活动进行规范和约束的文件，规章制度一旦形成，将保持较长时间的稳定性，这一特点将规章制度与其他的相关公文区别开来，比如一事一议的通知、会议纪要以及对于某些尚在探索中的问题的指导意见和建议等；第二，普适性，规章制度是对全部或部分范围经营、管理行为进行规范和约束的文件，规章制度一旦形成将对适用范围之内的所有人员有效，不管职位高低或是权限大小；第三，强制性，规章制度是刚性的，一旦颁布，适用范围内的员工均必须遵守和执行，没有讨价还价和打折扣的余地。北梯新型合作社自成立至今，制定了各项规章制度。经过认真分析、归类，笔者把这些制度分为组织管理制度、财务管理制度、生产管理制度和会议制度。

（一）组织管理制度

组织管理制度是组织为了实现其目标而对组织的计划、激励、控制等管理活动进行规范的制度。建立组织管理制度的基本目的是通过组织管理使组织各部分的活动协调一致，使组织与环境相互适应，从而有效地实现组织的目标。通过考察当地土地环境与农民收入现状，北梯村养猪生产合作社与葡萄生产合作社分别制定了其章程。

1. 北梯村生产合作社章程

为了规范合作社的生产，保护参加合作社成员的合法权益，北梯村在上级领导的支持下，制定了养猪生产合作社和葡萄生产合作社章程，均附录如下。由此，我们可以看见，北梯村专业合作社是如何具体操作的。

北梯养猪专业合作社章程

（2003 年 3 月 13 日，由全体设立人一致通过）

第一章　总　则

第一条　为保护成员的合法权益，增加成员收入，促进本社发展，依照《中华人民共和国农民专业合作社法》和有关法律、法规、政策，制定本章程。

第二条　本社由孙国宾、赵彩萍、武发家、张全民、李玉凤、孙双生、候淑明等人发起，于 2003 年 3 月 13 日召开设立大会。

本社名称：永济市北梯养猪专业合作社

本社法定代表人：孙国宾（理事长）

本社住所：永济市虞乡镇北梯村村民委员会大楼

第三条　本社根据养猪产业特点将与养猪产业相关的饲料生产、猪病防控、沼气生产、元种猪培育、二元猪繁殖、商品猪饲养、商品猪销售等，通过合作方式形成产业一体化，在合作社内部通过专业分工、内部交易，降低交易和生产成本，提高饲养效益，使养猪产业各个环节——合理化和最大化。

第四条　本社以服务成员、谋求全体成员的共同利益为宗旨。实行民主管理、自主经营、自负盈亏、利益共享、风险共担，其盈余主要按成员与本社交易量返还和成员出资额分配两种方式。

第五条　本社对由成员出资、公积金、国家财政直接补助、他人捐赠以及合法取得的其他资产所形成的财产，享有占有、使用和处分的权利，并以上述财产对债务承担责任。

第六条　本社每年提取公积金按照成员与本社业务交易量和出资额依比例量化为每个成员所有的份额。由国家财政直接补助和他人捐赠形成的财产平均量化为每个成员的份额，作为可分配盈余的分配依据之一。

第七条　本社及全体成员遵守社会公德和专业道德，依法开展生产经营活动。

第二章　成员出资及交易额的规定

第八条　本社设立经营股，即合作社经营管理人员以现金出资的方式认购，每10000元为1股，共设20股，（其中理事长5股、副理事长3股、监事长2股、其他管理人员10股）。以其认购股份的多少承担亏损和盈余分配。

第九条　本社设立生产股，即饲料生产、疾病防控、沼气生产、原种、二元、商品猪饲养的单位和个人，以和合作社发生的交易额承担亏损和盈余分配。

第十条　本社对入社的社员实行“六统一分”，即统一管理、统一圈舍、统一供仔、统一供料、统一防疫、统一销售、分户饲养的管理模式，充分调动经营者和生产者两个积极性。

第十一条　本社设置的经营股，经营协议期间（10年），不得对外转让，但合作社社员代表大会罢免的经营管理人员和新选举产生的经营管理人员之间可以相互转让。

第十二条　本社设置的生产股，在协议期间（10年）不得随意退出和停止饲养，对随意退出的生产和饲养人员，必须退回合作社按国家政策扶持所给予的租金和税费减免。

第三章　社员权利与义务

第十三条　社员应遵纪守法，遵守村规民约，有良好的文明道德形象。

第十四条　本社社员享有的权利

（一）有选举权和被选举权；

（二）对本社生产、经营、管理、财务等有知情权、建议权、批评权和监督权；

（三）出席股东代表大会并按章程规定行使表决权；

（四）依照章程规定获取股利；

（五）合作社终止后，依法取得应分配的份额；

（六）合作社章程规定的其他权利。

第十五条　社员承担下列义务

（一）遵守章程和各项规章制度；

（二）合作社成员以其入股额为限对本社承担责任，分担经营风险；

（三）执行社员代表大会的决议和理事会的各项规定，维护本社形象，积极为本社的发展尽职，不做任何有损本社利益的活动；

（四）参加合作社组织的各项社会公益活动；

（五）合作社章程规定的其他义务。

第四章　组织和机构

第十七条　本社实行社员代表大会制度，社员代表大会是本社的最高权力机关。本届社员代表由全体成员和养殖户成员组成，社员代表每届任期5年，可连选连任，社员代表大会每年至少召开1次例会，遇特殊情况或半数股东代表提议，可以召开社员代表临时会议，合作社的经营方针、重大经营决策、年度计划及其执行情况、财务预决算和年终分配方案，都需经社员代表大会审议，2/3以上多数通过。

第十八条　理事会是合作社经营决策机构，对股东代表大会负责。理事会成员由社员代表大会从社员代表中选举产生，理事会由7人组成，设理事长1名，任期5年，可连选连任。

第十九条　理事会的职权

（一）执行股东代表大会的决议、审议和实施合作社发展计划和年度经营计划，审定合作社年度计划执行情况和财务报告；

（二）健全各项经营管理制度，坚持实行社务公开和民主管理，确保集体资产保值增值；

（三）审议理事长关于经营情况和经济效益的报告；

（四）任免和确定管理人员的劳动工资、生活福利等实施原则；

（五）制定合作社利润分配方案，决定收益红利分配方案；

（六）决定合作社内部经营管理机构的设置，提出合作社章程的修改；

（七）股东代表大会授予的其他职权。

第二十条　本社设立监事会，监事会成员由3人组成，监事长1名，副监事长2名。监事会由社员代表大会选举产生，每届任期5年。村干部不得担任监事会成员，监事会人员和理事会人员不得相互兼任。其主要职责是：列席参加理事会，检查监督合作社的经营和财务活动，检查监督集体资产不受损失，检查监督理事会的经营活动，保护社员的合法权益。

第二十一条　理事长为本社法定代表人。

第五章　财务管理

第二十二条　本社实行独立的财务管理和会计核算，按照国务院财政部门制定的农民专业合作社财务制度和会计制度核定生产经营和管理服务过程中的成本和费用。

第二十三条　本社依照有关法律、行政法规和政府有关主管部门的规定，建立健全财务和会计制度，实行每月财务定期公开制度。

财会人员应持有会计从业资格证书，会计和出纳互不兼任。理事会、监事会成员及其直系亲属不得担任本社的财会人员。

第二十四条　成员与本社的业务交易，实名记载于成员的个人账户中，作为按交易量（额）进行可分配盈余返还分配的依据。利用本社提供服务的非成员与本社的所有业务交易，实行单独记账，分别核算。

第二十五条　会计年终时，由理事长按照本章规定，组织编制本社年度业务报告、盈余分配方案、亏损处理方案以及财务会计报告，经执行监事或者监事会审核后交予成员大会，召开15日前，置备于办公地点供成员查阅并接受成员咨询。

第二十六条　本社资金来源包括以下几项

（一）成员出资；

（二）每个会计年度从盈余中提取的公积金、公益金；

（三）未分配收益；

（四）国家扶持补助基金；

（五）他人捐赠款；

（六）其他资金。

第二十七条　本社成员认缴的出资额，须在1月内缴清。

第二十八条　本社向成员颁发成员证书，并载明成员出资额，成员证书同时加盖本社财务印章和理事长印鉴。

第二十九条　本社接受的国家财政直接补助和他人捐赠，均按本章程规定的方法将金额入账作为本社的资金，按照规定用途和捐赠者意愿用于本社的发展。在解散、破产清算时，由国家财政直接补助形成的财产，不得作为可分配剩余资产分配给成员，处置办法按照国家有关规定执行；接受他人的捐赠，与捐赠者另有约定的，按照约定办法处置。

第三十条　本社如有亏损，经成员代表大会讨论通过，用公积金弥补，不足部分也可以用以后年度盈余弥补。

本社的债务用本社公积金或者盈余清偿，不足部分依照成员个人账户中记载的财产份额，按比例分担，但不超过成员账户中记载的出资额和公积金份额。

第三十一条　执行监事或者监事会负责本社的日常财务审核监督。根据成员大会的决定，本社委托审计机构对本社财务进行年度审计、专项审计和换届、离任审计。

第六章　附　则

第三十二条　本合作社执行农民专业合作社法的有关政策法规，并履行各项义务。

第三十三条　本章程与国家法规相抵触时，按国家的法律、法规执行。

第三十四条　本章程解释权属本理事会。

第三十五条　本章程自第一届第一次社员代表大会通过之日起生效。

2008年9月7日

永济市北梯葡萄生产合作社章程

第一章　总　则

第一条　根据《中华人民共和国农村土地承包法》，为稳定农民土地承包权，搞活经营权，提高土地产出率，促进农民增收，特制定本章程。

第二条　本合作社宗旨：积极探索农村集体承包土地流转机制，促进土地资源的优化配置，提高土地使用价值和经济效益，充分发挥集体经济组织及社员两个积极性，保护农民长远利益，增加农民经济收入。

第三条　名称：永济市北梯葡萄生产合作社（以下简称合作社）

第四条　地址：永济市虞乡镇北梯村

第五条　性质：股份合作

第六条　经营范围及方式：从事农业生产，实行规模经营。

第七条　本社实行独立核算、自负盈亏、自主经营、自我约束、民主管理的机制。

第二章　股份设置与管理

第八条　本社设置以农村土地承包经营权入股的土地股（优先股）和合作社经营管理人员以现金入股的经营权进行合作经营。本社实行“民办、民管、民受益”的管理方式，年终以股权分配红利。

第九条　本社对入股土地所有权认定以该土地所属村、组集体经济组织分地名单和土地承包合同为依据，并张榜公布一星期，确定无争议后签订土地入股合同。

第十条　土地股以农民流转给合作社的土地面积多少来确定，每1亩土地为1股。经营股以被选举为合作社理事会成员，并根据该成员在合作社承担责任大小、分配股权所缴纳的现金数额来确定，每300元为1股。合作期限暂定为10年。

第十一条　本社以土地承包经营权入股的社员共89户，入股土地面积273亩，折合273股。本社由社员代表大会选举的理事会成员7人，监事会成员3人，理事长、社长、监事长每人90股；副社长2人、副监事长2人、技术顾问1人，每人70股；会计、出纳每人40股，保管员37股。合作社共设土地股、经营股共计1000股。

第十二条　土地股权在承包期限内可以继承，但不得转让、抵押。土地股、经营股在入股协议期内不得退股。

第十三条　土地股、经营股入股完毕，本社对持股者签发股权证书，采取记名形式，作为股份持有者的股权证明和分红依据。

第三章　社员权利与义务

第十四条　社员应遵纪守法，遵守村规民约，有良好的文明道德形象。

第十五条　本社社员享有的权利

（一）有选举权和被选举权；

（二）对本社生产、经营、管理、财务等有知情权、建议权、批评权和监督权；

（三）出席股东代表大会并按章程规定行使表决权；

（四）依照章程规定获取股利；

（五）合作社终止后，依法取得应分配的份额；

（六）合作社章程规定的其他权利。

第十六条　社员承担下列义务

（一）遵守章程和各项规章制度；

（二）按规定入社社员必须自愿流转土地给合作社，以其入股额为限对本社承担责任，分担经营风险；

（三）执行社员代表大会的决议和理事会的各项规定，维护本社形象，积极为本社的发展尽职，不做任何有损本社利益的活动；

（四）参加合作社组织的各项社会公益活动；

（五）社员不得随便抽回入股土地；入股协议到期后，退股土地必须服从统一规划与调整；

（六）合作社章程规定的其他义务。

第四章 组织和机构

第十七条 本社实行社员代表大会制度，社员代表大会是本社的最高权力机关。本届社员代表共设30名，社员代表以村民小组为单位，由拥有土地承包权入股的农户直接选举产生，村委会干部为社员代表，社员代表每届任期5年，可连选连任，社员代表大会每年至少召开1次例会，遇特殊情况或半数股东代表提议，可以召开社员代表临时会议，合作社的经营方针、重大经营决策、年度计划及其执行情况、财务预决算和年终分配方案，都需经社员代表大会审议，2/3以上多数通过。

第十八条 理事会是合作社经营决策机构，对股东代表大会负责。理事会成员由社员代表大会从社员代表中选举产生，理事会由7人组成，设理事长1名，任期5年，可连选连任。

第十九条 理事会的职权

（一）执行股东代表大会的决议，审议和实施合作社发展计划和年度经营计划，审定合作社年度计划执行情况和财务报告；

（二）健全各项经营管理制度，坚持实行社务公开和民主管理，确保集体资产保值增值；

（三）审议理事长关于经营情况和经济效益的报告；

（四）任免和确定管理人员的劳动工资、生活福利等实施原则；

（五）制定合作社利润分配方案，决定收益红利分配方案；

（六）决定合作社内部经营管理机构的设置，提出合作社章程的修改；

（七）股东代表大会授予的其他职权。

第二十条 本社设立监事会，监事会成员由3人组成，监事长1名，副监事长2名。监事会由社员代表大会选举产生，每届任期5年。村干部不得担任监事会成员，监事会人员和理事会人员不得相互兼任。其主要职责是：列席参加理事会，检查监督合作社的经营和财务活动，检查监督集体资产不受损失，检查监督理事会的经营活动，保护社员的合法权益。

第二十一条　理事长为本社法定代表人。

第五章　财务制度和收益分配

第二十二条　土地股第一年（2008 年）每股优先分配 200 元，从 2009 年开始每年优先分配 300 元，优先分配资金进入合作社成本。

第二十三条　按照现行村级集体经济组织的财务制度，建立规范的合作社会计制度，实行财务公开。贯彻勤俭办社、民主理财的方针，开支要有预算，严格审批制度，正确处理积累和分配的关系，严格控制非生产性开支，杜绝铺张浪费。

第二十四条　合作社主要收入来源为生产经营性收入，支出主要有土地优先股支出和经营过程中实际发生的生产费用（水电费、化肥和农家肥费用、劳务费、农药费用等费用）、销售费用、管理费用。本社的可分配收益是本社的总收入减去总支出的余额，按照股份比例进行分配。

第六章　附　则

第二十五条　股份合作社执行省市农村承包土地管理的有关政策法规，并履行各项义务。

第二十六条　本章程与国家法规相抵触时，按国家的法律、法规执行。

第二十七条　本章程解释权属本理事会。

第二十八条　本章程自第一届第一次社员代表大会通过之日起生效。

2008 年 5 月 30 日

2. 变更、终止、清算制度

北梯村合作社的社员代表还对合作社的运作进行了客观分析，考虑其未来发展以及可能出现的状况，制定了合作社的变更、终止和清算制度。

变更、终止、清算制度

第一条　合作社名称、住所、法定代表人、注册资金、股金结构、经营范围等发生变化时，须向工商行政管理机关申请办理变更等相关手续。

第二条　合作社遇下列情况之一，应及时向工商行政管理机关办理注销手续，予以终止：

（一）合作社规定的营业期限届满后不再继续生产经营的；

（二）合作社社员（代表）大会决议解散的；

（三）合作社合并或分立需要解散的；

（四）合作社违反法律、行政法规被依法责令关闭的；

（五）不可抗力事件致使合作社无法继续经营的；

（六）合作社宣告破产。

第三条　合作社决定终止后，由社员（代表）大会选出3人组成清查小组，对本社的资产和债权、债务进行清理，并制定清偿方案报社员（代表）大会批准。合作社共有资产按下列顺序清偿：

（一）支付清算费用；

（二）支付所欠职员劳动工资；

（三）交纳所欠税款；

（四）抵偿债务；

（五）按社员认购股金比例分配剩余财产。清算完毕后，应及时向社员公布清算情况，并向工商行政管理机关申请注销。

第四条　在合作社发生变更或终止行为后，理事会应在1个月内向社员宣布，并报农业（农经）主管部门备案。

（二）财务管理制度

财务管理制度是指财务工作应遵循的规则、方法、程序和标准等的总称。一般由国家和地方财政部门根据一定时期的具体情况和条件制定。其内容包括企业、机关、事业单位和其他经济组织的一切财务收支活动的规则和章程。北梯村专业合作社在建立伊始，也建立了带有企业管理性质的一系列财务管理制度。

1. 财务审批制度

财务审批是财务活动的基础，规范的财务审批对北梯村合作社的运作具有举足轻重的作用。

财务审批制度

财务审批必须按照“项目有预算、支出有计划、报销按规定、审批一支笔”的原则，进行严格的核查审批，杜绝任何无计划、违规章、超标准开支，为此，特制定如下制度。

第一条　计划控制

合作社每年年初根据本年度发展和经营规模、生产任务、利润指标对本年度将发生的各类费用和其他开支编制财务预算、费用计划表，交理事会会议讨论，经理事长批准后，严格执行，责任落实到各具体职能部门。

第二条　预算控制

合作社进行技术改造、扩大规模等需增添固定资产，必须由有关职能部门作出预算，向理事长提出申请，经理事会会议研究批准。

第三条　一支笔控制

合作社的费用计划和计划开支由理事长通过理事会研究批准。计划费用支出由分管理事根据理事长的批文审批。财务科审查同意后列支，有违规开支从当事人的工资中按1.5倍金额扣除。

2. 财务管理制度

财务管理贯穿于合作社所有经营、管理活动的始终，财务管理的开放、科学、规范是合作社追求的宗旨。

财务管理制度

第一条　现金管理

（一）现金收支要逐笔记账，当日事，当日清，天天清库。

（二）分管财务的理事要每月清查库存，监事每季度清查1次库存。

（三）理事长可随时抽查，不准白条顶库，不准超支挪用，错款、错账必须当天向分管理事报告，3日内查清纠正，否则由出纳员负责，库存限额不超过10000元，超过及时送交银行。

第二条　财产管理

购置固定资产和低值易耗品，由会计直接记账，分别按国家规定处理；零星购置，坚持先入库后领用制度，财产保管逐笔登记。

第三条　工资管理

固定工资按月记账，大包干每月结算记账，杂工工资要有明细。实行平时借支、年终兑现，但每次借支不能超过本人的工资额。

3. 财务人员管理制度

财务人员是财务管理工作的核心，北梯新型合作社要求其财务人员不仅要有专业知识，而且要有责任心与对合作社的感情。

财务人员管理制度

财务管理人员必须认真履行以下职责：

第一条　负责各经销点的产销、存单据的传递和数据核对。

第二条　负责督促货款回笼及银行未达账项的核实清查，负责零星费用审核报销和单据传递。

第三条　负责合作社纳税申报及其他对外报送资料工作。

第四条　负责合作社固定资产管理工作。

第五条　负责协调各经销点工商、银行、税务、物价等部门的工作关系。

第六条　负责制定、分解、落实、监督、反馈各经销点财务预算。

第七条　负责临近经销点的资金回笼，监督各经销点贯彻、落实合作社的经营决策、经营政策情况。

第八条　负责合作社经营部门会计原始票据和财务信息单据的收集、整理与审核。

第九条　负责宣传财务会计政策制度，保障各项制度的贯彻落实。

第十条　负责完成领导安排的其他工作。

4. 盈余分配制度

盈余分配与社员利益直接相关，能否实现社员利益最大化与合作社的目标密切相关。为了保障全体社员的合法权益，北梯村也制定了盈余分配的制度。

盈余分配制度

第一条　扣除当年生产成本、经营支出和管理服务费用，年终盈余按下列项目顺序分配和使用：

公积金，按盈余一定比例提取，用于扩大服务能力、奖励及亏损弥补；

公益金，按盈余一定比例提取，用于文化、福利事业；

风险金，按盈余一定比例提取，用于本社的生产经营风险；

盈余返还，提取公积金、公益金和风险金后，按交易额和股金额进行统筹分配。

上述分配项目、提取比例和分配数额，由理事会提出方案，经社员（代表）大会讨论决定后实施。

第二条　合作社独资或与外单位联合兴办的企业实行独立核算。合作社作为产权单位行使监督权，享有收益权。

第三条　合作社如有亏损，经社员（代表）大会讨论通过，可用风险金、公积金弥补；风险金、公积金不足以弥补上一年度亏损的，可以用以后年度盈余弥补；因弥补亏损所减少的资金，社员（代表）大会应酌情规定补充的办法和期限。

第四条　合作社财会人员实行持证上岗，会计和出纳不得相互兼任，理事、监事及其近亲属不得担任本社的财会人员。

第五条 合作社根据社员（代表）大会决定和监事要求，可委托农业（农经）主管部门进行年度审计和专项审计。

（三）生产管理制度

生产管理制度是对企业日常生产活动的计划、组织、控制以及与产品制造密切相关的各项管理工作相关事宜的规定。具体地说，是根据统一的经济指标，编制生产作业计划，通过对各种生产要素和生产过程的不同阶段、环节、工序的合理安排，使其在时间上、空间上平衡衔接、密切配合，结成一个协调的系统，在行程最短、时间最省、耗量最少的条件下，按照计划规定的品种、质量、数量、交货期等生产出市场所需要的产品。

1. 北梯养猪生产合作社承诺书

经过专家论证，结合社员实际养猪经验，北梯村养猪生产合作社还制定了保障养猪质量的承诺书。

北梯养猪合作社承诺书

第一条 要严格执行防疫计划，不断完善防疫制度。

第二条 进猪时严格按照动物防疫法要求，不从疫区购猪，对购进的仔猪要及时报检，并做好免疫档案，加施免疫标志。

第三条 不添加瘦肉精及任何违禁药品和对人体有害的其他化学制品。

第四条 对病死猪及其排泄物和被其染疫的所有物品都要在畜牧兽医部门监督下进行无害化处理。

第五条 做好消毒工作，严格按照消毒制度，定期对猪舍及其用具进行消毒，不留死角。

第六条 出栏时及时到当地畜牧兽医部门报检，并持检疫合格证明出售。

第七条 发现猪群有异常情况及时报告畜牧兽医局。

第八条 自觉接受畜牧兽医局等部门的监督检查。

第九条　按照《动物检疫法》的要求，执行国家标准，建立合格养殖场。

第十条　坚决做到遵纪守法、规范经营、食品安全、绿色健康、产品质量源头追溯，为建设标准化养殖小区贡献力量。

2. 北梯养猪合作社技术服务条例

北梯养猪生产合作社依据合作社章程的有关条款，努力规范技术服务指导程序，提高技术服务质量。

北梯养猪合作社技术服务条例

为促进养猪产业健康、有序、科学地发展，特制定本技术服务条例。

第一条　技术依托

合作社技术依托为山西省农科院畜牧兽医研究所及国内有关养猪产业研究单位。

第二条　技术组织机构的设置

（一）合作社组建专家组，下设技术人员若干。专家组要聘请养猪、防病等方面的专业技术人员。

（二）技术员要在专家组指导下开展工作。

第三条　技术转化及技术服务

（一）每年组织1－3次外地养猪专家座谈会，通过实地考察，与养殖户交谈，就养猪生产中存在的问题，提出解决办法，制定技术管理细则，交各养殖户参照执行。

（二）合作社社员接受专家组的技术协作与指导，并可享受全面技术服务。

（三）合作社聘请的技术人员，每年在合作社的服务时间不少于6个月，主要任务是将技术管理的主要环节贯彻到社员中去，并把执行情况反馈到专家组。

（四）专家组设立技术服务电话，提供技术信息电脑及养殖生产科技图书，随时解答各养殖户提出的问题。

（五）专家组每月组织 1 次技术培训会，解决日常技术问题，每月培训会检查上月工作，安排下月的生产管理重点。

第四条　技术服务的考核与奖励

（一）会员交纳技术服务费，获得相应的技术服务，若技术服务不到位，社员可直接向合作社反映，合作社根据情况及时做出调整。

（二）技术人员根据个人工作情况，可获得年酬薪，对技术服务到位、社员反映良好、经合作社考核成绩突出的技术人员，合作社将给予奖励。

（四）会议制度

会议制度是指规定定期或不定期地举行会议，按照一定时限、次数、参加人、主持人、内容等规程，研究解决提请会议讨论问题的制度。

1. 社员会议制度

社员是合作社的主体，合作社的重大问题都必须经社员代表大会的开会讨论。

社员会议制度

第一条　社员（代表）大会每年至少召开 2 次，遇到下列情况之一，可以临时召开社员（代表）大会：

（一）1/4 以上社员或 1/3 以上社员代表提议；

（二）监事提议；

（三）理事会认为有必要的。

第二条　社员（代表）大会应当有 2/3 以上社员（代表）出席方可召开。

第三条　社员（代表）大会表决实行一人一票方式（或按股金额实行一人多票方式，但单个社员最多不得超过总票数的 20%）。

第四条　社员因故不能到会，可书面委托其他社员（代表）

代理，一个社员（代表）最多只能代理2名社员（代表），各项决议须有出席会议的2/3以上的社员（代表）同意，方可生效。

第五条　召开社员（代表）大会前，理事会需提前5天向社员（代表）书面报告会议内容，否则社员（代表）有权拒绝参加。

第六条　理事会是社员大会的常设机构和执行机构，负责日常工作。对社员（代表）大会负责。理事会由7人组成，理事由社员（代表）大会选举产生，任期5年，可连选连任，理事会选举产生理事长1名，副理事长2人，理事长为本社的法定代表人，设监事会，监事长1名，副监事长2名，每届任期5年。

第七条　每年年终审议监事工作报告。

2. 理事长会议制度

在遵照执行合作社章程有关规定的基础上，北梯合作社制定了理事长会议制度，保证了决策的民主性。

理事长会议制度

第一条　除紧急情况下，合作社召开理事会须于会议召开3日前以书面或电话形式通知全体理事；

第二条　如因不可抗拒的紧急情况致使1/2以上的理事无法到会时，会议主持人可以更改会议时间；

第三条　会议主持人必须对会议内容事先做好准备；

第四条　当1/2以上的理事到会，会议主持人必须遵照事先通知的开会时间进入会议议程，不能因其他理事迟到而延误开会时间；迟到的理事对于本次会议已研究的事项视为弃权，不能再有非议；

第五条　对于本人不能参加会议又不委托代理人参加会议的理事视为弃权，对于在1年时间内有3次会议弃权的理事由理事会提交股东会研究处理。

第六条　对争议较大，会议通过表决形不成决议的事项，提交股东会讨论决定。

3. 监事工作制度

监事会监督作用的发挥，离不开一套行之有效的监事工作制度，这样，合作社才能够健康运转。为此，北梯合作社制定了监事工作制度，对监事提出要求。

监事工作制度

第一条　监事要努力完成社员大会赋予的工作任务，遵守社员大会制定的工作制度，服从社员大会的决议和工作安排；

第二条　监事对合作社的财务要做到每月检查一次，必要时随时查询，并根据检查情况向理事会或理事长提出纠正要求和改进意见，必要时提交社员大会讨论；

第三条　监事要认真履行每年年度的财务审计职能，并将全面审计结果向社员大会作出书面汇报；

第四条　监事由于敢于揭露问题遭到当事人打击报复，可提交理事长或者提议召开社员大会处理；

第五条　监事长期不作为、回避矛盾、不关心合作社的经营或者与违法行为同流合污，全体社员都有向理事长反映的权利，并通过社员大会给予惩罚和免除其监事职务的处理；

第六条　监事每年年度终结要向社员大会提交本年度监督检查工作报告，交社员大会审议。

经研究，笔者认为，北梯新型合作社因其成立时间短，在有些制度上还不是特别完善，比如，在生产管理方面，需要根据合作社的发展，制定更详尽的管理办法及收购营销方案。

三、北梯专业合作社的运行

运作模式是通过对客观事物内外部机制直观而简洁的描述，可以向人们提供客观事物的整体内容。如何完善其内在步骤则根据我们遇到的不同情况进行疏导，最终达到理想的目的。各个学科和行业均有自己固定模式，但任何模式都是在不断发展和创新的。我们认为，北梯村合作社的发展模式不仅指以带有企业性质的专业合作社与农户以签约形式建立互惠互利的供销关系，还包括合资、入股的紧密型联合，也包括不受合同约束的松散型联合，并没有改变土地集体所有的性质，同时合作社的经营范围也确保了土地用途没有发生改变，只是引进公司制管理的方法来保障并增加农民土地承包权益。

（一）北梯合作社的运行机制

北梯运作模式是根据北梯资源、农业生产的特点、生产力发展水平及农民素质等综合分析而选择的适合当地发展的模式，通过合同提供制度保障把各利益主体联结成利益共同体，推进农业商品化、市场化进程的产业化经营则是可行之选。根据分析，北梯模式的现实选择是随着农业产业化发展阶段而逐步发展的。

1. 合同式是北梯农业产业化处于起步阶段的组织形式

因为在产业化初始阶段，体制转轨和经营机制的转换是农业的中心任务，其关键是广大农户的决策和经营行为要转变为以市场为导向、按照市场需求组织生产经营的活动。农户个体的小规模生产已经远远不能适应市场要求，小生产与大市场严重脱节。首先，分散的小农户势单力薄，难以形成规模经济，无力抵御市场竞争、市场需求变化带来的巨大风险。其次，分散的农户组织化程度低、对市场缺乏了解，直接进入市场交易费用高昂，并且在交易过程中往往处于不利的谈判地位。单个农户缺乏获得市场信息的有效渠道，缺乏对信息进行分析、过滤、判断、选择的能力。因此农户对市场信息反应微弱和滞后，往往是跟着感觉走。前些年出现的农户对某种农产品一哄而上、一哄而散的局面就是最典型的反映。由此可见，在这一阶段，农户迫切需要的是一个能引导其生产、帮助其销售，从而避免市场风险的组织。通过合同方式的联结，使企业一头连接农户，一头连接市场，实现了小生产与大市场的对接。企业充当媒介的作用，降低了农户生产和经营的不确定性，在一定程度上降低了农户的信息成本，农户的市场交易风险也大大降低。

2. 合作式是北梯农业产业化处于发展阶段的组织形式

在合同联结方式下，企业与农户签订有效合同，一定程度上保护了农民的利益，提高了农民的收益，但这种模式也有其自身的缺陷。首先，利益分享机制不健全。由于企业和农民是两个完全独立的利益主体，双方必然追求各自利益的最大化，而农户在经营上虽具有独立性，但仍然是分散的利益主体，处于相对弱势地位，无法维护自己的利益。其次，风险分担机制不健全。由于农业独特的性质，农户不仅面临着千变万化的市场风险，而且面临着自然风险，在大多数合同式联结方式里，这一风险往往只有农户来承担。再次，在合同式利益联结方式里，企业与农户之间易出现相互机会主义动机。由于企业与农户间缺乏有效的利益联结机制与风险制约机制，当市场价格高于双方合同规定的价格时，农户就会产生违规动机；反之，企业也会做出同样的反应。农业产业化发展到一定阶段后，以上缺陷促使合同式利益联结方式向更高层次的联结机制发展。农民合作社应运而生。它通过中介作用有效维护农民利益，节省双方交易成本，降低机会主义风险。在这一阶段，农业产业化经营已初步稳定，农民已经意识到产业化经营的优越性，但不愿再让企业拿走大部分利润，开始寻求维护自己利益的方式。因此，此时产业化经营的主要目的还停留在把分散的农民组织起来并带动农民增收这一层次上。合作社是真正意义上农民自己的组织，与农户在根本利益上是一致的，代表入社社员利益。农户通过合作社改变在市场竞争中的弱势地位，在市场中的谈判地位得以提高。农户通过自己的组织实现了在与企业的合作中获得更多的利润。另外，由于合作社的成功常常得益于在合作组织内成员之间的相互了解和信任，所以合作组织能够在一定程度上对分散农户的机会主义行为进行监督和约束，而由于合作社的存在，企业也不敢再轻易违约。

合作社也可以通过在自己组织内部发展企业来实现产业化经营。作为企业的合作社能够使成员共享大型农用生产资料，采用农业科技成果提高农产品的科技含量，从而提高农业生产率和农产品附加值，形成产品的市场竞争优势。合作社还可积累资金帮助农民应对意想不到的自然灾害，使农业的自然风险损失大大降低。另外，合作社的成立，培育了农民的营销能力和合作精神，增强农民的民主意识与参与意识，提高了农民自我组织、自我服务、自我管理、自我教育的能力，为农业产业化向高级阶段发展提供了高素质主体。

3. 股份式是农业产业化发展到高级阶段的必然选择

一方面，无论是合同式还是合作式利益联结机制，企业一次性买断产品，农民根本不知道自己的产品被买走后的命运和用途，更无法去获得产品加工后带来的利润，但在股份式利益联结机制中，农户作为企业的职工和农产品的所有者，以农产品原料和加工品所有者的身份两次实现价值，获得较高的利润回报。另一方面，将农户纳入到企业生产经营中去，使更有效地节约交易费用成为可能。

综上所述，北梯新型合作社在农业产业化发展初期，所要承担的主要任务是连接农户与市场，当农户与市场通过企业实现有效对接以后，农户与企业之间形成相对稳定的利益联结关系，农户不再为市场发愁，此时所面对的主要问题是农民如何通过产业化经营获取最大利益。当农户通过产业化经营各方面素质得以提高之后，农户便会从利益分享阶段走向利益独享阶段，股份式联结便是这一阶段的形式。总之，北梯模式是一个由低级向高级发展的动态过程，不同的产业化发展阶段应采取不同的利益联结机制，由低级向高级不断推进。

（二）北梯合作社运行的原则

北梯专业合作社与农户利益关系发展的基本思路是：遵循现代农业发展规律，建立按市场化运作的“利益共享、风险共担”利益机制；联结方式逐步由以合同式等半紧密型联结为主，经过合作式的过渡，向股份式等紧密型联结为主转化；农业产业化各利益主体实行产业链管理，构建具有北梯特色的多元化利益共同体；形成多种形式并存、渐进式推进的格局。

1. 带动性原则

企业带动农户，重要的是要靠利益纽带去带动。企业与农民之间，不能局限在一般的买卖关系上，而应从经济或生产关系上形成产业链，成为真正的利益共同体。通过建立“利益共享、风险共担”的利益联结机制，保护农民利益同时又维护企业利益，使之形成互惠互利、同舟共济的关系。分散的农户是市场经济中的弱势群体，保护农户利益与提高农户抗风险能力相结合，是建立稳定利益机制的基础，也是提高农业综合竞争力的关键。参与农业产业一体化经营的农户分享部分加工、销售利润是以企业与农户相互需要为基础的共同利益的必然结果。农业产业化经营系统的利润是多元参与主体共同创造的，不能简单地看成企业的独家利润。市场经济条件下，一切企业和农户的经济活动都以利益最大化为目的，只有存在共同利益，并使总体和个体的利益最大化，农业产业化的不同产业组织之间的联结才有可能。

“企业 + 农户”模式就是在农业产业化的组织制度安排下，通过市场交换关系，来达到整个农业产业的“风险共担、利益均沾”，实现农业产业化资源的优化配置。由此看来，农业产业化的利益机制实际上有两个重要方面：一是市场交换关系；二是“风险共担、利益均沾”的利益共同体，这两方面相辅相成，缺一不可。其中“风险共担、利益均沾”是“企业 + 农户”的基本原则，只有企业与农户等参与主体结成利益共同体才算是真正的农业产业化，因为农业产业化经营的本质在于利益一体化。农业产业化经营系统的企业具有多层次的优势，在贯彻“共担”与“共享”原则、建立有效的运行机制、合理分配运营利润方面负有“中心”责任，但是不能也无权垄断利益分配，这要靠组织、制度、机制来保证。利益机制包括两个方面：利益的创造和利益的分配，利益的创造贯穿于农业产业化的主过程，它来自于流通和生产两个领域，利益的创造是分配的基础；而利益的分配又影响利益的创造，是利益机制的关键。

2. 市场导向性原则

企业与农户之间选择什么样的利益联结机制应以市场为导向，由企业与农户自主决定。利益关系由非市场关系转为市场关系，是农业产业化高层次发展的必然选择。农业产业化经营中，企业与农户之间采取什么样的利益联结机制，应根据当地生产力发展水平由双方自主选择，并在长期的分工与协作中逐渐确定，政府不应用行政手段进行干涉。政府要培育市场体系，为形成产业化经营的利益联结机制创造良好的外部环境。农业产业化的关键既然是一种经济利益关系问题，必然涉及产权问题、所有制结构问题，政府应积极推动农业产业化各个实体环节的产权改革，通过改革明晰产权关系，建立协调的利益机制。

3. 产业链管理原则

实施农业产业链管理是强化企业与农户全方位联结的一条有效路径。农业产业链管理是将农业生产资料供应、农业生产、加工、储运、销售等环节连接成一个有机整体，并对人、财、物、信息、技术等要素的流动进行组织、协调与控制，以期获得产品价值增值的活动过程。通过农业产业链整合，可以增强企业与农户之间信息、价值和物流的沟通与协调，增加农产品的附加值和竞争力。

4. 多种方式并存、渐进式发展原则

企业与农户的各种利益联结方式都有其优缺点，各种方式可以同时并存。企业与农户利益联结机制设计的合理与否决定着模式运行的生命力，只有基于市场经济规律，建立互惠互利、共同发展的内在运行机制，才能有长远的发展。企业与农户选择哪种形式为宜，要以当地生产力发展水平、具体条件和实际需要而定。可以同时运用多种利益联结方式，可以是较松散的信誉式市场交易利益共同体，也可以是通过书面合同建立起来的合同式利益共同体，还可以组成合作式或股份式利益共同体，进而形成有机结合的农工商型或农商型产业链。

(三) 北梯合作社运行的效果

北梯葡萄生产合作社的成立依据《中华人民共和国农村土地承包法》，是农户以土地入股的方式，实行集约化、规模化经营的合作经济组织。它以稳定农民土地承包权、搞活经营权、提高土地产出率、促进农民增收为目的。同时，合作社实行独立核算、自负盈亏、自主经营、自我约束、民主管理的机制。

北梯葡萄生产合作社致力于抓好规范工作，做到了“六个化”：

第一，建立健全各项制度，促使管理规范化。规范监事会、理事会、社员（代表）大会制度，进一步坚持和完善民主管理；建立和完善财务管理制度，做到单独建账、独立核算、专人管账、与村账分开，同时严格控制非生产性支出，并实行财务公开，原则上每季度理事会将上期财务情况向社员公布，年终向社员（代表）大会报告；建立合作社积累机制，在合作社收益部分按照一定的比例提取公积金、风险金，以不断增强合作社实力；依法动员和组织社员入股，建立股金制度。

第二，分工较为细化，推进内部组织健全化。为了有效地组织生产，提高合作社内部的组织化程度，北梯新型合作社内部分工比较明确，搞管理的、信息的、营销的、技术的和财务的，都由专人负责，各司其职，互相配合，形成一个分工比较细化的紧密体。

第三，严格技术规程，着力推行生产标准化。2007 年在技术质量监督部门和农林部门的配合下，北梯专业合作社被列为永济市农业标准化生产示范基地，制定了产品质量和生产技术规程，并将其技术要求印成小册子发放到农户，要求各农户严格按照技术规程进行操作，及时做好记载。合作社还建立了标准化生产技术指导组，按自然组或农产品品种设立了若干指导小组，有利于确保产品质量，提高产品的市场竞争力，实现农产品安全与社员增收的有效结合。

第四，强化服务，努力提供服务系列化。合作社紧紧围绕

“三个统一”，为社员提供了全方位的服务，受到了广大社员的好评。统一建设标准化示范基地，开发、引进、试验和推广新品种、新技术、新设备、新成果；统一制定并组织社员实施产品生产质量标准，组织开展社员生产经营中的技术指导、咨询、培训和交流等活动，向社员提供生产技术和经营信息等资料；统一开展社员需要的法律、保险、贷款等服务和文化、福利等其他事业。

第五，加强销售工作，强化营销市场化。搞好销售是合作社服务社员、实现社员利益最大化的重要环节。一方面是在坚持标准化生产的基础上，农产品由合作社组织统一销售，严格统一包装和质量标准，确保产品的品牌质量；另一方面除了加强常规销售外，合作社还研究制定、销售办法，组建产品直接销售网络，积极开拓市场，让产销双方直接见面，搞展销、促销和联谊推介等活动，实现和高端市场接轨。

第六，充分利用现代科技，实施信息化。在运城市科技局等部门的帮助、支持下，北梯村被列为永济市新农村建设信息化示范村，合作社配备有电脑、数字电视，实现了信息网络化，及时地为农民提供科技信息、市场销售信息等服务，取得了良好效果。

今天，当我们进入村委大楼，只见宽敞的大厅，雪白的墙壁、雕刻精美的花纹与欧式屋顶浑然一体，古朴、典雅中呈现一座转角楼梯，通往二层的方向。大厅向右第一个房间是科技资料室，窗明几净，房间右上角靠窗户的地方是一台崭新的电脑，由运城市科技局配备，会计正在整理合作社材料；紧挨着电脑的是文件柜，里面整齐地摆放着合作社的章程、简介等资料；左边是桌子和若干椅子。与科技资料室相邻的是科技活动室，一进去首先看到的是一排排崭新的桌椅，也是由运城市科技局配备。科技活动室的墙上挂满了合作社的机构设置、北梯养猪生产合作社技术服务条例、北梯养猪生产合作社章程、民主决策制度、农廉工作“四三”机制、农村基层干部述职述廉制度、农村干部廉政谈话诫勉谈话制度等。正是这样规范化的管理，使北梯村在山西省社会主义新农村建设中脱颖而出。

第六章　制度创新带来的变化

党的十六届五中全会正式提出了建设社会主义新农村的重大历史任务，几年来，在党的政策引导和各级政府的大力支持下，社会主义新农村建设浪潮在全国各地得到了广泛的开展和实施，一大批社会主义新农村建设先进典型不断涌现出来，广大的农村地区发生了巨大的变化，迎来了新的发展机遇。作为社会主义新农村建设大潮中的一员，北梯村在上级政府部门的引导和支持下，几年来，村支部书记兼村委会主任孙国宾带领全村人民通过不断的摸索和实践，按照“生产发展、生活宽裕、乡风文明、村容整洁、管理民主”的要求，不断推进本村的经济、政治、文化和社会建设，逐步探索出了一条符合自身实际情况的社会主义新农村建设之路，并取得了初步的成效，实现了村庄的“新气象、新风貌”，显示出了社会主义新农村建设强劲的活力和旺盛的生命力。2007 年北梯村被永济市委、市政府评为“2006 年度社会主义新农村建设示范村”，2008 年又被评为“2007 年度社会主义新农村建设先进单位”。

一、管理更加民主

管理民主就是要在农村党组织的领导下，健全和完善民主选举、民主决策、民主管理、民主监督等村民自治机制，不断提高农民群众的自我教育、自我管理能力，使广大农民群众确实拥有知情权、参与权、选择权、监督权，真正让农民当家做主，不断推进农村民主法制建设。新农村建设以来，北梯村着力构建和谐的干群关系，进一步发展基层民主建设，使村民的民主参与和民主决策渠道不断得到拓宽，极大调动了村民的参与热情，确保了社会主义新农村建设中农民的主体地位。

（一）领导干部恪尽职守

长期以来，干群矛盾一直是我国农村地区普遍存在的一个问题。一些基层干部民主意识、法制观念淡薄，工作作风较差，工作方法简单粗暴，在处理农村事务时，动不动就运用家长式、命令式、强制式的办法，不向群众讲解；当群众不满干部的做法时，就采用出口训人、动手抓人、甚至骂人打人等简单粗暴的办法，造成群众意见很大，导致一些群众对基层组织布置的工作不配合，甚至对抗，使得干群矛盾比较突出。新农村建设开展以来，北梯村“两委”首先从解决村干部自身问题作为改善干群关系的突破口。

在新上任的书记孙国宾的带领和倡导下，村“两委”定期召开干部和党员培训活动，认真学习党的十六大和十七大以来的创新理论，每个人都提交学习心得，并记录在档，以此来不断提高自身的理论素养和政策水平，牢记党的全心全意为人民服务的宗旨，不断增强村干部服务意识，树立群众观念。此外，村“两委”还定期召开民主生活会，向村民宣传党关于新农村建设的政策、法规，使村民对社会主义新农村建设有了更全面和深刻的了解。对于村里的一切重大事务，都坚持民主集中制，不搞“家长制”，一切同群众商量，请大家出主意、想办法，广泛倾听村民的意见和建议，真正做到为民办实事，讲实效；对于村“两委”工作中的不满和疑问，村民都可以在村“两委”每月设置的村民接待日和村情民意沟通互动会上得到村干部的解决和答复。

今天，从北梯村一楼科技活动室出来，从大厅往左走去，两边依次是村委办公室和爱委会、支部办公室、妇联、计生协会和计生服务室、共青团和民兵连，最后是与科技活动室遥遥相对的人大代表活动室。紧接着从转角楼梯上到二层，左边是党员活动室，同时也是运城市党员干部现代远程教育接受点、北梯村农民技术学校和青年民兵之家。进去以后，对面悬挂着中国共产党誓词、党员基本权利与义务，右上角是大屏幕数字电视，墙上悬挂着“五个好”村党支部目标要求、党员代表议事会制度、两委联席会议制度、党日活动制度、村民代表议事会制度、村民会议制度、民主评议干部制度、一事一议制度、农村党支部民主生活会制度、农村干部任期审计和离任经济责任审计制度、村民询问质询制度、农村基层党员干部行为规范、创建一流农村党组织标准、创建一流农村党员队伍标准、农村基层党员干部廉洁自律十不准，桌子上整齐地陈列着村里各项制度、合作社资料、党员发展情况、学习十七大报告体会、抗震救灾特殊党费交纳情况、村收支情况登记表、新农村建设规划、农村基层党风廉政建设九项监督制度、村工作承诺书、值班表等资料。为切实转变村干部工作作风、改进工作方法，使得村干部能够实事求是，说实话、办实事、求实效，不弄虚作假，北梯村专门制定了村委会工作制度和村干部行为规范制度。村委会工作制度中明确规定，村“两委”不仅要积极接受上级人民政府对村委会工作的支持、帮助和指导，配合乡镇中心工作的完成；而且要在实际工作中遵纪守法，密切联系群众，为群众办实事，进一步落实村干部工作目标岗位责任制，制定和实施本村经济、文化教育、农业科学、公益事业等发展规划；搞好两个文明建设，不断提高村民的政治思想素质，按时完成征兵服役、计划生育等任务和上级依法征收的各项税收任务；每年召开一次村民代表会议，坚持村干部日常上班制度，方便村民办事。村委会工作制度的建设使得村委会的工作职责、工作程序和工作方法更加明确。

在村干部行为规范制度中，要求村干部在政治上要做到政治坚定，思想统一，与党中央保持高度一致；在思想上要进一步解放思想，改进作风，密切联系群众，注重工作实效；真抓实干，开拓创新，勤于思考，创造性地开展工作；在具体实践中要心系群众，勤政为民，切实帮助群众解决困难和问题，秉公办事，清正廉洁，艰苦奋斗，勤俭节约；发扬民主，团结协作，齐心协力做好工作；品行端正，公道正派，带头遵守村规民约；遵纪守法，依法办事，按照职责和程序办理集体事务；忠于职责，恪尽职守，按时完成各项工作任务；言行文明，谦虚谨慎，树立良好公仆形象。

同时，北梯村还积极开展党风廉政建设，先后制定了村委会干部廉洁制度和村干部任期审计和离任经济责任审计制度。村委会干部廉洁制度中明确规定，村干部在具体开展工作中要做到“十不准”：不准利用职务之便，挪用集体资金、侵吞集体资产；不准以各种手段截留、克扣、变相侵吞各种直补和专项资金；不准办理土地转让、发包、宅基地审批等事项收受当事人钱财；不准利用职务影响，为亲戚朋友谋取不正当利益；不准用集体资金报销应由个人支付的费用；不准用公款大吃大喝、请客送礼；不准以外出考察为名，用公款旅游；不准超标准公务接待；不准借婚丧喜庆事宜，大操大办，敛取钱财；不准参与封建迷信、赌博等非法活动。

在村干部任期审计和离任经济责任审计制度的影响下，凡行使村集体和村民委员会财务审批权和参与经济活动决策的村委会成员都要定期接受村里和上级审计小组的经济责任审计，审计内容主要包括：农村经济责任目标完成情况，主要审计任期内农民人均纯收入等经济指标是否增长，农村基础设施建设是否完成，村级集体资产是否下降；财经法规执行情况，主要审计各项收入是否及时、足额入账，有无侵占、挪用问题，有无“小金库”问题，是否通过虚增债权的手段虚增收入以及将收入和非法收入挂在往来账上虚增债务；专项资金管理情况，主要审计村级管理费、巷道硬化资金、移民款、救济款、农机具直补、粮食、粮种直补、低保、合作医疗等。通过实施审计工作，最终都要做出具审计报告和审计决定，对有违纪、违法行为的责任人，都要采取严厉措施，并及时移交有关部门。通过专项审计，使村干部真正能够做到“在任”和“离任”都“清清白白”，从而进一步加强了村级干部党风廉政建设和农村基层组织建设，维护了集体经济和农民利益，使得农村能够稳定、和谐发展。

现在的北梯村，村干部不仅给村民树立了良好的形象，而且还真正提升了自身的威望。村干部不仅带头遵守村规民约，遵纪守法，依法办事，按照职责和程序办理集体事务，忠于职责，恪尽职守，按时完成各项工作任务，而且进一步改进了工作作风，发扬民主，团结协作，密切联系群众，切实帮助群众解决实际中的困难和问题，树立了良好的公仆形象。2008 年 12 月正值全国村委会换届选举之际，北梯村的第八届换届选举工作也搞得热火朝天，村民们的参选热情都十分高涨。据虞乡镇企业办主任赵永强介绍说，在北梯村的第八届村委会换届选举前进行村主任提名时，许多村民“违反规定”写下“原班人马”的意见。到 12 月 9 日正式进行村委会换届选举时，不到半个小时，本届的选举结果就出来了，而第七届的“原班人马”果然毫无悬念再次当选。其中孙国宾以 771 的总票数全票再次当选为北梯村的第八届村委会主任兼村支部书记。此次选举充分反映出村民对孙国宾及其领导的“两委”班子成员过去三年工作的肯定，也充分体现出了社会主义新农村建设以来北梯村干群关系的建设工作取得了显著的成果。

（二）村民参与规范有序

加强农村基层民主政治建设，是发展社会主义民主政治，建设社会主义政治文明在农村的具体体现，也是新时期加强党在农村工作的客观要求。加强农村基层民主政治建设，最根本的是要把坚持党的领导，人民当家做主和依法治村有机统一起来。孙国宾在 2006 年上任后，第一件事就是带领“两委会”建章立制，改革制度，以法律、法规、政策为依据，建立健全北梯村各项制度，从而有效地保证、促进了农村基层民主政治的发展，为建设和谐的北梯新农村提供了有力的政治保障。2007 年先后被永济市委评为“先进基层党组织”，被运城市委、市政府评为“模范集体”；2008 年先后被永济市委评为“‘五好’村党组织”、“2007 年度农村基层党风廉政建设工作先进集体”。

通过认真学习《中国共产党农村基层组织工作条例》和《村民委员会组织法》，北梯村先后制定了《北梯村村民自治章程》、

《北梯村村民自治制度》、《北梯村财务制度》、《北梯村村务制度》以及村规民约。这些制度经由村民代表会议审议通过，从而对全体村民具有约束效力。北梯村建章立制的着眼点是建立健全村民自治的三项基本制度。

第一，建立村民议事制度，确保村民对本村庄的重大事项的决策权。《北梯村民自治制度》规定，凡涉及本村的重大事情都要召开村民会议或村民代表会议表决。在北梯村，村民参与村庄重大事项决策的主要内容有：选举产生或罢免村民委员会的组成人员；审查修改本村发展规划和经济发展指标及村民福利的有关事项；审议通过集体经济项目的投资、重大经营决策及重大财务开支；审议通过村各项制度，监督村干部工作，保证各项制度的落实；讨论完成国家任务的各项措施；选举产生理财小组机构；讨论决定重要人事安排。通过村民议事制度，北梯村成功建立了一套解决争端的制度机制，从而避免了以往关于村里重大事项决策中个人专断或者议而不决的毛病。

第二，建立民主评议干部制度，确保村民的参议权。在北梯村，村干部不仅要受到村民的监督，而且每年年底都要接受村民的评议，把群众满意与否作为衡量村干部是否合格的标准，评议结果要和村干部的使用和补贴（工资）标准直接挂钩。具体做法是：每年年底由村党支部组织召集村民代表、党员代表对村民委员会班子成员、集体经济组织班子成员、村民小组长以及享受由村民或集体承担误工补贴（工资）的其他村务管理人员进行无记名投票方式评议，重点评议其执行党的方针、路线、政策和协助镇（街道）工作情况；村内重大事项的执行完成情况；发展村办企业，壮大集体经济，对村民提供服务情况；办事公道、廉洁清正、作风正派、工作方法得当、带头执行村规民约情况。评议时，村干部必须写出书面汇报材料，按工作情况评为满意、基本满意、不满意，评比结果出榜公示，并记录存档，由党支部保存。对于满意率达不到参会人员 2/3 的村干部，根据缺点、错误的大小、影响程度、造成的后果和村民代表的请求，作出三种处理：亮黄牌、限期改正；劝其自动辞职，写出辞职申请；由村民代表联名提议，按照法律要求和法律程序，提请村民会议罢免。其他村务管理人员，由村民委员会召开村民会议或村民代表会议作出处理决定。

第三，建立财务和村务公开制度，确保村民的监督权。村务公开，是加强农村民主建设的重大举措，是强化群众监督，防止农村干部中消极腐败现象滋生蔓延的治本之策；是提高乡村工作透明度，沟通干群感情，促进相互理解的有效途径。在北梯村，村里的财务和村务公开制度最为具体明确。主要内容包括：村委会及各村民小组成立理财小组，成员由村民代表会议选举产生；配备有专业资格的会计员、出纳员；财务人员参与村委会的财务收支预决算，负责管理村委会和各合作社的账目管理工作，村委会财务人员的任免报镇政府主管部门审批；村务公开的主要项目有：现金的收支、各项财产、债权债务、收益分配、代收代缴费用、征地补偿费使用、承包收入、基建工程开支、公益事业的支出、财务收支预决算制度、村提留统筹负担、承包项目上的招标、农村水电费的收取情况、计划生育指标的安排、宅基地的审批、村干部年度工作目标执行情况和工资报酬、功绩过失情况、农民负担情况、救灾救济款物发放情况，等等；出纳员每月公布收支明细账，会计员每月按上述财务公开的内容及会计明细科目进行公布，每季度末公布承包款收缴情况；每年的第一季度，村委会、村民小组要接受镇对上一年度的财务审计，审计结果公布于众；每年接受市、镇有关部门的财务审计，审计结果公布于众。

通过村务公开，一方面让村民普遍意识到了它是中央坚定不移地在农村实施的一项治国方略，是关系他们切身利益的大事，只有积极参与才能把大家的事情办好，保障自己的合法权益；另一方面也打消了村干部的疑虑，使他们认识到村务公开和民主管理的实施并不是对其工作的否认和挑刺，而是为了提高工作的透明度和民主化，从而加强了民主管理，增强了村务透明度，给了群众一个明白，还了干部一身清白，进而融洽了本村的干群关系。

除了建章立制以加强基层民主政治建设外，让更多的村民参与村庄的民主决策和民主管理，是北梯村民主治理的又一件大事，它使北梯村步入了民主治理的轨道。在以前，村里的大事都是由村支两委一班人出主意和拍板，村民难以参与村务管理，导致村民和村干部“两张皮”的状况。村委会认识到，让更多的村民直接参与村务的民主决策和管理，是解决村中一些管理弊病的根本途径。关于如何扩大直接民主的范围，北梯村的做法是，在建立村民代表会议制度的同时，完善社员代表会议，并实行“村民代表会议”和“党员大会”的联合会议制度。而两会合一也就自然扩大了本村直接民主的范围。北梯村每季度一次的民主生活会，每月一次的党员大会，出席人数都在98%以上，每次会上大家都踊跃发言，各抒己见。

现在的北梯村“两委”已经形成了民主办事的好习惯，充分体会到了民主治村的好处。在民主表决村里大事的时候，都要组织召开全体党员和村民代表会议，依靠大家的力量来发挥集体的智慧，解决问题。新上任的村领导班子第一年里这样的民主决策会议就召开了三次。第一次主要是审议并通过了《北梯村村民自治章程》和《北梯村村民自治制度》；第二次会议的主题是讨论村小学的重建与选址问题，全体代表投票表决通过了村委会的这一提议；第三次会议是年终总结，由孙国宾向两会代表报告年度工作总结，村委会各成员答复与会代表们的询问。

除了充分发挥村民代表和社员代表会议的民主决策作用外，村委会在决策涉及全村各社利益等重大问题的时候，还通过召集全体村民大会或下到各队召开村民和合作社社员代表座谈会议等形式，集思广益，听取各方意见和建议，改进村委会的工作。这就进一步拓展了村民民主决策和民主管理的参与渠道。

二、村容更加整洁

村容整洁就是要使农村脏乱差的状况从根本上得到治理，生态环境、人居环境明显改善，社会秩序稳定。新农村建设以来，北梯村“两委”根据本村的实际情况，以村民的利益为出发点，有步骤有重点地推进村庄建设，着力改善农民生活中最迫切最直接的生产生活条件，将建设的重点放在设施配套和环境完善上，现在的北梯村，公共服务设施基本齐全，满足了村民的日常生活需要，村民的生活质量得到了明显的提高；市政基础设施功能基本齐全，配套设施完善，方便了村民日常的生产活动，也给村民的日常生活带来了便利。整个村庄体呈现出了环境优美、宜居的“新风貌”和“新气象”。

（一）村庄旧貌换新颜

按照社会主义新农村建设中的村庄建设“四化”要求，目前北梯村基本实现了“硬化”、“绿化”、“净化”和“亮化”。

在“硬化”方面，通过村庄开展的“水泥道路村村通”和“通组达户”工程，北梯村建成区道路网基本畅通，所有大小街道、巷道都进行了水泥混凝土硬化，实现了通组达户。

在“绿化”方面，村里的主干路和支路街道两侧都留有排水道和绿化带，并种植一万多棵树木，道路两旁树木林立，中间间或种植着鸡冠花、菊花等花卉，绿化效果良好。

在“净化”方面，村庄内垃圾实行分类收集。生产及建筑垃圾由用户自行运至村北填埋处理。畜禽粪便等有机垃圾鼓励农户作为有机肥，实行垃圾资源利用，结合圈养用地堆放处理。生活垃圾实行集中收集，村内沿道路结合空地设置了垃圾箱，垃圾箱按70~100米设置一处，派专人负责收集后运到村北深沟内，采用填埋方式进行无害处理，做到了“日产日清”。

在“亮化”方面，村庄主干道路绿化带中都安装了7米圆锥无灯杆单臂节能型高压钠灯，村庄其他道路也都在电杆上安装了臂长1.5米的马路弯灯。傍晚时分，炊烟袅袅，华灯初上，将整个村庄笼罩在一片安静、祥和的氛围中。

整个村庄用地布局比较规整，道路网采用的是规整的方格网形态，呈现出“三纵两横”道路格局。为了提高道路及民居的可识别性，从而给居民生产生活提供方便，村委会在征求全体村民的意见上，对村中的主次干道都进行了命名：主干道即东西向景观大道命名为发展街、振兴街；南北向主次干道自东往西分别命名为环村路、民主路、文明路、富裕路、产业路。道路命名不仅使其更易于识别，方便记忆，同时也增强了居民对住所的归宿感，激发了村民热爱村庄、建设村庄的热情。

村庄以主干道——发展街和振兴街为轴心，呈对称布局。整个村庄被主干道分为2个居住组团和2个产业发展园区，每个居住组团用地均由一排排横列式布局的晋南永济典型的前后院落式农家院组成。巷道布局有两种形式，一种为当地所谓的“单排巷”即院落前后均有道路，另一种为所谓的“双排巷”即两排院落背对相连，仅屋前或屋后有道路。村庄的建筑形式多样，因风格和建筑年代的不同而区别明显，大部分建筑是80年代以后建的，整体风貌不尽相同，但在一定程度上仍保留着晋南永济村野建筑的朴实风格和格局，仍印着传统的烙印，传统风貌仍清晰可见。

今天，顺着村庄的主干道往西走200多米，便是村庄的两个经济园区——葡萄种植园区和养猪示范基地。放眼望去，整个葡萄种植园区一片葱绿，刚种植的葡萄秧子长势喜人，不禁让人联想到了丰收的成果和喜悦，让村民们的干劲更加十足，也使得村民对北梯新农村建设更加充满了希望和期待。

而新修建的村委会办公楼坐落于整个村庄的中心轴上，建筑形式仍体现了浓郁的地方风格。这座办公楼于2006年动工，投资40多万元，2007年投入使用。其中一层为主要办公场所，包括有村委办公室、支部办公室、共青团、妇联、党员活动室、民兵连、计生协会等基本机构设施；二层设置了图书馆和老年人活动中心，既丰富了村民的精神文化生活，同时也为村里的老年人提供了良好的休闲娱乐场所。村委会的旁边是村中心小学——北梯小学以及幼儿园，整个教育用地占地面积 7500 多平方米，建筑布局气派大方，校园内绿荫如盖，繁花似锦，应有尽有，交相辉映。整个学校掩映在花园之中，人文气息极其浓厚。在村委办公楼的对面，新建了占地面积 3500 平方米的“和谐园”村民休闲广场，内设花园，凉亭，以及众多群众体育健身器材。村委办公楼、学校和广场一起构成为了整个村庄的政治、经济和文化中心。

（二）村庄规划科学合理

村庄建设规划是科学利用村庄空间资源的前提，是严格管理村庄土地资源，加强村庄建设管理的依据，是引导村庄协调、健康、有序发展的蓝图。为进一步贯彻落实党中央的会议精神，全面实施《中共中央、国务院关于促进小城镇健康发展的若干意见》、《中共中央、国务院关于推进社会主义新农村建设的若干意见》，使北梯村能够健康、持续发展，村庄生产和生活环境得到进一步的改善，村庄经济、社会和环境更加协调发展，全村人民的生活水平得到更进一步的提高，村“两委”通过和全体村民商议，在广泛征求和听取民意的基础上，具体制定了北梯村的规划指导思想、规划原则和规划内容。

1. 指导思想

在规划的指导思想方面，北梯村“两委”将村庄治理的重点放在基础设施配套、公共设施建设和环境建设上，同时以邓小平理论、“三个代表”重要思想和党的十六大、十七大精神为指导，认真贯彻落实科学发展观，以加快推进农村全面小康建设步伐为目标，真正落实党中央的亲民、为民、富民政策。按照科学规划、整合资源、分类指导、分步实施、依靠群众，对村庄建设实行整体推进，最终达到有利生产、方便生活、提升生活质量、繁荣村庄经济；保护环境、尊重自然、创造特色；布局紧凑、功能完善、节约用地的目标，实现社会主义新农村“四化”、“四改”要求。

2. 规划原则

在规划原则方面，村“两委”规定在今后的村庄建设中要严格遵循六项基本原则：

第一，公众参与原则。社会主义新农村建设的实施主体和受益主体都是农民，因此在村庄建设规划的过程当中，必须尊重民意，大量征求公众意见，使规划更合理、更可靠。

第二，统一协调原则。争取做到本次规划要与上一层次规划统一协调，内部各种用地、各种空间之间要统一协调，外部用地、空间统一协调；与社会主义新农村建设的其他各项活动统一协调。

第三，安全完善原则。村庄建设规划首先要体现各种安全规划，防止各种灾害；同时，要完善公共服务设施和基础设施的规划，使农村的人居环境尽快得到改善。

第四，因地制宜原则。规划不仅要分析地方特色，尽量制造和壮大特有的农村风格，发展特色人居环境，而且要量力而行，不能脱离实际，千篇一律，搞城市化。

第五，注重生态原则。在村庄建设规划过程之中，注重生态保护，加强地方生态培育，使村庄的绿地景观系统与大生态系统和谐共生。

第六，尊重文明原则。农村作为一种生活形态，有其独有的农村文明，这种文明反映在布局、空间、建筑形态、景观等各个方面，承载着广大农民的记忆和爱恨。规划不能武断、粗暴地加以否决，应该是借鉴中发展，保护中壮大。

3. 规划内容

在规划的内容上，北梯村将主要从村庄布局和村庄基础设施两个方面进行建设发展。

第一，村庄建设布局更加合理、规范。在村庄的整体布局上，北梯村将主要从四个方面进行建设：

一是使总体布局结构更加合理规范。村庄现状用地平坦规整，主干道路建设有序，已形成较为规整的“三纵两横”方格网道路骨架。在现有的发展基础上，村委会通过广泛征求村民的意见，规划村庄向南北发展，最终形成“四纵两横一环”的道路骨架网和“两轴一心四片区”的规划结构。“两轴”指的是纵贯村庄南北向的发展中心大道——振兴路和横向东西发展轴——发展街；“一心”指的是村庄中心的中心绿地、文化活动中心、村委会、休闲广场、学校等公共设施集中形成的公建中心。“四片区”指中心公建片区、以发展街为中心形成的南、北两个居住片区，产业园区等四个片区。

二是使工业用地科学规划，合理布局。在以后的发展中，村委会规划在村庄的东部与虞乡镇区集中设置工业用地，布置二类、三类工业。到时候，工业区内不仅有条件较好的水源和电力，同时有道路直接与省道太风公路、南同蒲铁路客货两用站相连，使交通运输更加便利；此外，工业园区用地集中，与生活区有一定距离，对村民居住区的干扰和污染较小，便于工业生产过程中的相互协作，以及工业用水的循环利用和统一处理。同时依托原有工业区的永丰食品有限公司，永西食品有限公司，覆膜砂厂、饲料厂等企业，发展葡萄酒加工企业等二类企业，规划新增工业用地面积5公顷，占建设用地15.5%，人均26.34平方米。其次在村庄西北部距村庄居民用地400余米的地方规划生产用地5公顷，用于发展养殖业。

三是进一步扩大公共用地面积。公共建筑主要是解决村民日常的购物、文化娱乐、休闲集会、健身等活动需求，其设置一定要功能合理，配套齐全。在今后的建设中，村“两委”规划建设面积为2.08公顷的公共建筑，占总建设用地的12.29%，人均达到11.79平方米。公共建筑用地仍沿主干道发展街两侧设置，形成整个村庄的综合性公建中心。其中行政管理用地规划保留原村委会行政管理用地，并对原用地范围内的破旧房屋进行拆除改造，新建三层综合办公楼一栋，办公楼内布设会议室、党员活动室、远程教育学习室、各类办公科室。同时在大院内布局了绿化小区、游园路、人造树蹲、景点，在东侧布局篮球场和羽毛球场；文化活动规划在村庄发展路的东尽端设置北梯村文体科技活动中心，修建集小型影剧院和文化图书馆为一体的二层文化楼一幢。其余地方用以布置绿地。文体科技用地占地面积0.43公顷，占村庄建设用地总面积的1.7%，人均2.44平方米；医疗保健用地和商业金融用地规划不在村庄内安排独立的医疗保健和商业金融用地，规划在村委会综合办公楼内设村级保健站一所，服务于全村百姓的医疗保健，在村庄“和谐园”广场南部内设小型便民商店、超市、理发馆等服务设施以方便村民日常用品的购买。广场用地面积为0.8公顷，占村庄建设用地总面积的3.1%。

四是扩大绿地面积，实现村庄“绿化”、“美化”。在新的规划中，村庄建设将结合自然及现状条件，做到“点、线、面”相结合，构建多层次的绿地景观系统，结合周围农田、公建、广场、道路、住宅等布置公共绿地、道路绿化及庭院绿地，使居住环境和园林绿地相互渗透，相得益彰，达到人与自然和谐共生。其中公共绿地规划在发展街村庄重要入口处南北两侧设置两大块公共绿地，面积为6768平方米。在学校正对面发展街南设置带形公共绿地，面积为1284平方米。公共绿地总面积为8052平方米，占建设用地总面积3.1%，人均公共绿地4.6平方米，两处公共绿地结合养殖生产区和居住区之间的大片林地形成北梯村绿地系统的特色“点”，以发展街为轴线，两侧的绿地及学校、广场、村委会、文化活动中心等开敞绿地形成北梯村的特色景观“绿轴”。公共绿地设计以规则式为主，自然式为辅，旨在通过绿色植物色块、造型等的艺术组合，及极具象征意义的周边雕塑小品的衬托，充分抽象北梯村民“敢想、敢干、敢为人先、极具拼搏和活力”的精神风貌，同时充分展现园林植物的个体美和群体美，通过对园路、园林小品、公共设施的巧妙组合，形成多功能的园林空间，为村民提供一处休闲、健身、娱乐为一体的良好空间。

今天，留心看去，阳光下，北梯村委大楼对面的“和谐园”显得格外抢眼：一个静谧、幽雅的花园，入口处的大石头上题名

“和谐园”。细赏园内，曲径通幽，地面翠绿的草坪带给人清新的感受，茗香茶婀娜多姿，鸡冠花吐露着芬芳，美得那么自然和纯粹。园子整体的栽培管理、整形修剪、搭架造型都很流畅，北梯村的村民不用到大城市，在家门口就能享受园林之美，村民们还可以通过运动器材来锻炼身体，运动器材就安置于“和谐园”的西边，小孩子们嬉闹着、老人们微笑着，美丽的阳光下一派和谐景象。

另外，道路绿化沿各级道路布置行道树，形成村庄的道路绿地，构成村庄纵横交织的道路“绿线”，沿村庄“四纵两横”主干道路栽植雪松、女贞、蜀桧等适宜当地种植的常绿树种与百日红、月季等花卉相搭配，提升主干道路绿化品位。次干道、支路和外围环路栽植法桐、泡桐等落叶大乔木，形成村庄的林荫道。外围环路设15～20米宽绿带，形成村庄的外围绿环，与住宅建筑的青砖红瓦相辉映，相得益彰，构成美丽的风景线和天际轮廓线；防护绿地规划在居民区和养殖区之间、居民区和工业区之间设置大片防护林带，对养殖区产生的异味污染进行有效隔离，同时在工业区外围布置35～50米宽防护林带，对工业区产生的噪声和其他污染进行隔离，保护村民良好的居住环境。

第二，村庄基础设施更加健全。基础设施建设主要以改善村民住宅和道路建设为主要内容：

一是使居民住宅更加统一、美观。目前北梯村村庄住宅多为20世纪70年代以后所建，多为南北向联排住宅，宅基地多为10～12米宽，27～30米长，布局普遍为晋南与陕西关中传统的农家前后两院，四面建筑围合的典型格局，建筑房屋多，面积大，功能不全，不经济，可利用率低，不实用，多数均为一层平房或瓦房，每户建筑面积约250平方米。在新规划中，居民住宅建设将与原有巷道房屋填空补缺，联排建设，面积大小以所在各排院基大小为标准，但建筑布局及式样统　采用新型标准，统一布局，统一设计图纸，统一房屋外观式样、造型及色彩，均为只建一幢功能齐全、美观、经济、实用的二层房屋。同时，作为农村住宅，平面功能必须和农民的生产和生活相结合，比如农民需要在院子中养花种菜、晾晒谷物等，户内多需要储存农具、粮食、生活物品等空间，既使已脱离农业生产的家庭，也仍然保留着一定的生活习惯。规划的农宅具体要达到：户户有院子，院子是农村住宅的典型空间，是生活和生产活动的核心场所，其功能满足家庭种植、邻里交往等，同时院子还担当着联系各房间的交通功能；居住与生产分离，二层北房主要提供完善的居住场所，后房附属用房则满足农民家庭生产、农具存放、农作物储存，以及厕所等的布置；节约能源、成本较低，住宅间距均满足日照要求，主住宅均为南向朝向，主次房均有独立门窗，采光、通风条件好，冬季利于保暖，夏季利于通风。厕所布置后院落一角，单独开门朝向庭院，后窗面向巷道外绿地，利于排气、方便保洁。推广使用太阳能，一次投资，多方位满足生活需要，提升生活质量，各项措施均利于省水、省电、省燃料，降低生活成本，综合节约能源。住宅建筑设计充分借鉴新式住宅特色，充分体现我国北方民居特色，住宅的形体设计采用坡屋顶与退台相结合，使建筑立面既富于变化，又符合农户的使用要求；细部设计注重体现地域特色，如局部建筑外墙的出挑，屋顶的坡度控制、当地建筑材料的选用等，体现黄河流域的北方民居特征，立面色彩简洁明快，立面以乳白、浅黄为主，浅灰为辅，屋顶以暗红、灰色为主。外墙颜色结合居民组或居住片区，形成具有可识别性的组合。

二是使村庄道路系统更加完善。北梯村对外交通主要有两处，一处是村庄主干道延伸与太风公路直接连接；一处是村庄西侧连接东阳朝村及太风公路道路。此外还有村庄东侧通往工业园区和虞乡镇区一条道路，对外交通便利。在今后的建设中，村庄外围将新开次干道与现状通往虞乡镇的太风道路垂直相交，从而为将来村庄长远发展打好基础。村庄内部，道路系统呈方格网状布置，形成“四纵两横一环”的道路网络布局。“两横”为村庄东西向的主干道；“四纵”为村庄南北向的主干道与次干道。“一环”为联系各主次干道的外围环路。村庄内道路根据路面宽度、管道敷设等因素划分为村级主干道、次干道、巷道三级，道路断面均为一块板形式。其中主干道道路红线为15米，两侧建筑控制线为18米，中央机动车道宽9米，两侧各3米的绿化带。次干道机动车道宽6米，两侧各2米绿化带。红线宽度为10米。巷道路面宽为4米。红线宽度为8米。路面宽度为6米以上时，设双面横坡，坡度为1.5%，路面宽度小于6米时，设单面直线横坡，坡度为1.5%。村中道路均采用C30混凝土路面。为使室外道路排水畅通和绿化效果整洁美观，村庄道路两侧将设置侧石，侧石高出路面15厘米，绿地低于侧石顶标高不小于5厘米，道路两侧绿地内坡度不大于3%，向道路倾斜。

三是村庄治理更加制度化。村庄治理工作是一项长期而艰巨的任务，为巩固治理成果，必须加强村庄规划的法制建设，维护规划的权威性，服从规划管理；并加强宣传，通过传播媒体和各类展览形式，多层次地、广泛地宣传规划，全面提高村民的规划意识和素质，增加规划的公众参与程度，从而使村民自觉服从规划，并严格执行村庄建设管理制度，严格审批，按照法定程序取得“一书一证”后的用地行为和建设行为，进行监督检查，发现问题及时纠正。为此，北梯村建立了长效管理机制，并成立村长效管理理事会，以农户自主管理为主，卫生保洁员管理为重，村理事会监督管理为辅，建立奖惩制度，定期开展生态知识、环保知识、节能知识和卫生健康知识讲座及宣传教育活动等，以转变农民思想观念和生产生活方式，实施全面小康社会的“村美、户富”，将北梯村真正建设成为社会主义新农村。

三、乡风更加文明

乡风文明就是要使农民群众的思想、文化、道德水平不断提高，崇尚文明，崇尚科学，社会风气健康向上。新农村建设以来，北梯村两委通过建立村规民约，破除了以往的旧风俗，树立了良好的新风气；此外，北梯村大力弘扬尊师重教的优良传统，大力发展基础教育、成人教育和职业教育，使村民的文化和道德水平不断得到提升，从而创造了文明、科学、健康的新风气。

（一）建立村规民约

新农村的乡风文明，作为农村的一种区域文化，直接反映了人们的思想观念和行为方式，是社会关系最外在的表现形式。与其他文化一样，它具有凝聚、整合、同化、规范农村社会群体行为、心理和催人奋进的功能。社会主义新农村建设以来，北梯村"两委"和村民们"约法三章"，制定了村规民约，以此来引导村民树立集体主义观念，发扬艰苦奋斗、自强不息的优良传统，促进农村形成团结互助、扶贫济困、平等友爱、融洽和谐的良好风气。

北梯村村规民约中明确规定每个村民必须做到：

第一，热爱祖国，热爱中国共产党，热爱北梯村，学法懂法，遵纪守法，同一切违法犯罪行为作斗争。

第二，爱护公共财物，不得损坏水利、交通、通讯、供电、供水、生产、休闲场所等公共设施，未经批准，不准私自安装用水用电设施，节约用水用电，严禁偷水偷电，发现违规人和事，要积极制止并及时向村委会报告。

第三，团结友爱，相互尊重，相互理解，相互帮助，和睦相处，不打架斗殴，不诽谤他人，不造谣惑众，不拨弄是非，不仗势欺人，建立良好的邻里关系。

第四，提倡社会主义精神文明，移风易俗，喜事新办，不铺张浪费，丧事从俭，不搞陈规旧俗，不搞宗族派性，反对家族主义，反对封建迷信及其他不文明行为，树立良好的社会新风尚。

第五，搞好公共卫生和村容整洁，做到人畜分离，垃圾不乱倒，粪土不乱堆，污水不乱流，柴草不乱放，房前屋后不积水。积极主动参与"三清六改四普及"，搞好门前"三包"，绿化美化环境，义务投工投劳。

第六，依法使用宅基地，服从村镇建房规划，不损害整体规划和四邻利益。

第七，严禁私自砍伐国家、集体或他人的林木，不准在村附近或田边路旁乱挖土，严禁损害庄稼、瓜果及其他作物。

第八，自觉养路护路，维护道路畅通，不准在村道、主道边搭建违章建筑、堆放废土、乱石、杂物，不准在路道上乱挖排水沟，不准在路肩上种植作物，侵占路面。

第九，计划生育，晚婚晚育，优生优育，男女平等，尊老爱幼。

第十，爱我北梯，做文明北梯人，共建和谐北梯新农村。

良好的乡风文明可以陶冶、滋养农民的道德情操，形成爱党爱国、遵纪守法，尊师重教、注重学习，崇尚科学、反对迷信，家庭和睦、邻里和谐，艰苦风斗、勤俭节约，保护环境、讲究卫生，明礼诚信、尊老爱幼，辛勤劳动、勤劳致富，开放进取、奉献社会，以及健康身心、文明娱乐的良好风气，使好的习俗、好的习惯、好的风尚蔚然成风，使农村的民主、文明、和谐成为种风尚、一种境界，从而为社会主义新农村建设总体目标的实现提供内在的智力支持和精神支撑。北梯村村规民约的有效制定和实施给村民们带来了深刻的影响。根据村规民约中的精神，全村不仅开展了“破陋习、树新风”的实践活动，而且每年都要举办一次“好公婆”、“好媳妇”的评选活动，并出榜公布，以资鼓励。其标准是候选人都要遵纪守法、遵守村规民约、积极参加公益活动、不参与赌博迷信活动；操持家务有方、邻里团结、家庭和睦、孝敬公婆、有良好的饮食卫生生活习惯。自活动开展以来，北梯村的村风村貌有了很大的改善，比孝敬、比和谐已蔚然成风，全村基本形成了邻里互助、家庭和睦、讲究卫生、爱护环境、遵纪守法、崇尚健康文明的良好风气，为建设乡风文明的社会主义北梯新农村奠定了坚实的基础。

（二）发展基础教育

基础教育的发展是新农村建设的奠基工程。农村青少年是未来农村各项事业的主力军，他们将成为社会主义新农村的主题力量。农村基础教育直接关系到农村青少年的素质教育状况，而农村青少年的素质状况直接决定着我们未来的农民素质。因此只有办好基础教育，社会主义新农村建设才会有持续发展的动力。

2005 年年底北梯村第七届村领导班子换届选举中，孙国宾当选为北梯村的第七任村支部书记（兼村委会主任）。2006 年年初，新书记走马上任。俗话说“新官上任三把火”，孙国宾办的第一件事就是筹集资金 70 多万元把村里的小学重新建了起来，点燃了北梯村的基础教育之火。村办小学的落成不仅解决了本村孩子的上学问题，使他们在家门口就能上学，而且还带动了周边 10 个村的基础教育的发展，吸引了本村以外 170 多名学生前来就学。经过两年多的发展，学校不仅在基础设施上得到了明显的改观，而且在教育质量上也得到了很大的提升。目前学校的办学条件已达到市义务教育阶段学校的领先水平，成为全永济市最好的村办小学之一。

北梯小学地处运风路沿线，交通便利，地理位置优越。2006 年以来，北梯村投资 70 多万元建筑了占地面积 7500 多平方米的小学和幼儿园。北梯小学现有 6 个教学班，在校学生 260 多人，招收了周围 10 个村庄的适龄学生。现有教职工 17 人，其中大专学历 10 位，5 人正在攻读本科学位。学校的各项设施、设备均按先进的教学理念设计配备。学校建筑布局气派大方，校园内绿荫如盖，繁花似锦，应有尽有，交相辉映。整个学校掩映在花园之中，人文气息极其浓厚。学校内设有多功能厅、图书室、教师办公室、电脑室、音乐室、文印室等专用教室。校园闭路电视系统、音响系统，教学多媒体设备一应俱全。宽敞整洁的教室与食堂，完善的教学基础设施和现代化的教学设备为学校的腾飞奠定了坚实的基础。

长期以来，学校坚持“以人为本，张扬个性，展现自我”的办学宗旨和“为学生的成长和幸福奠基，为教师的人生和事业添彩”的办学理念，全面推进素质教育，不断提高办学水平，把造就一支师德高尚、业务精湛、结构合理、具有创新精神的高质量教师队伍作为学校工作的坚定目标。近年来，学校师资整体素质明显提高，教师中有多人参加市县级课堂教学比赛，多次发表论文并获奖。学校努力营造温馨和谐、尊师重教的良好氛围；学校特别注重对教师的培养，组织开展了青年教师教育教学评价活动，对青年教师的优点和优势、问题和不足进行了全面的评价，为教师的发展提出了建议，使教师今后的发展有了明确的目标和方向，同时开展在工作中学习，在学习中工作的校本培训，提高全体教师的教育理念和业务水平。

同时，学校坚持走质量立校之路，重视强化教师理念的更新，要求教师沉下心来读书，闭起门来反思，学会学习，超越自我，从而营造一个书香校园。北梯小学的老师们坚信要给学生一杯水，自己就需要有一桶水，为了灌满这一桶水，并且让它不因为蒸发而减少，学校老师在业余时间认真学习业务知识，除了阅读学校现有的教育杂志，并认真做好理论笔记外，经常举行高水准的教师演讲比赛。从最初的写稿、试讲，到最后的决赛，老师们毫不含糊，有的甚至为了一个手势，作了一次又一次的修改，而这样的活动，极大地激励了广大青年教师更好地敬业爱生，教书育人。

学校在提高课堂教学效率的同时，积极组织学生的课余活动，让学生德、智、体、美得到全面发展。学校建设了占地面积8亩的标准化操场，篮球场、乒乓球台、单双杠、吊环等体育设施一应俱全，为学生提供了良好的体育健身条件。同时，学校还积极响应教育部的号召，组织全体学生学习校园集体舞，让学生健康成长，全面发展。

为促进学校教育的发展，体现学校的办学理念，让家庭、学校结合起来把学生的教育搞好，学校还特意组织了每学期一次的“开放日”活动，让每个家长在学校呆一天，和学生一起上课、吃饭、参观，使学校的教学设施、教师风采得以展现，更让家长看到自己的孩子在学校的进步和表现。正如校长郭明所说，“岁月的痕迹阻挡不了我们前进的信心，我们自尊自爱，和睦相处，相互学习，不断创新。雄关漫道真如铁，而今迈步从头越。今后学校将多方筹措资金，努力改善办学条件，继续抓好素质教育，进一步提高教育教学质量，为农村教育作出更大的贡献，为祖国培养出优秀人才！北梯小学将一如既往地为培养跨世纪人才开创新的天地，写下更加辉煌的篇章！”

（三）培养现代新型农民

新农村建设的基础在于培养数以亿计的观念新、有文化、讲文明、懂技术、会经营的新型农民。广大农民是新农村建设的主体，没有农民的参与，没有农民综合素质的提高，社会主义新农村建设将会成为无源之水、无本之木，失去可持续发展的依托。要提高农民素质，适应新农村建设的基本要求，加强对农民的教育是关键。当前北梯村在建设社会主义新农村实践中，大力发展农村教育，在普及并提高九年义务教育质量的基础上，进一步发展针对本村村民的成人教育和职业教育，不断提升村民的文化水平和技术水平，为培养造就有文化、懂技术、会经营的新型农民奠定了坚实的教育基础。农村职业教育和成人教育是农村教育的重要组成部分，加强农村职业教育和成人教育是建设社会主义新农村的必然要求，是培养新型农民、发展现代农业、实现农民自身政治和经济利益的重要途径。

中国共产党十七届三中全会通过的《关于推进农村改革发展若干重大问题的决定》，明确提出要大力办好农村教育事业，发展农村教育，促进教育公平，提高农民科学文化素质，培育有文化、懂技术、会经营的新型农民的要求，使我们感到社会主义新农村建设任重道远。所以，必须巩固农村义务教育普及成果，提高义务教育质量，完善义务教育免费政策和经费保障机制，保障经济困难家庭儿童、留守儿童特别是女童平等就学、完成学业，改善农村学生营养状况，促进城乡义务教育均衡发展。加快普及农村高中阶段教育，重点加快发展农村中等职业教育并逐步实行免费。健全县域职业教育培训网络，加强农民技能培训，广泛培养农村实用人才。保障和改善农村教师工资待遇和工作条件，健全农村教师培养培训制度，提高教师素质。健全城乡教师交流机制，继续选派城市教师下乡支教。发展农村学前教育、特殊教育、继续教育。加强远程教育，及时把优质教育资源送到农村。

目前，北梯村全村共有人口1200多人，其中初中以上学历农民占到全村总劳动力人数的70%，村民文化素质虽然普遍较高，但绝大多数村民只是通过广播电视、外出务工的耳濡目染的途径学到了一些文化、技术和经营知识，这与有文化、懂技术、会经营的要求差距很大。村民们虽然熟悉春耕夏种、秋收冬贮24节令，有一定的生产经验，但这种传统的生产方式缺少科技含量、缺乏市场意识，面对瞬息万变的市场仍然是茫然失措，束手无策，往往只能抱残守缺，沿袭传统的耕作方式，局限于一家一户小而全的封闭式生产和“提篮小卖”式的经营，使生产经营带有很大的盲目性和滞后性。而生产出来的农产品科技含量低，缺乏市场竞争力，再加上村民对市场信息的缺失，只能是市场好时一哄而上，行情差时一哄而下，这种大起大落的生产经营难免让村民蒙受极大的经济损失。自2006年北梯村开展社会主义新农村建设以来，结合本村实际情况，在村委会的领导下，村里先后成立了“北梯村成人文化技术学校”和“北梯村农民技术学校”，建立了科技资料室和科技活动室，并结合村里成立的养猪合作社和葡萄种植合作社的实际需求，聘请专家和技术工作人员针对合作社里的具体工作对村民开展教育和技术培训活动，使村民们能够真正学科学、懂科学、用科学。2008年5月永济市人民政府授予北梯村成人文化技术学校“先进成人文化技术学校”的称号。

通过学习和培训，不仅增强了村民的市场意识，让村民对市场有了更深刻的认识，使得生产出来的农产品更具科技含量和市场竞争力，而且还培养出了一大批养殖和种植能手，为村里合作社的良性发展提供了充足的人力资源，也更加奠定了北梯村新农村建设中农民的主体地位。

四、生产更加发展

生产发展就是要使农业产业化、现代化、市场化、信息化的水平不断提高，农业综合生产的能力不断增强。新农村建设以来，北梯村通过稳步发展优质粮棉生产，大力发展规模养殖，积极发展农副产品加工业，使村里的经济发展得到了明显的提升。目前，北梯村拥有养猪和葡萄种植两家合作社，并拥有5家企业，涉及芦笋加工、饲料加工、铸造材料等方面，年工业产值达到了5000万元。

（一）稳步发展优质粮棉生产

长期以来，运城地区一直是山西的粮棉主产区，其发展与否，对全省的经济起着举足轻重的作用。运城地区虽然矿产资源相对贫乏，但农业生产条件优越，这里土地肥沃，气候温暖湿润，无霜期长，水利资源比较丰富，物产富饶，有悠久的农业发展史。该区以种植小麦、棉花为主，产量较高，质量也较好，是全省麦棉的集中产区，产量居全省之首。北梯村位于运城盆地的南部边缘，属暖温带大陆性气候，由于受海洋暖湿气候影响较长，气候温和降水较多。这里冬寒雪少，春暖干旱，夏季高温，秋季凉湿，一年四季分明。因此，粮棉种植是北梯村一项重要的传统产业。

目前，北梯村仍以传统种植业为主，特别是小麦和棉花种植在整个农业中占了很大比重。全村1440亩的耕地总面积中，小麦面积为740亩，棉花种植面积540亩，占到总耕地面积的80%。2005年北梯村经济总收入7600万元，其中农业产值2600万元，主要以粮棉种植收入为主。但是，北梯村人均耕地面积只有1亩，较多的第二居民组人均1.2亩，较少的第四居民组人均仅0.8亩，且由于土地等级明显，每户拥有的耕地在本居民组内零散分布。近年来，虽然有少数农户通过置换将土地进行集中调整，但大多数农户的耕地依然是呈多片少量分布，非常不利于规模经营，直接制约了北梯村种植业的进一步发展。

新农村建设以来，村“两委”根据北梯村人均土地较少的情况，以“向土地要效益”为重点发展方向。首先，大力引进优质专用小麦、抗虫棉等新优品种，深入应用测土配方施肥、秸秆还田等农业技术，实行科学种田，不断提高粮棉的单位面积产量和质量，向优质、高产、高效农业的目标迈进。其次，对于村里绝大多数人仍然是依靠自身经验从事生产，真正懂得粮棉生产技术的人才还不多，村民的科技意识往往不具有自主性，而是表现出很大的随他性的种种不利因素，村“两委”通过举办各种形式的技术培训班，进一步普及农业生产基础知识，使村民不断掌握新的种植知识和技术，从人力上确保了本村粮棉的优质、高产。最后，在农田水利基础设施建设上，村里进一步加大农田水利设施建设力度，新打机井4眼，并在村庄内月亮沟和北窑头两处完成800亩土地整理，铺设管灌2000米，实现了田、林、路、水四配套，同时对种植业区域内原有的2000米管灌和1500米明渠进行扩建更新，有力保障了粮棉种植区的用水，极大提高了土地综合生产能力。

（二）大力发展规模养殖

畜牧业是现代农业的标志产业，而规模养殖则是现代畜牧业的重要基础。按照新农村建设要求，透析农业发展潜力，遵循畜牧业演变规律，大力发展规模养殖，推进生产方式转变，进而促进经济增长方式转变，已经成为现阶段畜牧业发展的重要机遇和必然选择。同时，规模化养殖也是现代养猪业的主要特征，它包括集约化和工厂化。集约化养猪和工厂化养猪是两个不同的发展阶段。集约化养猪只是高密度的饲养方法，是现代化养猪的初级阶段，而工厂化养猪的内涵主要是在集约化的基础上程序化，其生产体系是一项系统工程，规模化养猪生产工艺以“周”为单位（母猪发情周期为3周），常年均衡有节律的进行生产，按计划组织同步配种、同步产仔、同步断奶、同步转群、同步上市，按计划按批次做到“全进全出”，其中同步配种和“全进全出”是实现整个生产工艺的核心。经营方式是专业化、商业化。生产规模通常以年产1万头商品猪为一条生产线。

北梯村发展规模养殖既是村庄内部因素作用的结果，同时也受到了村庄外部因素的影响。一是劳动力转移了。传统的家庭养殖业依托于富余和低价的农村劳动力，劳动力的大量转移促进了农业专业化分工、提高了农村劳动力价格、加剧了农村传统养殖格局演变，农户养殖比例和饲养比重呈逐年加快下降之势，为规模养殖挪出了空间。二是居住条件改善了。进入新世纪以来，农村居民进入了新一轮住房更新期，新农村建设全面启动将使镇村规划更加科学、居民住宅更加集中。农村环境更加优美，农民家庭饲养制约条件多了，能养的地方和想养的人也就变少了。集中规划，发展规模养殖已经成为村委、农民和养殖者的共同要求。三是市场要求提高了。随着经济和生活条件的改善，提高了全民的质量安全意识，尤其是近几年世界范围内重大动物疫病的加剧发生，进一步引起了社会对畜产品质量安全的高度关注。销区城市不断加大对畜禽产品质量监控，产销直挂、超市连锁、加工发展使规模生产基地的质量优势、规模优势和价格优势在市场竞争中更加显现。而农户散养低成本优势逐步为低价格劣势所抵冲，相对效益递减加速了农户小规模散养的退出，发展规模养殖也便有了很好的市场基础和竞争优势。

2006 年，北梯村针对以上情况的分析，最终成立了“北梯村养猪合作社”。为进一步发展规模养殖产业，村“两委”计划以北梯村养猪生产合作社为主体，加快年出栏 5 万头瘦肉型商品猪标准化养殖小区建设，到时将吸引北梯及周边村 300 户养殖户入驻小区，并通过品种改良和规模化养殖提高农民收入。同时，在距北梯村、东阳朝村、西阳朝村、罗村各 500 米的原北梯饲料厂西，北梯种猪厂东，南北轴向，全长 2 公里的大路两侧建设规模化养猪场。场内建设 200 头原种母猪场一座，3000 头二元母猪场一座，年出栏 1 万头商品猪饲养场 5 座，吸收北梯村及周边村 300 余户农民参与合作养殖。为了解决肉猪养殖过程中的环境污染问题，提高合作社的经济效益，增加农民收入，在建设肉猪小区建设的同时，将建设 420 平方米的中型沼气工程 4 座。沼气工程的最终投产将直接达到年处理猪粪尿污物16万吨的目标，同时还能生产沼气480万立方米，沼肥16万吨，为养殖生产的环保化运行提供了有力的保障措施。

（三）积极发展农副产品加工业

农副产品加工是农业生产的继续和延伸，对促进农业生产的良性循环起到了不可替代的作用。农业本身是自然再生产与经济再生产相结合的过程，而农业发展的客观规律也表现为种植业、养殖业和加工业的相互制约和依托的关系。农副产品加工的原料取之于农业，产生的副产品和下脚料又返还给农业，为农业提供大量饲料或肥料，促进了农业生产的良性循环。农副产品加工就实质而言是对这些产品原料的“去粗取精”，加工过程中所产生的废弃物，可作为饲料或肥料，给土壤增施无害的有机肥，不仅不会污染环境，反而却是农业生态良性循环的必备条件。农业生产是农副产品加工的基础，而加工业的发展又必然刺激并促进种、养业的进一步发展；为满足加工业对原料的要求，种养业内部必将“审时度势”按要求及时加以调整。这种三位一体的发展过程，体现出三者间密不可分的有机联系，既吻合了农村经济商品化、专业化生产的内在发展规律，也顺应了当前发展市场经济的客观要求。

北梯村位于永济市虞乡镇，东距虞乡镇政府不足1公里，西至永济市区18公里，南同浦铁路和运永旅游公路傍村而过，交通十分便利。由于有着得天独厚的便利的交通优势，早在上个世纪80年代，北梯村的农产品加工业就得到了极大的发展。据调查，该村目前在企业务工人数有150人，全村80%的农民都有在企业工作的经历，具备一技之长的农户有80户，拥有一批具有现代企业生产管理经验的管理人员和产业工人，具有发展高效农业和农副产品深加工的人才优势。社会主义新农村建设以来，针对北梯村加工业基础较好的优势，村“两委”把发展企业加工、促进劳动力转移作为北梯村的一个经济增长点。在2006年成立的北梯养猪合作社的基础上，以北梯村养猪生产合作社为主体，大力发展瘦肉型商品猪规模化养殖，建设200头原种母猪场一座，3000头二元母猪场一座，年出栏1万头商品猪饲养场5座，年生猪出栏量达到5万头。同时，配套日产40吨饲料厂和平均日屠宰150头以上的屠宰厂及配套冷库，将合作社办成集饲料生产、原种猪繁育、二元母猪繁育、商品猪饲养、商品猪收购外销和加工为一体的专业合作经济组织。同时，利用新成立的葡萄种植合作社，积极发展葡萄酒酿酒加工业，加快葡萄酒产业的招商引资工作，完成酿酒葡萄品种栽培对比试验，在北梯村建设酿酒葡萄品种试验示范园100亩，示范带动东坦朝、西坦朝、张家窑等延山各村建设5000亩酿酒葡萄种植基地，并通过与国内外知名企业的合作，组建年产5000吨葡萄酒加工企业，为北梯村提供新的产业亮点。在积极支持工业园区内永丰食品有限公司、永西食品有限公司、覆膜砂厂、饲料厂等企业发展的同时，加大招商引资力度，吸引新的企业入住园区，把北梯村工业园建设成为全市农村工业化发展的中坚力量。

此外，在北梯村的长远规划中，全村计划在村北东侧与西侧为粮棉生产区，村西饲料厂北侧建设年出栏5万头瘦肉型商品猪养殖小区，占地130亩，在村西建设一个占地100亩的酿酒葡萄示范园，村东0.5公里处为工业园区，占地80亩，村南为葡萄酒加工企业等新型企业园区。到时，北梯村将形成养殖、种植、加工、销售一条龙的农副产品加工产业链，为整个北梯经济的腾飞奠定了坚实的经济基础。

五、生活更加宽裕

生活宽裕，就是要使农民的收入逐步提高，衣食住行条件不断改善，生活水平和生活质量明显上升，生活条件更好。新农村建设以来，在村庄经济建设的大力推动下，北梯村村民的生活条件得到了明显的改善，村民们大多数家里都添置了冰箱、洗衣机、电磁炉、电脑等，和城市里的生活基本上没有太大的差别。同时，村民们也越来越讲究精神文化生活，精神文化生活的消费也有了较快的发展，居民消费已由生存型过渡到享受型。

(一) 村民生活水平不断提高

2005年北梯村经济总收入7600万元，其中农业产值2600万元，以粮棉种植收入为主；工业产值5000万元，占到总收入的65%。北梯村20%的农户从事农副产品贩运，50%的农户在企业打工，仅有30%的农户以粮棉种植为主要收入来源。2005年，全村农民人均纯收入达4180元，集体收入5万元。随着收入的不断增加，村民的日常生活也发生了极大的变化。

在日常饮食上，村民逐渐从"填饱肚子"的观念上升到"讲究营养"的理念上。以往的日常生活中，村民的主菜主要以自家腌制的咸菜为主，主食则以粗粮为主，人们普遍满足于吃饱。在冬天，村民的主菜主要以储存大白菜过冬。随着新农村建设的广泛深入，农村经济快速发展，村民消费水平随着收入的快速增长逐步提高，食品消费逐步从以往的以追求数量的满足为主转向了以追求质量的满足为主，开始在吃上讲科学、讲精细、求营养、高质量。市场上丰富的肉、蛋、鱼、鲜菜、水果四季常有，农民家庭想吃什么买什么。主食细粮化，且逐渐丰富多样，副食品消费从以追求数量满足逐渐转入讲究质量成为现在村民日常消费的主要特征。

在服饰的穿着上，村民们也有了极大变化，而且向品牌化、多样化倾斜。之前，农村居民生活条件差，穿着是"新三年、旧三年、缝缝补补又三年"，补丁衣服随处可见，式样色泽较为单一，中山装为主要式样，脚穿的是布鞋和解放鞋。现在，随着农民收入的增加，人们开始追求新、美的穿戴消费模式，穿着更加讲求舒适大方，服装变得丰富多彩，并日趋成衣化。各种皮鞋、旅游鞋、休闲鞋等不但式样新颖，而且穿着舒适，普遍为农民所接受。

在日常生活的用具上，也逐渐出现了从无到有、不断由低档向高档现代化发展的变化。北梯社会主义新农村建设以来，随着农村居民收入的增长，农村居民耐用消费品发生了巨大变化，经历了从无到有，从少到多、从抵挡到高档、从单一向全面的发展过程。以往农村居民耐用品消费始终是低水平的，“自行车、手表、缝纫机、收音机”四件是高档用品的象征。现在，农村居民紧跟城市消费，做饭脱离了以往的火炉，用上了干净、方便的电磁炉；出行也多以摩托车代步，有的家庭甚至都有了小汽车；家里电冰箱、大屏幕彩电、电话、洗衣机等家用电器一应俱全，家庭用品得到长足的发展。

29岁的村民王小争是北梯村新农村建设中众多的受益者之一。走进他的家里，29英寸的电视机里正播放着欢快的儿歌，两岁多的小女儿正跟随着音乐的节奏扭来扭去。家里都进行了精装修，女主人对房子也做了精心的布置：光滑铮亮的地板砖，美观大气的天花板，颜色鲜艳的落地窗帘，柔软舒适的布艺转角沙发，宽大的双人床……，所有的家具一应俱全。谈到村里的合作社，他讲到，由于自己和大哥常年在外打工，家里四亩多的地的负担都压在了父母的身上，父母的年龄也越来越大了，种地也是越来越不方便了。现在好了，土地能流转了，村里也有了合作社，父母把三亩多的地都入了合作社，每年不仅每亩土地都能拿到200－300元钱的土地租金，而且年底还能拿到可观的分红，这比自己种三亩多的地的收成强多了。“通过土地流转把土地集中到几个种田能手或村集体里，在一定程度上也降低了对农田的投入成本，使土地的利用率和效益大大提高，不仅实现了土地的规模化经营，而且也非常符合农村农民的实际利益”，对于合作社的前景，王小争充满了希望和信心。

（二）农村社会保障渐趋完善

2006年北梯村开展社会主义新农村建设以来，村两委在积极发展本村医疗合作社，让全村人民“看得起病，吃得起药”，逐步实行村民养老保险金制度的基础上，进一步联合中国人寿保险公司，使得全村80%以上的家庭有拥有了中国人寿保险保障，创建了参保村民未来或老有所养、或病有所医、或子女上学，都有经济支援的美好生活。这对社会主义新农村的建设具有非常的意义。2007年8月，中国人寿保险股份运城分公司授予北梯村“中国人寿保险先进村”的称号。

在养老方面，北梯村也取得了突出的成就。目前北梯村全村共有老年人口167人，其中男性为98人，女性为69人，占全村人口总数的12.7%。2007年，全村共集资35万元兴建了新的村委会办公大楼。新的村委会办公大楼共两层，其中第一层为基本办公机构，第二层则专门设置了针对服务全村老年人口、丰富全村老年人口晚年生活的老年活动中心，并提供了一系列学习、娱乐设施，如书报杂志阅读栏、棋牌桌椅等，为村里的老年人提供了较好的活动场所，吸引了村里一大批老年人前来活动和娱乐。现在的老年活动中心里，几乎每天都能看到老人们的身影，听到他们欢快的笑语。在这里，老人们不仅能看看书，阅读一些杂志和报刊，而且还能下下棋、打打牌，大伙儿能坐到一起谈谈心、聊聊天，真正地安享晚年生活。

2007年2月7日，北梯村又成立了老年协会，更加丰富了老年人的晚年生活。在老年协会里，会员们不仅要维护全村老人们的利益，而且还协助村委会的工作，共同搞好北梯村的新农村建设。具体做法包括：搞好和谐社会，宣传好家庭，好媳妇、好公婆，并每年评选一次，出榜公布，以资鼓励；保护村里巷道树苗、花卉不受损坏；监督巷道公共卫生，使其保持常年干净；负责调解老年的家庭纠纷，及时调解家庭矛盾，把问题解决在萌芽状态；组织全村老年人春游活动；认真宣传八荣八耻；半年召开一次老年人全体会议，年终召开一次老年人评比会议，并以资奖励，发扬光大。老年协会活动的开展使得全村老人做到了老有所为，老有所乐，老有所养，老有所好。

在公共设施建设上，自开展社会主义新农村建设以来，北梯村投入大量财力、物力和人力，大力发展本村的公共基础设施，给全村人民的生产和生活带来了便利，让全村人民享受到了社会主义新农村建设的实惠。按照社会主义新农村建设中农村建设工作任务中“四化”的要求，对本村所有大小街道、巷道进行水泥混凝土硬化，实现通组达户，实现了“硬化”的目标；对村中所有主干路、支路街道都留有绿化带，进行花草树木的种植，实现了“绿化”的目标；在村中所有的主干路都铺设了路灯，达到了“亮化”的要求；对村庄内日常的生产生活垃圾进行分类收集，并设置专门的垃圾存放点，由专人进行填埋，实现了“净化”的目标。在村委会原址利用东西主巷道两侧的有限空地、拆除原村卫生所、理发馆所用的村委会旧公房，进行科学合理规划，建设了占地3500平方米的村民文化休闲广场，在广场内设置群众体育健身器材、凉亭、花池等，为村民提供了一个早上可以晨练、晚饭后可以走出家门散步休闲的场所，极大丰富了村民的日常生活。同时在村委会综合办公楼内设村级保健站一所，以服务全村百姓的医疗保健。

此外，在北梯村的近期规划中，规划在村民文化休闲广场南侧建设两层集文化活动中心、卫生所、理发馆、购物超市为一体的综合楼。文化活动中心设计台球室、图书室、电脑室、棋牌室等娱乐设施，为北梯群众提供一个集健身、休闲、娱乐为一体的场所；在广场南部内设小型便民商店、超市、理发馆等服务设施以方便村民日常用品的购买；在村发展路的东尽端设置北梯村文体科技活动中心，修建集小型影剧院和文化图书馆为一体的二层文化楼一幢，进一步丰富了全村人民的物质和精神文化生活。

预计到2010年，北梯村全村在生产发展、生活宽裕、乡风文明、村容整洁、管理民主方面都有更进一步的提高。在生产发展方面，全村工农业总产值预计实现3亿元，比现在增长4倍。粮棉产业实现稳定发展，肉猪产业、葡萄酒两大新兴产业基地和生产加工实现双突破，以永丰食品有限公司、永西食品有限公司、覆膜砂厂、饲料厂为主体的工业园区形成规模，葡萄酒厂等新企业组建成功并入驻工业园区，实现投入达效。通过五年的发展，使全村第二、三产业经济收入占到全村总收入的95%；在生活宽裕方面，农民人均收入实现较大幅度增长，全村农民人均纯收入预计达到2万元，其中参与第二、三产业和企业务工收入占到90%，实现农民收入增长的结构性调整。全村达到户均一人在企业和其他经济组织内务工，70%农户或参与村养猪、葡萄酒产业的农业产业化经营。生活条件不断改善，生活质量不断提高，中心小学基础设施建设和教学质量达到全虞乡镇领先水平，村民文化休闲广场建设并投入使用，建设达标的北梯村医疗保健设施，逐步实行新型合作医疗和养老保险制度；在乡风文明方面，通过建立健全《北梯村文体活动组织制度》、《北梯村民事调解制度》、《北梯村培训组织制度》等各项制度，成立移风易俗理事会和农民夜校等机构，不断提高北梯村民的思想、道德和文化素质，实现社会秩序良好、群众安居乐业、村风团结和谐；在管理民主方面，进一步建立健全党务、村务、财务公开制度，民主议事制度等各项规章制度，进一步加强基层组织建设，提高村民参与村务管理的积极性，村民自治机制充满活力，农民民主权利得到充分尊重。

一个重大的战略决策，往往决定着一项事业的兴衰成败。当前我国广大农村地区自社会主义新农村建设工作开展以来所取得的新变化、新成果，足以说明党的十六届五中全会上提出的建设社会主义新农村这个伟大战略构想的正确性，社会主义新农村建设直接使我国8亿多农民享受到了实惠。目睹北梯村目前的“新气象、新风貌”，我们有理由相信，在党的方针、政策的正确引领下，在各级政府部门的大力支持下，在北梯村“两委”和全体村民的共同努力下，北梯村的明天将更加美好。

第七章　北梯模式的主要经验

在中国农村改革发展的进程中，北梯村的发展模式有其独特之处。我们从北梯村调研归来不出十日，党的十七届三中全会胜利召开，新形势下推进农村改革发展的行动纲领——《中共中央关于推进农村改革发展若干重大问题的决定》发布。《决定》既强调稳定农村基本经营制度，又顺应现代农业发展要求，与时俱进地提出推进农业经营体制机制创新。《决定》指出："允许农民以转包、出租、互换、转让、股份合作等形式流转土地承包经营权。"我们惊喜地发现北梯村通过实行土地入股，合作经营，实现土地流转，发展现代化农业，创办新型农业生产合作社的发展模式与党中央关于农村改革发展的思路不谋而合。

一、精英引领，村民参与

我国农村情况尽管千差万别，但有一点是相通的，即在广大农村地区，农村社会、经济发展的关键是必须有一个带头人物，即农村精英。这样的人物具有号召力，能够把村民们紧紧地团结和带动起来，有一呼百应的作用。永济市北梯村在建设社会主义新农村，实行土地入股，合作经营，发展以专业合作社为依托的现代农业上取得较大成绩的关键因素，正是发挥了农村精英的引领作用。

（一）精英引领是北梯发展的重要条件

社会主义初级阶段的农村经济事实上是"能人经济"，农民增收致富离不开农村地区的精英带领。同样，北梯村成功的关键也在于有精英人物的引领。

1. 精英的内涵与作用

"精英"这个词是从"精品"转化而来的，根据《牛津英语词典》的解释，"精英"一词首先是用来指优秀的社会群体。西方精英主义产生于19世纪末至20世纪初，至今已经历了传统或经典的精英主义、当代或民主精英主义两个阶段。随着精英理论的广泛传播，"精英"一词也被广泛应用。

随着西方精英理论传入中国，中国学者开始把该理论运用到各自研究的领域之中，并从各自的视角出发界定了精英的概念，其中有些国内学者开始把西方精英理论运用到中国基层农村治理的研究中，并对此做了不尽相同的概念界定。比如，按精英人物所处的社会领域，把精英划分为政治精英、经济精英、文化精英。[①]按精英人物与政治的关系，把精英划分为体制内精英与体制外精英。[②]按精英的个人素质和影响力，把精英划分为传统型精英与现代型精英。所谓传统型精英，在当前中国农村社会，大致可以指那些以名望、地位，在特定文化中的位置乃至明确的自我意识为前提而形成的村中精英。比如过去当过村干部或现在的村干部等公众人士，有教养而能够服众的人士，有名望、有知识的明事理人士，热心公益事业的人士，在宗族中有地位的人士等等，构成此类精英人物的条件往往来自某种特定的身份和品质以及他们个人对村庄事务的关心程度。比如党员身份、曾参与村务决策以及由于曾处于边缘地位而产生明确的自我意识从而关注公众事务的村民等等。所谓现代型精英，大致是指在市场经济中脱颖而出的经济能人，这些经济能人因为在经济上的成功，而在农村社会具有广泛的影响力和号召力。[③]

本章论述中的精英特指在我国农村治理中的村治精英。仝志辉

---

① 吴素雄、陈洪江：《从精英治理到民主治理 —村民自治制度演进分析》，江苏社会科学，2004（1）。

② 仝志辉、贺雪峰：《村庄权力结构的三层分析》，中国社会科学，2002（1）。

③ 贺雪峰：《村庄精英与社区记忆：理解村庄性质的二维框架》，社会科学辑刊，2000（4）。

先生在《农民选举参与中的精英动员》一文中对精英所作的概念与本章所指精英较为一致，即是："在小群体的交往实践中，那些比其他成员更能调动更多社会资源获得更多的权威性价值分配的人，就可称之为精英"。①因而可以说农村精英是在农村中掌握更多的政治、经济、社会等资源，有较高社会地位和影响力，积极参与农村治理的农村积极分子。他们是对农村的生存和发展具有决定性影响的关键人物，在农村的政治、经济和社会中享有较高的权威，决定着农村经济、政治、文化、社会等方面的发展方向，是农村重大事务的主要决策者。这种农村精英一般是由村民选举产生的群众基础好、综合素质高、管理能力强的掌握农村公共权力的人士。在其之下往往还集结着一个按行政等级分担权力、各自对农村生活有不同影响力的能人，也称为精英集团。

农村精英的出现和实际在农村中担任的角色，为发挥农村精英在治理农村中的作用提供了可能性。农村精英的出现为发展农村社会、经济提供了力量支持。20 世纪 80 年代以来，由于在农村经济上实行家庭联产承包责任制，体制上国家权力在农村控制弱化以及农民民主意识的逐渐提升，农村精英开始走上农村治理舞台。特别是现代政治精英和经济精英群体的壮大，对自身政治和经济利益要求不断提高，并利用本身所拥有的各种资源优势，成为农村治理不可或缺的力量。农村精英在发展农村经济、治理农村中扮演着不可替代的角色，发挥着重要的作用。

第一，从经济上来说，精英一般是本村的经济大户，至少是比较富裕的中等户。他们不仅自己富起来，还积极带动广大村民致富。调查资料显示：农村中 50% 的精英对村民致富起着带头和示范作用；23% 的精英为村民发展经济出谋划策，所谓的"点子公司"就是村民对他们中一些人的美称；18% 的精英用他们自己的经济实力支持村办事业，扶持贫困户和"五保户"；还有 10% 左右

① 仝志辉：《农民选举参与中的精英动员》，社会学研究，2002（2）。

的精英通过推广实用技术的方式带动村民致富，如一些养殖和种植技术等。

第二，从政治上来讲，农村精英是农村社会稳定的中坚。他们对党和政府的政策精神领会得比较透彻，他们是党和政府的政策在农村落实的“二传手”。

第三，在社会生活中，一般来说农村精英是农村社区中的公众人物，是大家共同的熟人，他们是农村社区中的领袖，良好的人际关系、较强的道德约束、和睦的家庭关系的维护和传承需要他们发挥模范作用，出于对自身利益的保护和声誉的追求，他们必然要积极倡导社会规范，以促进农村的和谐稳定。农村精英有利于协调村里的各种关系，有助于防止村民违法犯罪。农村中的许多矛盾经他们“说合”而化干戈为玉帛，这是我国农村社会稳定特有的防线。农村精英有较好的群众基础和工作能力，而他们自身的素质也相对较高，生活方式较为健康，热心村里公益事业，因而有号召力。他们周围一般都团结和联系着一批村民，他们是村民学习的榜样，他们的存在有利于增强村民的凝聚力。

第四，农村精英还是农村现代观念的传播者。在当前农村改革发展过程中，农村发展的关键是培育新农民，而培育新农民的关键莫过于培育农民的新意识。培育农民的公共参与意识、法律意识、市场意识以及信用意识过程中，农村精英扮演着重要的传播者角色，他们把现代观念和生活方式引进农村，感染了广大村民。

第五，农村精英是农民组织化的组织者。所谓农民的组织化，是指农民为了更好地实现、保护和促进自身的经济利益和提高自己的社会政治地位而联合起来，形成各种经济和政治组织的行动和过程。当前，从全国范围来看，农民合作组织呈现缺失状态，这已经严重影响到了农民的生活、农业生产发展和农村社会的进步。农村精英依靠自身的政治、经济和社会优势，在农村社会有相当的号召力和凝聚力，是农民组织化的倡导者和领导者。

最后，农村精英是农村社会关系网络的中介者。一方面，在农村社会内部，农村精英利用自己的各方面优势和威望，担当着协调村民之间关系、组织农民合作发展农村经济的角色，是维护农村社会稳定的重要力量；另一方面，农村精英利用自己良好的外部网络关系，担当着村民与外界联系的角色，是村民获得外部信息的重要渠道。

永济市北梯村的新农村建设过程就是在精英人物引领下的治村过程。北梯人民在精英人物——其党支部书记兼村委会主任孙国宾的带领下推进北梯的现代化农业建设，实行土地入股，发展农业合作经济，组建专业合作社，促进农民增收，改善村民的生活环境，使北梯村成为一个“生产发展、生活宽裕、乡风文明、村容整洁和管理民主”的社会主义新农村。当然，在北梯村，精英不仅指在北梯村发展中发挥关键作用的孙国宾，而且还有以孙国宾为核心的“两委”成员，即带领北梯村发展的精英团队。

2. 精英引领的条件

尽管农村精英在农村发展中起着重要作用，但并不是说农村精英可以按照个人的意志行事，而是要按照民主的程序引领农村的发展，精英治理必须在治理过程中实现制度化。“制度就是稳定的、受珍重的和周期性发生的行为模式。如果没有强有力的政治制度，社会便缺乏去确定和实现自己共同利益的手段。创制政治制度的能力也就是创制公共利益的能力。”①所以，精英引领必须具备一定的制度条件，否则会演化成精英专制。农村精英是增强农村社会、经济发展的内在动力，应积极创造各种条件，积极进行制度创设，为农村精英发挥作用营造一个良好的环境。

第一，完善农村精英制度化的参与机制和精英吸纳机制。意大利社会学家帕累托认为：“如果统治精英不设法吸引平民阶层中的卓越人才，如果精英的流通被阻碍，那么就会出现国家和社会的失

---

① 塞缪尔·P·亨廷顿：《变化社会中的政治秩序》，三联书店出版社 1989 年版，第 12、23 页。

衡，就会使社会秩序混乱。”由于农村精英群体在农村社会具有特殊的社会影响力，其对农村社会的稳定和经济的发展有不可忽视的作用，所以必须建立和完善制度化的精英培植和吸纳机制，为农村精英能够通过正常的渠道参与农村社会的治理提供制度保障。具体而言，就是要不断完善以农村基层民主为核心的各项农村制度建设。

第二，鼓励建立各种农业合作组织，为农村精英发挥作用提供一个新的舞台。发挥农村精英的能力、权威和魅力优势，成立以农村精英为主导的各种农业合作组织，既可以凝聚村民，避免无序的组织状态，又可以为整合农村精英的政治要求、协调他们的利益提供一个公共的平台。因而，要在健全基层组织，加强基层民主建设在发挥农村基层组织治理农村社会的领导作用的同时，注意充分发挥农村精英主导的农业合作组织的主体性作用，形成“一体多翼”的农村社会治理格局，从而调动各方面力量参与农村治理。

第三，健全约束机制。一方面国家在制度和法律层面要对农村精英的行为进行监督，避免其起消极作用；另一方面要加强对村民的法制教育和宣传，增强其法制观念和参与意识，使其对农村精英行为有一个理性的认识，便于对农村精英的监督和维护村民自身的权利。在完善精英引领的各种制度创设的基础上，精英引领农村发展还必须具备一定条件，否则精英引领就会演化成精英的专制。

精英引领的第一个条件就是精英的个体素质。精英个体必须具备一定的道德素质，要有高尚的道德素质和无私的奉献精神，懂得用自己高尚的道德感化村民，教育村民，并由此成为村民心目中的魅力型领袖。其次是必须具备发展经济的能力，要有适应市场经济的魄力和能力，在经济发展中尊重市场规律、社会规律和自然规律。尊重市场规律就是根据市场变化，灵活机动地调整策略，保证农村经济在市场化的浪潮中平稳发展；尊重社会规律要求在经济发展的同时，实现经济效益在全体村民之间合理平等的分配，避免出现社会不公平和贫富两极分化，以及由此产生的利益矛盾和冲突，保证人人能够享受经济发展带来的文明成果，达到社会、经济、政治、文化的协调发展。尊重自然规律则要求要实行科学发展、可持续发展，即经济发展不能超越资源和生态环境的承载能力，不能以牺牲后代人的利益为代价来满足当代人的利益要求，而是要尊重自然，平等地对待自然，达到人与自然的高度和谐，实现资源和环境的可持续发展。再次是精英必须有民主管理的意识和理念，有组织村民团结协作的能力，畅通村民参与村务的渠道和途径，让村民自主参与到村务的决策中，最终把村务决策变成村民的自觉行为。

精英引领的第二个条件是精英引领的客体素质，即村民必须具备的素质。首先是村民必须对村集体有比较强的认同感和责任感，认识到自己是村中一员，村集体的发展与自身利益息息相关。其次是村民要有参与村务的民主意识，有参与村务的自觉性和主动性，在为村集体经济发展努力作贡献的同时，懂得分享经济发展的利益。三是村民要具备参与村务的能力，有把握自己命运的能力，不会轻易把自己的命运交给村治精英，对于村治精英提出的决策建议不是盲目顺从，而是经过深思熟虑后的理性支持或反对。①

总之，农村的发展是一个相当长期的过程。其根本在于农村社会内部的自我增值和自我发展，特别是农村精英在农村改革发展中要发挥积极的引领作用。充分发挥农村精英在农村改革发展中的应有作用，让农村精英更合理地参与到农村社会的治理过程中，对于农村社会资本的培育，促进农村经济、政治和社会的全面发展，建设社会主义和谐新农村有重要意义。

3. 精英引领农村发展

当前，在我国广大农村地区，其社会、经济发展的核心是精英人物的引领，农村经济事实上亦是“能人经济”，农民增收致富离不开先富起来的能人带领。从这个意义上来说，让经济能人走上农

---

① 董江爱等著：《精英主导下的参与式治理》，山西人民出版社 2007 年版，第 316–317 页。

村基层的政治舞台，意义不同凡响。从全国范围看，农村精英治村也越来越具有普遍性。许多研究也表明：改革开放后农村社会经济的发展，大部分与“农村能人”有关。精英治理、能人治村是中国农村持续改革发展的关键因素。在永济市北梯村这样一个除农村社会传统的土地资源外，地上再无别的资源、地下亦无矿产的村子，却建起了社会主义新农村。究其成功的关键原因，恰恰就在于有农村能人的引领与带动。

（1）“为北梯而生”的农民精英孙国宾与北梯的发展

永济市虞乡镇北梯村的发展走的是一条典型的精英治村的路子。北梯村在新农村发展过程中取得今天的成绩，靠的是广大村民艰苦奋斗，靠的是一个团结奋斗的好“两委”班子，更是一个头脑精明、视野开阔、意识超前、拼搏奉献的好带头人——孙国宾。

北梯村中老老少少的村民都不约而同地把北梯村今天的变化归功于他们的党支部书记兼村委会主任孙国宾。走进村子里，无论是在街头巷尾，还是在农户家里，村民们大到耄耋老人，小到村中少年都非常乐于接受我们的采访，与我们交谈，讲述他们孙书记的能力才干、他的传奇经历。他们充满自豪地向我们讲述在孙书记带领下北梯村的发展变化，讲北梯经济发展在20世纪80年代的奇迹，而且都是一口一个“我们孙书记”，自豪地给我们讲述他们书记的为人。看得出，村民都对这个村庄的“掌舵人”佩服得五体投地，都对他们的书记心存感激。

在孙国宾身上确实体现了许多当代中国农民的优秀品质。北梯村从20世纪70、80年代成为永济市农村发展的奇迹，到今天发展起专业合作社，积极响应党的号召进行农业的集约化经营，发展现代农业，把现代化的经营制度——股份制与农村合作经营方式结合起来，改变了农村小农经营落后于市场经济发展需要的现状。而这正是对党的十七届三中全会精神的现实实践。可以说在北梯村的发展过程中，关键靠的就是孙国宾这个带头人超凡的个人能力和他对农村、农民、农业的热爱，以及高度的责任感、使命感，靠的就是他永不言弃、积极进取的工作精神。

出生于1947年2月23日的孙国宾，从青年时代起就是北梯村村民心目中的一个传奇人物。贫穷的生活环境使他从小就有改变家庭状况和改变家乡落后面貌的决心。孙国宾这样说道："怎么能吃饱？怎么能有钱花？"是他从小就不断思考的一个问题。从20世纪70年代初孙国宾担任北梯村第二生产队队长开始，他带领全队社员搞科学种田、搞粮食深加工和其他小副业，到改革开放之初加工麻雀起家，一跃成为全国野味加工大户。90年代初期又从荷兰引进芦笋，使得永济芦笋出口产业做的有声有色，远销日韩、欧美等世界各地。芦笋加工业也成为永济农业的支柱产业，他成为永济百姓心中的"芦笋之父"。

"黄羊案"后孙国宾离开了北梯村10年，但家乡的人们没有忘记他，他也无时无刻不在记挂着他的家乡。村民一直在打探着他的消息，盼望着他尽早回来带领大伙儿致富。2005年年末，时年57岁年近花甲之年的孙国宾被北梯村村民敲锣打鼓接回村，又当选为该村的党支部书记兼村委会主任，孙国宾再一次走上了村党支部书记的岗位。村民的夹道欢迎让孙国宾书记深知，那是北梯村村民给予他最高的信任和厚望。怎样不负村民重托又怎样带动村民致富，成了他肩上沉重的担子。

孙国宾上任后没有盲目乐观，面对制约北梯村发展的几大问题：北梯人口结构发生巨大变化，大量青壮年劳动力外出务工经商；农村"小生产，大市场"矛盾的日趋凸显，农民不再把土地作为自己收入的主要来源；土地严重投入不足，土地与资金的矛盾日益严重。孙国宾决定把村里的留守人员组织起来搞生产。三年的国外创业经验使他清醒地认识到：只有搞合作，成立合作社，才是北梯村村民脱贫致富的唯一出路。2006年年初，孙国宾书记召开了北梯村全体村民参加的村民大会。在会上，他主要陈述了农民专业合作社是今后中国农村发展的必然趋势，他说：当今世界，合作社已全方位深入到人们生活的各个领域，在发达国家，几乎所有的农民都参加了不同类型的合作社，有的农户同时参加了几个专业合作社。他本人在澳大利亚呆了三年，那里的农民90%以上也参加农业合作社。合作社不但能保护农民的利益，还会推动农业生产走上专业化、商品化和现代化道路。同时他还对北梯村村民具体分析了成立养猪专业合作社的三大好处。在他的引导和带动下，当场就有11户农民自愿加入合作社。2006年3月，北梯养猪专业合作社在永济市工商局登记成立。

现如今，北梯养猪专业合作社是运城市养猪规模最大、成立时间最早的合作社。目前该合作社共有社员40余户，受2007年猪肉价格上涨的拉动，入驻该合作社的饲养户最高年收入达30万元，最低收入也可达5万元，户均收入10万元以上，培植起一方主导产业。北梯养猪专业合作社已被运城市农业局确定为全市12家典型示范合作社之一和基地型产业化龙头企业，被省中小企业局命名为“中小企业创业园”和“永济市政府批准的工业园区”。

总之，在北梯村发展养猪生产合作社过程中，孙国宾作为北梯的带头人，他的眼界及魄力是该生产合作社得以建立、发展，从而促进北梯村村民增收的关键因素。

在养猪合作社逐步走上轨道后，孙国宾认识到发展养殖业虽好，但是作为农村第一资源的土地在经济发展中更应发挥重要作用。北梯村地上无资源、地下无矿产，人均土地仅一亩多。因为人均土地面积少，村民们在土地上并不下工夫，造成了不必要的浪费。面对这种小生产的局面，孙国宾经过多方考察学习，反复研究中央在农村的各项政策后决定，让农民将土地承包经营权入股，进行土地的规模经营，发展现代农业，同时吸纳村民手中的闲散资金，共同投入生产，收入后分红。这种做法得到了北梯村广大村民的欢迎。这样一方面解决了农民土地投入不足的问题，一方面又为外出务工人员解决了后顾之忧。外出务工经商人员可以放心外出，其把闲置土地入股后，既避免了土地资源的浪费，又使得这部分人在农村有了“资产性收入”，这种方式类似于为这部分农村劳动力提供了城市居民的社会保障。孙国宾认真审视这一实际后，决定借着《农民专业合作社法》的东风，依靠村里现有的自然条件，把土地和农民集中起来，发展北梯村自己的葡萄种植农民专业合作社，从而在不改变土地的集体所有制性质和土地农业用途的基础上，达到减小投资风险、增加农民收入的目的。

农民专业合作社在北梯村生根、开花、结果，使北梯村村民不离土地就增加了收入，改变了村民闲时打工、忙时种田的生产状态，使村民不用离开农村，在自己的土地上就可以打工、赚钱。这样，北梯村村民在孙国宾的带领下，依托于土地资源，通过土地流转，将土地承包经营权入股，改变土地经营方式，实行现代化的规模经营，取得了较之于从前分户经营时更好的收入。事实证明，这种经营方式不仅增加了北梯村村民的收入，同时也适应了当前市场经济发展对我国农村农业提出的新要求。这亦使得北梯的农业生产合作社具有广阔的发展前景。

总之，三年来北梯村在孙国宾的带领下发生了巨大的变化。2008 年 12 月 9 日，在北梯村的第八届村民委员会换届选举中，孙国宾又以全票当选为北梯村村民委员会主任，北梯村在孙国宾的带领下将变得更加繁荣、和谐。孙国宾曾有从政的机会，也曾有拿到绿卡成为别国公民的机会，但他一一放弃了，用孙国宾自己的话说即是:“我是为北梯而生的!”

（2）北梯精英团体与北梯发展

在新农村建设过程中，实施精英治村战略要和强有力的村“两委”班子建设结合起来。农村的发展离不开核心精英的引领，但只有一个核心力量的引领，也无法实现农村的高效发展，推动农村发展需要的是一个精英团队的合作和相互支持。农村精英治村不是提倡个人英雄主义，不是要精英个人奋战、孤军奋斗，而是要在精英领导下发挥整体的合力。要在加强村党支部和村委会班子建设中实施精英治村战略，要做到该点必须坚持以下几点：一是要努力提高精英和村“两委”班子的思想认识。要使主政的精英和班子真正认识到社会主义新农村建设就是当前和今后一个时期农村最大的政治，从而不断提高理解政策、执行政策的能力。二是要大力加强班子和党员队伍建设。要培养选用自身致富能力强、带领群众共同致富能力强、能充分体现先进性的精英党员担任村党支部书记。通过实行“双培工程”，把优秀的致富能手、经济精英培养成党员，把农村党员培养成致富能手、经济能人。三是精英要主动改进领导方式和创新工作方法。精英要着眼于社会主义新农村建设的实际，适时地推进工作作风转变，牢固树立领导就是服务的观念，做给群众看、带着群众干。四是要切实加强党风廉政建设。精英及其领导下的每位党员干部都要加强党性修养，严格要求自己，切实管住自己的嘴和手，不该吃的坚决不吃，不该喝的坚决不喝，不该拿的坚决不拿，常修为政之德，常思贪欲之害，常怀律己之心，巩固和增强党在农村的执政基础。

北梯村有今天的成就，光靠孙国宾一人也是不行的，还在于北梯村有一个团结战斗的精英团队，在于全体村委会成员和全体村民的共同努力，在于北梯村的党员干部深刻领会了上述四点要求。

在北梯村的精英团体中，在孙国宾书记的领导下，“两委”会成员各司其职，既分工明确又紧密配合，共谋北梯的发展大业。北梯村民尽管把北梯的发展成就归功于他们的书记孙国宾，但他们也不否认村“两委”成员对北梯的贡献。孙国宾是北梯发展的主角，他有谋略、有思想、有眼界、有魄力，在市场化的今天，善于在市场的夹缝中捕捉商机，是北梯发展的掌舵人。但副书记孙跃进，副主任武长俊等“两委”成员则是舵手，他们把北梯村里的日常事务、思想政治教育、民主政治建设、精神文明建设等各项工作都打理的井井有条，为孙国宾发展北梯经济创造了良好的环境。

(3) 学习政策，抓住机遇，发展北梯

在北梯村的发展过程中，固然离不开精英孙国宾的个人魅力和他的能力才干以及整个精英团队的带领，但以孙国宾为核心的精英团队能够把握住整个时代发展的脉络，认真学习领会党和政府在农村的各项方针政策，把握历史发展机遇，发展北梯亦是这一精英团队能够带领北梯繁荣的重要经验之一。在党的十六届五中全会上明确提出“建设社会主义新农村”的重大历史任务的关键时期，孙国宾有了发挥其能力才干的舞台，而在他的带领下，北梯人民抓住了这个历史机遇，造就了今天繁荣的北梯。

在孙国宾书记的带领下，北梯村上至“两委”干部，下至普通村民、合作社社员均形成了学习研究中央关于农村发展的各项方针政策的氛围。这为北梯村在建设社会主义新农村中始终走在时代前列奠定了基础，保证了北梯村的快速发展。拿孙国宾书记来说，他本人虽未上过大学，但他却非常好学，家中藏书过万册，有着大学教授般的理论水平，对党和政府关于农村的各项方针政策均非常熟悉，并在此基础上形成了自己的一整套关于农村发展问题的独到见解，“北梯村如何应用好政府对农村的各项惠农政策?”是孙国宾经常思索的一个问题。如2006年初回到北梯的孙国宾，面对北梯村的现状，他就注意到在党的十六届五中全会上中央提出“建设社会主义新农村”指导思想的同时又有了一个明确的提法，就是“提高农民的组织化程度”。同时孙国宾又敏锐地注意到中央从2003年强调三农问题重中之重之后，就明确指出要在农村提高农民的组织化程度。接着2004年的一号文件又在支持农民专业合作经济组织建设上出台了六个方面的政策。这一连串的政策给了孙国宾带领北梯人创办专业合作社一颗“定心丸”，让他抛弃顾虑，可以放开手脚发展北梯。

正当北梯村新农村建设顺利开展，农业合作社发展步入轨道之时，党的十七届三中全会召开，进一步明确了党在农村的各项政策，明确提出了通过适当形式的土地流转，整合农村土地资源和劳动力资源，发展现代农业，进行农业的产业化经营。孙国宾听闻该政策，更是喜上眉梢，这是对他带领北梯人民实行“土地入股、合作经营”，创办葡萄生产合作社的绝对肯定。在十七届三中全会召开期间，他带领北梯村“两委”干部认真学习研究党的十七届三中全会精神，并积极向村民及合作社社员宣传党的惠农政策，使北梯村上下一心，形成了积极学习、贯彻党和政府的各项农村政策的良好氛围，同时这也使得北梯人民能够把握时代发展的脉络，抓住历史机遇，建设北梯，始终走在农村发展的前沿。

总之，在孙国宾为核心的经营团队的带领下北梯村走上了快速发展，建设社会主义新农村的路子，三年来，北梯村村容村貌发生了翻天覆地的变化：整齐的楼房，整洁的街道，明亮的路灯，绿莹莹的草坪向我们展示着一个新北梯。养猪合作社的猪舍里和葡萄合作社的地里忙绿的身影是北梯人奋发的写照，红砖蓝瓦的北梯小学里传出的朗朗读书声是北梯希望的未来。

（二）村民参与是北梯发展的力量源泉

社会主义新农村建设是一项系统工程，而新农村建设的主体是农民。北梯村建设社会主义新农村取得的成绩，除了有农民精英孙国宾外，和北梯村村民的积极参与也是分不开的。北梯村成功固然离不开村治精英孙国宾的引领，但也正是孙国宾认识到了农村发展的主力军是农民，并积极动员了广大北梯村村民参与北梯的新农村建设，才使得北梯村短短几年来取得了较大的发展成就。

孙国宾充分认识到农民是中国特色社会主义新农村建设的主体，没有新农民就没有新农村，就没有能与国际接轨的现代农业。只有农民才是新农村建设的主体。因此，孙国宾首先认识到，在北梯的发展过程中应充分发挥广大农民群众的主体作用，这符合事物发展变化的内在规律。农民是新农村建设的内因，政府则是新农村建设的外因，外因通过内因起作用。国家的政策、城市的支援、工业的反哺，最终都要通过农民的双手来实现。如果没有广大农民群众的积极性、主动性、创造性这个内因充分发挥作用，再好的政策，再多的扶持，也很难发挥效果。新中国成立以来的农村历次重大社会变革，都说明了这一道理。只有那些以农民为农村变革内在动力的变革才真正是富有成果的变革，如土改、家庭联产承包责任制等。而离开了农民主体，单纯依赖外部力量的变革都不可能成功。其次，孙国宾认识到农民是农村的主人，他们最了解农村的实际情况，最知道自己需要的是什么，追求的是什么。中央政策是统领性文件，专家建议也不免理论化和书面化，而只有尊重农民的意见，才能制定出合乎各地实际情况的发展战略。再次，孙国宾认识到，农民具有很高的智慧，并非是某些人认为的那样愚昧无知。全国8亿农民中，蕴藏着无穷的聪明才智和巨大的创造力。孙国宾这样富有智慧地说道："中国农民吃苦耐劳，善于精耕细作，同时他们又充满智慧，若和流水线上的工人相比，他们是一个非常'完整的生产者'，'而不仅仅是一个劳动者'，他们参与了农产品生产的全过程，农产品生产的每一个环节他们都懂。这决定了他们是最富有智慧的一个群体。"在现阶段，农民凭借他们在长期的农业生产中摸索、总结、积累的丰富的农村建设经验，能够提出最直接和最具有针对性的意见。

正因如此，在北梯村的新农村建设中，精英人物孙国宾没有脱离农民，相反却紧紧依靠和充分利用广大农民群众的聪明才智和创造力来发展北梯，建设北梯，充分发挥农民的主体作用，做到建设为农民、建设靠农民、建设成果由农民分享。村民选举产生的精英通过村务公开、财务公开、村民代表会议、民主理财等方式和渠道，使全体村民参与到北梯村改革发展的全过程中来，使村民与精英之间建立一定的信任关系，激发村民对村庄的认同感和责任感，并在参与村务的过程中提高自身的民主意识和民主能力。如孙国宾及其村"两委"干部始终坚持"民主治村"的理念，鼓励北梯村村民参与到北梯村的管理和决策中，在建立村民代表会议制度的同时，完善党员代表会议，并实行"村民代表会议"和"党员大会"的联合会议制度。而两会合一也就自然扩大了本村直接民主的范围，做到了民主办事，民主管理。同样，在发展农民专业合作经济，建立生产合作社时，孙国宾也始终以"自愿参与"作为建立和发展合作社的首要原则，在发展生产合作社时充分尊重了农民的意愿，做到"农户自愿参加，入会自愿，退会自由"，充分发挥农民的主体作用，面对北梯村3年来村容村貌翻天覆地的变化及快速发展的合作经济，北梯村民也表现出了积极的参与热情与改革要求，从而从根本上保证了北梯村新农村建设和农民专业合作社健康有序的发展。

北梯村的发展正是在以孙国宾为核心，带领一个精英的团队，在得到村民的信任和支持下，充分发挥精英的引领作用，调动起村民参与农村治理的积极性，使精英与民众之间形成一种良性互动。而在精英与民众互动的过程中，不仅使得村级各项制度趋于完善，而且培养了村民参与农村治理的习惯和能力，保证了村民自治规范化和有序化地运行。需要明确的一点则是精英引领下的治村模式的基础正是村民的积极参与。没有农民的参与就不可能有农村的发展。在上述北梯发展的过程中，时时处处体现着这种参与的精神，北梯村的村民代表大会制度已经成为北梯人生活和北梯发展中不可缺少的一个组成部分。

正是因为北梯村的村治精英有明确的治村目标，并在实践中不断积累、丰富自己的经验，孙国宾书记带领村“两委”干部和全体村民，经过几年的艰苦努力，从创办养猪生产合作社到实行土地入股，成立葡萄生产合作社，灵活运用股份合作制的经营机制，将投资者、经营者与劳动者联系在一起，将现代化的经营方式——股份制与农村合作经济集合起来，产权明晰，责任明确，在地下无资源、地上无矿产的农村地区，北梯村紧紧依托于土地资源，创造出一种体现北梯精神、适应市场经济发展规律的“北梯模式”。“北梯模式”也同样展现了在当前中国农村改革发展的关键时期精英引领作用对农村发展的重要性。

二、土地入股，合作经营

永济市北梯村在没有改变土地集体所有性质，没有改变土地农业用途的基础上，以创办农民专业生产合作社成为北梯村建设社会主义新农村的有效途径。在村治精英孙国宾的带领下，北梯村没有走发展工业来促进农村发展的“以工带农型”发展路子，亦不似山西省不少农村走依托煤炭资源建设新农村的“煤炭资源型”发展模式，而是紧紧依托农村地区的传统资源——土地资源，通过土地流转，不改变土地用途，仅改变土地的经营方式，变传统的家庭承包经营为土地承包经营权入股、合作经营，这种经营方式有效地实现了土地的规模经营，加大了土地的科技投入，提高了土地的利用率，增加了农民收入，保障了农民权益。这种紧紧依托土地资源，通过股份制与农民专业合作经济组织相结合的现代化经营模式是北梯村在建设新农村中成功的重要经验之一。

（一）以土地入股实现土地流转

农村土地承包经营权流转（即土地流转）自上世纪80年代初开始出现并逐步扩展，近几年呈加快趋势。据初步统计，到目前全国农村土地流转面积已超过1亿亩，占家庭承包耕地总面积的8.7%。中央对农村土地承包经营权流转问题一直高度重视，政策是非常明确、一贯的。党的十七届三中全会在保持土地流转政策连续性的基础上，进一步明确了政策界限和要求，为做好土地流转管理和服务工作提供了根本依据。在党的十七届三中全会中指出：一是要按照依法自愿有偿原则，允许农民以转包、出租、互换、转让、股份合作等形式流转土地承包经营权，发展多种形式的适度规模经营，有条件的地方可以发展专业大户、家庭农场、农民专业合作社等规模经营主体，这是土地承包经营权流转的原则和允许的形式；二是土地流转不得改变土地集体所有性质，不得改变土地用途，不得损害农民土地承包权益，这是土地流转的底线。实行农村土地有序流转，是稳定和完善农村土地承包关系的重要环节，是促进农业结构调整，提高土地使用效益的有效手段，也是发展规模经营和农业现代化建设的必由之路，但实现土地流转的方式又因各个地区实际的不同而有所差别，如可以通过实行股份合作制、租赁、转包、转让、拍卖、互换等方式实现土地流转，不能脱离实际盲目追求土地流转的速度和规模。而永济市北梯村正是通过土地入股的形式来实现土地流转，发展农民专业合作社，进行合作生产，发展现代农业。

农村土地股份合作制，是在家庭联产承包责任制“两权分离”的基础上，将土地承包经营权再进一步进行分离，在不改变土地承包经营权的前提下，按照股份制和合作制的基本原则，把农民土地承包经营权转化为股权，组建合作社，委托合作社经营，按照股权从土地经营收益中获得一定比例分配的土地合作经营形式，做到股权的分散化与土地资源的社会化相统一，按股分红与按劳分配相结合。形象地概括就是：“土地变股权，农户当股东，有地不种地，收益靠分红。”农村土地股份合作制是农业经营模式和农村集体土地流转机制的创新和完善，是农村土地承包经营方式的又一次重大变革，是一种新型的土地产权制度。北梯村在新农村建设中正是采取了该种模式实现了土地流转，这种土地流转模式作为一种在稳定家庭承包经营基础上，提高农业集约化、产业化、标准化水平和农民组织化程度的实践股份合作制的有效形式，是创新土地流转机制、改进生产经营方式、深化农村改革的有益探索。这种股份合作制的土地流转模式的运作、管理、经营和分配机制主要有以下几个特点。

其一，农户以土地承包经营权为股份共同组建合作社，未改变土地的集体所有性质。村里按照“村民自愿、土地入股、集约经营、收益分红、利益保障”的原则，引导农户以土地承包经营权入股。其二，土地入股有利于化解土地规模经营和现代农业发展中的矛盾，有效实现较大范围和空间内的土地流转。有利于创新农业经营形式，转变农业增长方式，提高土地利用率、产出率和农业综合效益。其三，合作社按照民主原则对土地进行统一管理，变农民分散经营为合作社统一经营，这有利于实现农业的规模经营，发展现代农业。其四，合作社实行按土地保底和按收益分红的方式。年度分红时，首先支付社员土地股，即保低收益每股（亩）200 元，留足公积公益金、风险金，然后再按经营股进行二次分红。第五，北梯村实行“土地入股，合作经营”，这并未改变农村土地的基本用途，相反，通过发展现代农业，实现了农业的集约化生产，提高了农产品的产量与质量，实现了土地效益的最大化。因而，北梯村的这种发展模式不会造成土地资源的浪费。相反，这种合作的集约化经营有利于农业的产业化、集约化生产，有利于发展现代农业，增强农产品的竞争力。

在新农村建设过程中，北梯村对股份合作制为主要实现形式的土地流转进行了有益探索，走出了一条以土地入股合作经营，创办农业生产合作社为特色，加快传统农业向现代农业转变的新路子，初步达到了经济效益和社会效益“双赢”的效果。

农业家庭经营具有很强的适应性和可操作性，是一种有效的农业经营形式。从我国来看，农户也是目前以及未来农业经营的主体和基本组织形式。在小规模农户经营的基础上，仅凭势单力孤的农户自身的努力去提高农业的国内乃至国际市场竞争能力是极端困难的。正如孙国宾这样精辟地论述到：“中国农业的出路在于逐步参与到国际市场中去，即中国农民必须参与国际分工，而要做到这一点，就必须改变一块土地‘五颜六色’的状况，解决农业的标准化生产问题，发挥中国农业在国际市场中的优势。”因此，超农户经营组织的存在和发展成为必要，而具有多种功能并在实践中不断发展创新的农民合作社，作为真正农民自己的组织，应该成为我国农业经营组织化的主导形式。这为当前我国广大农村地区提供了一条可供借鉴的发展模式，是践行党的十七届三中全会精神，发展农村生产力的典型。

第一，农民土地入股，进行合作经营，发展合作社，可以使农民走向联合，解决个体农户生产与市场需求的衔接、季节性生产与常年均衡供应的问题，调节供求矛盾。通过土地流转形成规模经营的合作社，提高了劳动生产率，降低了劳动力投入成本，提高了种植效益，采用了优良品种和先进生产技术，聘请了专业技术人员。解决了传统的农业生产与市场脱节的“小生产、大市场”的矛盾。

第二，通过土地入股，实现土地流转，使农民摆脱了单个生产者的弱势地位，农民走向了联合，这提高了农民作为生产者讨价还价的能力，真正保护了农民利益。我国目前屡屡发生坑农害农事件，损害农民利益事件，归根结底是农民没有有效的组织，无法形成一股统一的自我保护的力量。

第三，实现土地流转后，发展合作经营，可以有效培育农民的市场意识，更新农民的观念，提高农民的素质。土地入股既培育了农民对土地及市场的敏锐意识、风险意识和参与意识，又赋予了农户选择生产合作社的权利，有利于提高农民素质，实现土地资源收益的最大化。同时，合作社进入农村后，改变了农民的传统生产观念。先进的生产经营理念、生产技术和市场意识对当地农民起了潜移默化的作用，改变了农民传统的生产观念。农民在受聘务工的过程中以及与合作社、企业的业务交往中，也自觉不自觉地受到磨炼，学到了先进的生产技术和管理经验。

第四，土地流转，合作经营，有利于促进现代农业的发展。就全国整体形势而言，我国农业发展的"瓶颈"就是缺乏标准化生产的现代农业，而提高土地产出率、资源利用率和农业劳动生产率，提高农业效益和竞争力等，都是发展现代农业的必然要求。发展现代农业是社会主义新农村建设的首要任务，是以科学发展观统领农村工作的必然要求。农业生产合作社是当前我国农村发展现代农业的有效途径之一。

第五，通过土地流转，入股创办生产合作社，提高了农产品品质，节约了种植成本。土地流转后使土地集中起来，由合作社专门人员管理，一方面促进了农业机械化水平的提高，增强了市场竞争力；另一方面土地入股流转形成规模经营，合作社管理者对规划决策、组织生产各方面进行统筹安排，合理配置，精确计算，从而实行科学种田，节约成本，提高效益。

第六，通过土地入股，合作经营发展农业合作经济，可以壮大农村集体经济，可为改善村中生活环境、文化娱乐设施等提供强有力的经济基础。加快农村社会、经济发展，增加农民收入，稳定农村大局。

（二）以合作经营保护农民利益

北梯人在利用土地入股进行合作生产，建立生产合作社的发展过程中，深深地认识到土地是一种资源、一种财富。以土地入股形式进行合作经营不仅优化了土地资源及其劳动力资源的合理配置，实现了家庭承包经营责任制与现代农业发展有效对接，挖掘出了农业内部增收潜力，社员享受土地保障金和红利分配。而且土地入股把农民从家庭承包土地经营中解放出来，扩大了农民就业渠道，使一部分人能够外出开饭店、进城打工或从事其他经营，增加了农民收入，形成了富有特色的土地规模经营模式，同时保护了农民的利益。

第一，通过土地入股创办生产合作社，由合作社集中经营，一方面克服了一家一户经营带来的经营规模过小和过度分散的局限性，促进了土地规模经营、农业产业化及现代农业的发展。另一方面，在合作社中由于可以中间各环节利益分享，这样就保护了农民作为生产者的利益。成立合作社后，合作社可以打开自己的销售渠道，打破销售商的垄断。同时由于农业生产合作社是农民在农业生产过程中自愿结成的经济组织，其分配原则是“有偿服务，盈利返还”。这样，社员不仅可以得到初级农产品的利润，还可以得到农产品加工、销售后那一部分增值利润的一大部分，从而大大提高了村民的收入，同时改善了村民生活条件。土地流转入股经营后，北梯村民收入普遍得到提高，改善了生活条件。和我国其他农村一样，随着北梯村的不断发展和城市就业机会的增多，许多北梯村农民不再把土地作为收入的唯一来源，而是选择外出务工、经商。这部分农民可以通过土地入股，获得资产性收入，同时又避免了土地资源的荒芜与浪费，从而能更好地在城市经商、创业、安家等。而继续留在农村的农民还可以通过土地承包权入股农业企业，取得土地租金与分红收入。如在北梯村参加养猪生产合作社的40余户社员，在2007年最高年收入达30万元，最低收入也可达5万元，户均收入达到10万元以上。而于2007年孙国宾和股东们发展的近300亩葡萄种植园里，虽葡萄苗尚未挂果，但葡萄苗下套种了黑花生，孙国宾这样说道，这些远销日韩的黑花生："预计今年（2008年）这些花生收入可达20万元。"可见北梯村村民依托土地资源，通过改变土地经营方式，进行土地入股，合作经营，实行了农业的现代化规模经营，取得了较之于从前分户经营时更好的收入，保护了农民利益。

第二，创办生产合作社提高了村民生活保障水平，促进了农村安定和谐。由于土地入股，创办了合作社，像以前那样户与户之间的土地纷争少了，由于人人都有事做，无事生非的矛盾纠纷自然也就没有了。同时通过这种方式又能有效地为外出务工人员解决后顾之忧，外出务工经商人员可以放心外出，他们把闲置土地入股后，既避免了土地资源的浪费，又使得这部分人在农村有了"资产性收入"，为这部分农村劳动力提供了类似于城市居民的社会保障。妥善解决了农村基本养老问题、贫困户基本生活保障问题、农村土地闲置荒芜问题，实现了老有所养、弱有所靠，家庭关系、邻里关系更加和谐融洽。

总之，北梯村土地入股，合作经营的土地流转模式虽然还处于起步阶段，但因为其实施的股份合作制增加了北梯农民的收入，保护了农民利益，而且没有改变土地的集体所有制性质和土地的农业用途，这在客观上顺应了我国农村改革发展的新趋势，是我国农村实现农业现代化、提高农民收入的有效途径，因而该模式对我国广大农村地区认真学习，深刻领会，全面贯彻党的十七届三中全会思想，抓住时机推进农村地区改革发展，建设社会主义新农村具有重要的启示与借鉴意义。

三、民主管理，规范运作

在权威与民主的关系上，学术界把现代社会划分为"精英派"

与“民主派”。“精英派”主张实行集权政治，突出精英对现代社会发展的关键作用，其认为社会注定要由少数杰出人物或精英来统治；“民主派”则注重现代社会发展的民主化进程，而政治民主的意义恰恰就在于社会的权力地位在原则上是向所有人开放的，权力竞争是存在的，当权者必须对全体选民负责。①从这个意义上讲，两者似乎是社会治理观截然对立的两种派别。但在现代社会的实际治理中，权威与民主并不是一对此消彼长的矛盾，而是相互依存的关系，关键要看精英是什么样的精英，精英如何产生，以及精英通过什么手段树立权威。因而农村的精英引领式的治理必须置于民主机制的框架之内，其在行使公共权力的过程中也不能离开村民的监督，从而使精英和民主充分发挥各自的功效，使村治精英与民主发展达到一种平衡，使农村社会沿着一条有领导、有组织、有步骤、有秩序的道路前进。只有村治精英懂得采用民主、制度的手段，发挥村民集体的力量，在农村发展中形成巨大合力，农村才会不断向前发展。因而建立和实行公开、民主的制度，精英和民众的距离才会缩短，精英政治和民主政治才有可能协调起来。北梯村成功的关键，就在于其精英核心孙国宾及其精英团队用民主的、制度化的规范凝聚起了北梯村的广大群众。

（一）民主化管理制度是北梯快速发展的保障

纵观社会发展的历程，每一个社会群体都离不开精英人物的引领和带动。而民主化管理制度的核心就是让社会全体成员通过各种方式和渠道参与到社会管理的全过程中，在社会事务中体现出当家做主的地位，激发社会成员的社会责任感和主人翁意识，增强社会全体成员对社会共同体的认同感和社会管理的透明度与可信度，使每个社会成员认识到自己的成长、发展与社会的发展密切相关。同理，作为拥有八亿农民的中国最广大的农村社会，农村精英在农村

---

① 巴特摩尔，尤卫军译：《平等还是精英》，辽宁教育出版社 1998 年版，第 10－11 页。

的改革发展中的地位同样是不可取代的。但是在现代民主社会中，农村精英应该是始终代表村民利益、把村民利益放在首位的综合素质高，思想品德好、管理能力强的人物，他们行使的公共权力必须来自村民的授予，在农村范围内，村民通过自己选举出的精英人物控制村庄资源，体现和维护村民的利益。在我国农村治理中，农村精英在村庄范围内的治理目标就是要使村民通过某种机制有序地参与到农村治理的全过程中，使农村治理沿着有利于村民利益和村集体利益的方向发展。推行民主治村，即实行民主管理、民主决策、民主监督。它的好处在于能够协调农村中的各方利益，妥善处理各种矛盾，调动群众参与村里工作的积极性，使农村建设走向和谐发展的轨道。表面看，民主治村时农村精英的权力受到约束，精英的行动受到了一定的限制，实际上只要精英真正为村民谋利益、为集体着想，其决策又是正确的，则根本不影响他赢得群众的理解和支持。假如有的群众一时想不通，只要注意工作方法，进行有效沟通，就会争取到他们的理解与支持。精英引领的治村模式倘若离开了民主和制度，精英最终会从深受爱戴和拥护的一端走向不受多数人欢迎的另一端。推进新农村建设，实现农村的持续改革和发展，需要选拔农村精英来带领农民致富。但在选拔精英的同时，更需推进民主治村。如果说精英治村是为农村改革发展建设加油，提升发展的速度，那么，民主治村就是添加润滑剂，可以确保农村建设和谐、持续地发展。

所谓民主治村，就是要村庄内多元主体协同管理村庄内部事务。民主选举为村庄建立一个善治结构提供了制度基础，但民主选举只是民主化管理制度的一环，民主化管理制度不仅体现在能够把优秀的人才选举出来，把村庄内的精英选举出来，更重要的是体现在精英治村是通过一种民主的、制度化的方式。村民在选举中的精英取向，归根到底就是期望他们的村庄能够建立一个好的治理结构，从而有效地满足他们对农村公共产品和公共服务的要求。在北梯村，民主化、制度化的管理体现在其村务的方方面面，正是由于有了民主化管理制度做保障，孙国宾才能带领出一个团结战斗的好班子，造就一个和睦进取的好村子。具体来讲，北梯村在民主化、制度化的管理方面，主要做出了下列几大成就。

第一，从孙国宾2006年上任伊始，就带领“两委会”建章立制，改革创新北梯村各项制度。2006年村委会直选产生之后，北梯村村委会认识到，要治理好一个村庄，首要的事情就是建章立制，配套完善各项制度章程。为了使村委会依法办事，依规行使村民自治权利，北梯村先后制定了《北梯村村民自治章程》、《北梯村村民自治制度》、《北梯村财务制度》、《北梯村村务制度》、《北梯村村民会议制度》等制度，还分别制定了村规民约。这些制度经由村民代表会议审议通过，从而对全体村民具有约束效力。北梯村建章立制的着眼点是建立健全村民自治的六项基本制度：一是村民议事制度，其实质是要建立一套解决争端的制度机制，从而避免个人专断或者议而不决的毛病；二是村委会工作制度，村委会工作制度的建设，主要是明确村委会的工作职责、工作程序和办事方法；三是村委会干部廉政制度，通过此制度使北梯村村委会干部树立起全心全意为村民服务的思想，廉洁奉公，勤政为民，发扬民主作风，依法依章为民办事；四是财务、村务公开制度；五是财务管理制度；六是村调解委员会工作制度。通过村调解委员会的工作及时有效地调解村民纠纷，防范各种违法犯罪行为。

北梯村这些点点滴滴的制度改革创新，不仅为村集体节省了许多不必要的开支，促进了村“两委”的廉政建设，更重要的是密切了干群关系，提高了北梯村村民对“两委”干部的信任和满意程度。

第二，让更多的村民参与民主决策。让更多的村民参与村庄的民主决策和民主管理，是北梯村民主治理的又一件大事。这使北梯村步入了民主治理的轨道。在以前，村里的大事都是由村“两委”一班人出主意和拍板子，村民难以参与村务管理，导致村民和村干部“两张皮”的状况。2006年，新上任的村委会成员认识到，让更多的村民直接参与村务的民主决策和管理，是解决村中一些管理弊病的根本途径。如何扩大直接民主的范围呢？北梯村的做法是，在建立村民代表会议制度的同时，完善党员代表会议，并实行“村民代表会议”和“党员大会”的联合会议制度。而两会合一也就自然扩大了本村直接民主的范围。北梯村每季度一次的民主生活会，每月一次的党员大会，出席人数都在98%以上，每次会上大家都踊跃发言，各抒已见。

在此基础上北梯村党支部书记兼村委会主任孙国宾形成了民主办事的好习惯，充分体会到民主治村的好处，在民主表决村里大事的时候，他都组织召开全体党员和村民代表会议，依靠大家的力量来发挥集体的智慧，解决问题。在他上任的第一年里这样的民主决策会议就召开了若干次。如：通过召开这样的民主决策会议审议并通过了《北梯村村民自治章程》和《北梯村村民自治制度》；讨论村小学的重建与选址问题，并在会上全体代表投票表决通过了村委会的这一提议；进行年终总结，由孙国宾向两会代表报告年度工作总结，村委会各成员答复与会代表们的询问等。

除了充分发挥村民代表和党员代表会议的民主决策作用外，村委会在决策涉及全村利益等重大问题的时候，还通过召集全体村民大会、或下到村内召开村民和合作社社员代表座谈会议等形式来集思广益，听取各方意见和建议，改进村委会的工作。这就进一步拓展了村民民主决策和民主管理的参与渠道。

第三，加强农村社区建设规划。长期以来，北梯村的整体建设缺乏规划，村里也缺少一条像样的路。村民建房也是各自为战，样式五花八门，朝向四面八方，缺乏规划。随着新农村建设步伐的加快，北梯村的“两委”干部倍感强化农村社区建设规划的重要性。为此，《北梯村村民自治章程》赋予了村委会规划社区建设的职责：村委会要“编制实施本村建设规划，按照规划修建村路，指导村民建设民房，整顿村容，发展公益事业，搞好公共卫生，改善居住环境，提高村民健康水平”。目前，村民新建住宅都必须按村里的规划进行，以提高村民的整体规划意识。而在永济市各级政府的指导下，北梯村还特意聘请专家制作了《永济市虞乡镇北梯村建设规划说明书》，用来指导北梯村的长期农村社区建设。

如关于村民宅基地管理，北梯村自治章程规定："村民建房用地实行统一规划，由本人申请，村民小组核实，由村委会研究统一审批。村委会审批后，用户到国土所领取并填写《用地申请表》，由村民小组负责人签名并盖章，交村委会主任签名及盖章，再到国土所办理《土地使用证》。"同时，为了严格执行农村社区建设规划，对于非法建房、不按照规划建房以及违章建筑者，村委会还依照国家有关法律法规和本村的村民自治章程以及村民代表会议通过的村建设规划，进行及时处理。这些措施改变了村民过去建房无规划，占用耕地等实际问题，提高了村集体土地资源的利用效果。总之，北梯村村委会把强化农村社区建设规划放在重要日程，由村委会主任孙国宾亲自抓规划、抓落实。对村庄的公共场所、村路、村庄的整体绿化、生活污水以及垃圾处理等方面进行了全面规划，做到了北梯村"村容整洁"。

第四，让村民子女享受最好的教育环境。在孙国宾的积极推动下，村委会把"教育兴村"作为头等大事来抓。北梯村原来的小学教室年久失修，2004 年时北梯小学被迫停办。北梯村的学龄儿童被迫到周边村子借读，一方面加重了家长负担，一方面又留下了安全隐患。孙国宾上任伊始，为了改善办学条件，召开了村民代表大会，决定重建北梯小学。村委会召集了全体村民代表和党员开会，由会议表决出一个方案。在这次民主决策会上，村委会陈述了重建村小学的必要性、紧迫性，向与会代表提出了村委会拟订的建校方案，提请村民代表讨论通过。结果，建校方案获得民主通过。

在北梯小学的建校工程实施过程中，为保证工程质量，村委会主任孙国宾和一名村委委员孙好珠重点抓基建工程质量监督，防止出现偷工减料的现象。经过 1 年多的努力，占地 6000 多平方米的新北梯小学落成了，全体师生员工搬进了新学校。新学校有标准课室、音乐室、电脑室、图书室、教师办公室、田径运动场以及综合运动室、学生宿舍、学生餐厅等。教学大楼四周还铺设了整齐的草地，种植了四季花木。成为周边村镇就学条件最好的小学之一。同时，为方便村民子女入托，村委会支持本村幼儿园的兴建与发展。北梯小学的成功兴建，已成为北梯人的口碑，他们实实在在地感受到了民主选举和民主治村带来的好处。

第五，把村里的路修好，为村民办实事。村民们对原村领导班子的另一个不满，就是他们在任期间，村里的村容村貌，尤其是道路几乎没有什么维修和建设，连结各村民小组之间的路都是泥泞沙土。村主任孙国宾说："村里的旧路年久失修，村民怨声四起，我们新一届领导班子一上任，就开始考虑维修保养村里的主要路段。两年来，北梯村的路修好了，村民的气也顺畅了。"同时还在村里的主要公路路段架设路灯，路边植树培草，美化了北梯村的景观。

由上述可知，北梯村正是由于有规范的民主管理制度做保障，北梯村的村干部都能够按照规章制度公平合理地处理各种利益关系，才能够把村民组织起来，激发村民潜在的创造力和集体智慧。实践证明：北梯村由于有了民主化管理制度作保障，不仅造就了一个团结战斗的好班子，一个和睦进取的新农村，而且使村民利益得到保障。也正是由于有民主化管理制度做保障，北梯村的普通群众都能够积极支持村"两委"的各项工作，与村干部建立信任关系，自觉遵守本村的《村民自治章程》，积极主动地参与到本村的政治、经济、文化和社会活动中去。当然，北梯村的民主化管理制度不仅体现在村内民主方面，而且在北梯村的农民合作经济组织——北梯养猪生产合作社和葡萄生产合作社的发展和管理的问题上也体现了合作社内部的民主管理，民主决策。对于合作社的成立、发展等问题，不仅要通过村民代表会议征求意见，还要召开社员大会征求社员的意见。随着北梯合作社式企业的一步步成功，北梯村村民也分享到了集体企业发展的果实。

(二) 规范运作是北梯合作社发展壮大的基础

北梯人在利用土地入股进行合作生产，建立生产合作社的发展过程中，通过土地流转优化了土地资源及其劳动力资源的合理配置，实现了家庭承包经营责任制与现代农业发展的有效对接，挖掘出了农业内部增收潜力，社员享受土地保障金和红利分配。土地入股把农民从家庭承包土地经营中解放出来，扩大了农民就业渠道，增加了农民收入，形成了富有特色的土地规模经营模式，该种模式成功的一个重要原因还在于合作社在发展过程中始终坚持规范运作，科学管理。

北梯村在建设社会主义新农村中，实行“土地入股，合作经营”，引入了现代企业管理制度，发展股份合作制经济，严格按照制度运行股份合作经济组织，建立健全股东大会（社员大会），董事会、监事会，同时做到相互制衡、民主决策、民主监督。北梯村在发展合作社时紧紧围绕“民主化管理与规范化、科学化运作”，使得北梯村的合作生产摆脱了传统经验型的农业发展模式，走上了科学管理、规范管理的道路。

第一，北梯专业生产合作社始终追求合作社所有成员利益的最大化，做到了“授权于农”。北梯农业生产合作社坚持“民办、民管、民受益”和“服务社员、自主经营、自由进退”的原则。孙国宾深刻认识到：合作社的成败取决于农民的合作意识和参与程度。因而在促进合作社发展的过程中，尊重农民的意愿和选择，农民入社退社自由，不搞强迫命令，不搞行政干预，社员民主管理。北梯农业生产合作社始终以“服务社员”为宗旨，始终把合作社所有成员的利益放在第一位，不以盈利为目的，实行按股分红的原则。合作社里的决策根据合作社章程由全体社员投票决定。

第二，北梯专业生产合作社制定了明确的、专门的合作社运行发展的规章制度，保证了生产合作社可以规范运行。如分别于养猪和葡萄合作社第一次社员代表大会上通过的《永济北梯养猪生产合作社章程》和《永济北梯葡萄生产合作社章程》。章程规定：北梯农业生产合作社实行社员代表大会制度，社员代表大会是合作社的最高权力机关。如第一届社员代表共设 30 名，社员代表以村民小组为单位，由拥有土地承包经营权入股的农户直接选举产生，社员代表每届任期 5 年，可连选连任。规定社员代表大会每年至少召开一次例会，遇特殊情况或半数股东代表提议，可以召开社员代表临时会议。合作社的经营方针、重大经营决策、年度计划及其执行情况、财务预决算和年终分配方案，都需经社员代表大会审议，2/3以上多数通过。作为合作社的经营决策机构的理事会对社员代表大会负责。而理事会成员由社员代表大会从社员代表中选举产生，理事会由 5 人组成，设理事长 1 名，任期 5 年，可连选连任，村委会定工干部为理事会的当然理事，理事长由村书记兼任。监事会成员由 9 人组成，监事长 1 名。监事会由社员代表大会从社员代表中选举产生，每届任期 5 年。村干部不得担任监事会成员。监事会人员和理事会成员不得相互兼任。

由此北梯村通过制定合作社章程的形式，明确了社员加入了合作社后所享有的权利和义务以及各项会议制度如社员会议、社员代表大会、理事长会议以及各项工作制度如监事工作制度、财务审批制度、财务管理制度等。社员一加入合作社便享有合作社章程规定的一切权利和义务。享受利润分红的权利、接受培训和教育的权利、参与管理的权利。但社员也必须承担相应的义务，如按合同交售农产品的义务，按要求提供劳务的义务。北梯生产合作社章程易于操作，群众容易接受，资金制度透明，监管到位，做到了社员大会，董事会、监事会之间相互制衡，从而能够实现民主决策、民主监督、廉洁高效，减少了社员矛盾，保证了合作社能够在制度框架内规范运作，科学发展。

第三，北梯专业生产合作社做到了依法管理。北梯农业生产合作社以法律为基础，来保障合作社的健康发展。《中华人民共和国农民专业合作社法》于 2007 年 7 月 1 日起正式施行后，使北梯村合作社的建立、发展更加规范化、制度化、法制化，该法律保障和促进了农村合作经济的健康发展，明确了农村合作社的法律地位，规范了政府和自治组织与合作社的关系，构建了合作社内部组织体系，保护了合作社特别是农民社员的合法权益。北梯村在发展农业生产合作社时以此为依托和保障，做到了依法管理，保证了合作社能够健康稳定发展。

第四，北梯农民专业合作做到了规范化、科学化的管理。如北梯村养猪生产合作社在生产管理方面按照统分结合的原则，采取宜统则统、宜分则分的六统一分管理模式，即统一管理、统一圈舍、统一供仔，统一供料、统一防疫、统一销售、分户饲养。新的管理模式从根本上解决了小生产和大市场的矛盾，充分调动了经营者和生产者的两个积极性。首先，猪场建设坚持科学规划，合理布局。在建设猪场时远离村庄，实现人畜分离，特别是原种猪场建在山根，从根本上解决人畜传染。其次，不断提高科技含量，实现科学喂养。一是聘请专家作顾问。通过专家教授的指导，不断提高养猪业的科技含量。二是岗前培训。北梯养猪生产合作社章程规定：凡是养猪者必须经过养猪专业培训，考试合格之后，才能成为社员。三是加强与技术单位协作。合作社先后与省畜牧兽医研究所、山西农业大学和地市两级畜牧兽医部门建立长期合作关系，随时随地解决养猪过程中遇到的问题。四是开展猪的人工授精技术，避免猪与猪之间交叉感染，同时提高了公猪的利用率，降低育种成本。第三，逐步建立防疫体系，做到预防为主。合作社成立了疫病防控中心，制定了详细的免疫程序，完善了消毒制度，始终贯彻预防为主这条主线，做到防患于未然。第四，发展循环经济，减少环境污染。北梯村利用养猪产生的大量粪尿等废弃物，采取集中沤制，消毒后作为农家肥料施用。建设沼气项目，为农户提供新的能源，做到了既利国利民，同时减少环境污染，而且还可产生一定的经济效益。同时，合作社还专门从社农中挑选了 6 位工作能力强、业务素质高的管理人员，分别负责合作社的财务、文秘、采购、配料、防疫、销售等工作，兼职不脱产，工资与效益挂钩，用孙国宾自己的话讲："合作社正是有了这样科学合理的管理体系，良好的利益机制，才充分调动了生产者和经营者的积极性，人尽其才、物尽其用。"

总之，从上述分析我们可以看到，民主和规范化、科学化的管理制度是北梯村发展的必要条件。它既能够保障村治精英在村民中树立威信，保障村集体决策的科学化，增强村"两委"干部之间的团结，取得全村村民的支持与拥护，同时又能够促进北梯村的全面发展，形成村农业合作经济发展的合力。而北梯村"两委"干部之所以能够始终以村集体和村民利益为重，也得益于该村的民主、规范、科学化的管理制度，因为民主、规范、科学化的管理制度不仅能够把带领村民共同富裕的精英、能人选出来，更重要的是能够监督这个能人及以他为首的"两委"班子为村民谋利益，使他们在工作中少犯错误，减少失误，能够在农村社会和经济发展的舞台上充分施展自己的才能。

四、政府引导，因地制宜

新农村建设模式应从实际出发，不能搞一刀切。实现"新房舍、新设施、新环境、新农民、新风尚"的建设任务，政府投入是助力，农村提高自我发展能力才是动力。建立科学发展模式并科学实施，对推动农村经济社会科学发展，完成社会主义新农村建设的重任至关重要。北梯村的发展经验告诉我们：在新农村建设模式的选择上，我们应该做到一是政府必须理直气壮地支持新农村建设，在新农村建设中，各级政府对农村改革发展肩负着不可推卸的责任，政府要积极引导社会各方面力量参与到农村改革发展中；二要防止脱离实际讲模式，模式的选择一定要符合当地实际，因地制宜，选择适合不同地区的发展模式，做到注重实效，提高发展效率。

（一）政府引导加速了北梯村的改革与创新

政府的积极引导与干预也是"北梯模式"取得成功的重要经

验之一，北梯社会经济的发展亦充分说明了这一点。在北梯从贫穷走向富裕，从独户经营走向合作经营的历程中，治村精英孙国宾的引领作用是关键因素，村民积极参与下的民主化管理是制度保障，但政府的引导作用也不可低估。2004 年以来，中央连续五个一号文件，都明确提出了支持农民专业合作组织发展的一系列政策措施，而且力度一年比一年大。《农民专业合作社法》也专门设了一章“扶持政策”，从项目建设、财政扶持、金融支持、税收优惠等方面做了明确规定。这些措施和规定，既符合国际惯例，也符合农民专业合作社发展的客观需要。同时运城市人民政府，特别是永济市各级人民政府积极贯彻中央的政策要求，为促进北梯村的健康、持续发展，创造了最优良、最宽松的环境，他们在北梯发展过程中给予了其积极引导甚至一定程度上可以说扶持了北梯村的新农村建设。

1. 政策引导

党的十六届五中全会提出了建设社会主义新农村的重大历史任务后，为做好当前和今后一个时期的“三农”工作指明了方向。近几年，党中央、国务院以科学发展观统领经济社会发展全局，按照统筹城乡发展的要求，采取了一系列支农惠农的重大政策。

中央在提出“建设社会主义新农村”指导思想的同时又有一个明确的提法，就是“提高农民的组织化程度”。中央从 2003 年强调三农问题重中之重之后，就明确指出要提高农民的组织化程度。接着 2004 年的一号文件在支持农民专业合作经济组织建设上又出台了六个方面的政策。这些都充分说明了中央对加强农民专业合作经济组织建设的高度重视。

在上述基础上，2006 年 10 月 31 日，十届全国人大常委会表决通过了《农民专业合作社法》，鼓励发展农民专业合作社来帮助农民脱贫致富。这部法律于 2007 年 7 月 1 日起施行。该法律明确了农民专业合作社的市场主体地位，农民专业合作社依照本法登记，取得法人资格。由此赋予我国农民专业合作社以法人地位。农民专业合作社法成为继公司法、合伙企业法、个人独资企业法之后，又一部维护市场主体的法律。同时《农民专业合作社法》是一部农民的市场主体地位保障法。这部法律突出了农民的主体地位和农民对合作社的民主管理权利，规定农民成员的比例不得低于百分之八十，成员地位平等，实行一人一票的基本表决权制度。这些规定充分保障了农民成员在合作社中的财产权利和民主权利。这样有利于农民依法设立合作社，也有利于形成生产经营规模，保护农民利益。同时该法还明确了农民专业合作社建设与发展中的政府责任。法律第九条规定："县级以上各级人民政府应当组织农业行政主管部门和其他有关部门及有关组织，依照本法规定，依据各自职责，对农民专业合作社的建设和发展给予指导、扶持和服务。"根据这一规定，从政府来说，就是组织动员农业行政主管部门和其他有关部门及有关组织，依照本法规定，依据各自职责，对农民专业合作社的建设和发展给予指导、扶持和服务。同时，从实际工作看，农民专业合作社的建设和发展，是一项政策性、群众性、敏感性、技术性很强的工作，涉及农村经营体制、农民群众切身利益的保护、农村社会的和谐和农村生产力发展等一系列重大的政治、经济、社会问题，是一项经常性的工作。当合作社有困难、有问题需要政府解决时，群众知道了可以找政府哪个部门帮助协调。该项法律的实施给了农民创办合作社以基本保证，极大鼓励了农民走向联合的积极性。事实上，北梯农业合作社亦正是借着《农民专业合作社法》的东风创办并发展起来的。

在该法律实施的基础上，2008 年 10 月党的十七届三中全会又具体强调了稳定和完善农村基本经营制度、改革和完善农村土地管理制度、完善农业支持保护制度、建立现代农村金融制度、建立促进城乡经济社会发展一体化制度、健全农村民主管理制度等"六项改革"。其中首当其冲的是稳定和完善农村基本经营制度，《中共中央关于推进农村改革发展若干重大问题的决定》既强调稳定农村基本经营制度，又顺应现代农业发展要求，与时俱进地提出推进农业经营体制机制创新。其中改革的焦点之一就是通过土地流转等政策手段适度“整合”被承包到户的土地，允许农民以转包、出租、互换、转让、股份合作等形式流转土地承包经营权，发展多种形式的适度规模经营。由此可知十七届三中全会的精神是继2007年《农业专业合作社法》后，给予北梯人民发展生产合作社以最有力的政策支持。当十七届三中全会召开的消息传到北梯村后，村民们欢欣鼓舞，对合作社发展的未来更加充满了信心。可以说党的十七届三中全会是从政策上给北梯村实行土地入股，创办农业生产合作社，发展现代农业注入了一针“强心剂”。

在党和国家政策支持的基础上，具体来说地方各级政府在北梯村发展过程中主要扮演了领导者、协调者与促进者的角色。永济市政府充分认识到社会主义新农村建设是一项十分复杂的系统工程，涉及经济、政治、文化、社会等方方面面，必须按计划、分步骤、有重点地稳步推进。永济市政府从战略高度为北梯村新农村建设提供科学规划。认识到规划是新农村建设的龙头和先导。推进新农村建设的过程中，永济市政府坚持规划先行，用科学规划引领和指导新农村建设。按照科学发展观的要求，从宏观上制定指导社会主义新农村建设的长期、中期、近期的发展规划，合理划分各个阶段的发展目标，并围绕发展目标来确定各个时期的工作重点来部署具体的工作任务。在北梯新农村建设的发展过程中，永济市各级政府积极引导北梯进行农村发展规划和农业发展的长远规划，并指导北梯村制定了《永济市虞乡镇北梯村建设规划说明书》，用来指导北梯村的长期新农村建设。

同时运城市及永济市各级人民政府积极引导北梯村进行农业结构调整，坚持以潜在市场为导向，因地制宜，发挥北梯当地的资源和传统优势，积极引导北梯农业生产合作社的发展与壮大，实现农业的产业化经营。如在2005年4月30日，运城市委办公厅与运城市人民政府办公厅，根据山西省人民政府《关于加快发展农民专业合作经济合作组织的意见》，同时因地制宜，结合运城市实际，联合下发了《关于加快发展农民专业合作经济合作组织的意见》，在该《意见》中，运城市委市政府充分认识到了加快发展农民专业合作经济组织的必要性和紧迫性。认为加快发展农民专业合作经济组织是促进农村生产力发展的需要，有利于保护农民的利益，有利于推动农业产业化经营，在该意见中指出："农民专业合作经济组织与成员是紧密的经济利益共同体，它代表农民利益进入市场，按合作制原则把分散的农户组成农民专业合作经济组织，与龙头企业对接，形成'农户+农民专业合作经济组织+龙头企业'的组织形式和运行机制，能确保农民取得农业产业化经营的利益，有力促进农业产业化经营的健康发展。"同时，在该《意见》中，又为运城市农村发展农民专业合作经济提出了指导思想以及基本原则和总体目标。即运城市发展农业专业合作经济组织的指导思想是："以邓小平理论和'三个代表'重要思想为指导，以市场需求为导向，以增加农民收入为目标，按照社会主义市场经济体制的要求，在家庭承包经营的基础上，在自愿互利的前提下，围绕当地主导产业和特色产品，积极兴办多种类型的专业合作经济组织，为农民开展各种规模的种植业和加工业，提供生产、营销、信息、技术、培训等服务。"

在该《意见》中，运城市人民政府指出在发展农业合作经济组织时要坚持下列几大原则，进一步规范了运城市农民专业合作社的发展：第一，以家庭承包经营为基础的原则。第二，因地制宜，多样发展的原则。第三，"民办、民管、民受益"的原则。第四，对内提供服务，对外参与市场竞争的原则。同时，在该《意见》中，具体提出了七条对扶持农民专业合作经济组织发展的对策措施以及加快农村合作经济组织发展的保障措施。这为北梯村建设社会主义新农村，发展农民专业经济合作组织提供了政策上的保障，促进了北梯村农业合作社的健康、有序发展。

另外，该《意见》还指出：要给予农民专业合作经济组织税收优惠政策和农民专业合作经济组织用地、用电政策的优惠。税务部门要按照财政部、国家税务总局的有关规定，对农民专业合作经济组织为其成员提供农业生产的产前、产中、产后技术服务或劳务的收入暂免征收所得税；从事农业机耕、排灌、病虫害防治、植保、农牧保险、相关技术培训业务和家禽、牲畜、动物配种、疾病防治的收入免征营业税；对销售自产的农产品及其分等分级、整理包装、加贴品牌商标等初级加工的农产品，要按照规定的范围免征增值税。农民专业合作经济组织创办农业科技示范基地、发展花卉苗木和从事农产品收购等临时用地，可由村集体经济组织按照自愿、有偿的原则，采取租赁、入股等形式予以解决。鼓励农民专业合作经济组织兴办农产品加工企业，所需的建设用地指标，由各级国土资源管理部门优先安排解决。农民专业合作经济组织农产品初级加工的用电由电力、物价部门核准，执行非普通工业用电电价。这些鼓励性、优惠的财政和经济政策直接促进了北梯农村合作社的发展。

总之，运城市人民政府、永济市各级人民政府高度重视农村的改革发展问题，充分认识到建设社会主义新农村，发展农村经济，尤其是在新形式下发展农民专业合作经济组织是落实党中央提出的科学发展观的重要举措，是中国共产党“立党为公，执政为民”执政理念的重要体现，是“关爱民生，亲民爱民，以人为本”思想的现实基础。在新农村建设，发展农村经济中积极担当了其政策的引导者、协调者与农村经济发展的促进者。在农村自治方面，永济市政府给了北梯村充分的自由发展空间，但又不放任自流，在北梯发展的关键时候给予其支持和帮助。同时，在北梯发展遇到资金或发展道路等问题的限制时，各级政府也及时给予政策上或资金上的帮助，从而保证了北梯村发展的优势。

2. 资金支持

国家各级政府，特别是运城市人民政府，永济市各级人民政府除了给予北梯村建设社会主义新农村，发展农业合作社政策支持外，还积极给予其资金上的支持。逐年加大对北梯村新农村建设的资金投入，同时要求各职能部门为北梯的新农村建设，尤其是合作社的发展给予信贷支持，保证北梯村农业合作社发展的资金需求，增加对农业合作社的资金扶持，保证了北梯村新农村建设的不断发展。

永济市各级政府按照中发［2004］1号文件要求“从2004年起，中央和地方要安排专门资金，支持农民专业合作经济组织开展信息、技术、培训、质量标准与认证、市场营销等服务”，并“支持农民专业合作经济组织建设标准化生产基地、兴办仓储设施和加工企业、购置农产品运销设备，财政可适当给予贴息”的要求，从2005年起运城市及永济市各级财政部门每年安排专门资金，大力支持新农村建设与农村合作经济组织的发展。银行、农村信用社等金融部门专门安排一定额度的贷款，解决农民专业合作经济组织生产经营所需要的资金，认真做好信贷资金扶持工作。各级农业部门年度预算中也安排了扶持农民专业合作经济组织进行标准化生产、无公害基地建设、农产品市场营销及引进新品种、新技术等专项资金。同时在农业产业化、扶贫等资金的使用上，也安排一定数额的资金，用于农民专业合作经济组织建设。

在北梯村村委会，办公室人员李玉凤欣喜地告诉我们：“政府每年的支农力度都非常大：永济市农经局，永济市农业局，乡镇企业局，永济市畜牧局，永济市水利局，永济市政府新农办，运城市市政府等部门每年都对北梯建设社会主义新农村，发展农业合作社给予资金上的支持，自2006年孙书记上任至今，各级政府已对北梯新农村建设投入了300多万资金，使我们村新农村建设工程能够顺利启动。同时，运城市、永济市的联社、信用社在贷款金额、次序上也都优先照顾农村发展所需资金。”

再者，永济市各级政府积极贯彻落实党中央、国务院关于“工业反哺农业、城市支持农村”的精神，建立起党政机构、企事业单位、社会团体甚至基金组织广泛地参与农村建设的社会参与机制。永济市各级党委、政府所属工作部门建立起了对口帮扶支援制度，每个部门确立一个对口支援农村，积极投入相应的人力、资金和公共设施，承担相应的服务项目。同时，政府有关部门又积极为企业组织，事业单位、社会团体和社会各界人士牵线搭桥，确定帮扶支援对象，实施新农村建设援助、援建计划。在北梯村也建立起了这样的长效对口援助机制，如运城市科技局、永济市财政局、农经局、畜牧局、水利局、新农办等都是北梯村的帮扶单位，另外运城市和永济市的许多企事业单位、社会团体也响应政府号召，积极参与北梯的新农村建设，给予其发展农村社会、经济、文化以积极支持。如运城市康杰中学、永济市新华水泥厂等单位都在北梯的新农村建设中给予了积极的支持和援助。

3. 技术指导

除了政策和资金的大力支持外，各级政府还对北梯村的新农村建设、发展农业经济合作社给予了大量技术上的指导与支持。在中共运城市委办公厅和运城市人民政府办公厅联合下发的《关于加快发展农民专业合作经济组织的意见》中指出：加强对农民专业合作经济组织的指导、管理和培训工作。各级农业（农经）部门是农民专业合作经济组织的业务指导和主管部门。各地依法成立的农民专业合作经济组织，应报当地农业（农经）部门备案。农业（农经）部门要切实负起对农民专业合作经济组织的指导、管理责任。要围绕当地特色产品，积极探索符合市场经济体制要求的运行机制，每年有重点地发展一批农民专业合作经济组织，指导、帮助农民专业合作经济组织制定章程，建立内部管理制度，并组织好各项培训工作，促进规范运行和健康发展。

以永济市为例，永济市农村工作领导小组办公室作为永济市新农村建设的领导部门，建立起了正常化、制度化的有效领导与沟通协调机制，使各个涉农部门在新农村建设问题上取得共识，相互配合，理顺了各部门间的关系，形成新农村建设的合力。在理顺关系的基础上，永济市农村工作领导小组办公室在广大农村致力于搭建为村民服务的平台。如在北梯村，永济市农村工作领导小组办公室为提高北梯农民的科学文化水平，提高村民的参与度，资助北梯村建立了北梯村图书室，设置了永济市新型农民科技书架，积极致力于为北梯村提供各种各样的技术指导和服务。同时，运城市科技局也积极贯彻《意见》要求，为北梯村发展提供技术指导，协助北梯村"两委"建起了"北梯村农民技术学校"，每年定期对北梯村农民进行技术指导和培训，即实行"新型农民培训"计划，对北梯村农民进行关于种植和养殖等农业技术的培训，大力提高农民的科学文化素质，为北梯村发展现代农业，进行合作经营奠定了一定的基础，同时为其提供科技书籍与光盘、电脑等文化用品。

综上所述，在政府与农村发展的关系上，北梯村的发展给我们以重要的启示：首先，在国家政策框架下，基层政府必须给农村以充分的自由发展空间，发挥农村内部的自主权和自主性，但基层政府给农村下放权力的前提条件必须有两个，一是农村内部拥有带领村民共同富裕的村治精英以及以其为核心所组成的精英团体，二是农村治理必须有村民的积极参与，以及给予这种参与以制度化和规范化的管理制度，缺少这两条，就会使村民自治异化为村干部专制或无政府主义。其次，基层政府必须在适当的时候或必要的时候为农村改革发展提供必要的指导、支持和帮助，确保农村的健康持续发展。例如，在农村发展农业专业合作社问题上，由于农业的弱质性以及单个农户在市场面前所处的弱势地位，农民不会积极主动及时有效地发展合作社。政府尤其是基层政府应该积极引导农民组建新型农民合作社。在合作社组建的初期，在农民自愿的情况下，政府可以进行一定程度的干预，帮助农民建立比较规范的合作社。但是当合作社发展到一定程度时，政府应当及时地退出合作社的建设和管理，防止出现政企不分的现象，妨碍合作社的自主性。因此，由于农民的被动性和合作社创肆初期的困难性，单纯诱导农民组建合作社还不够，应结合一定的政府干预，走一条以农村精英引领、农民自愿参与为基础，政府引导为辅的道路。最后，基层政府要认真贯彻落实党中央在2008年10月19日发布的《中共中央关于推进农村改革发展若干重大问题的决定》中对改善农村民生作出的重大部署，加快推进基本公共服务均等化。着眼于让农民共享改革发展成果，加快农村公共事业发展、缩小城乡差别，加快农村地区改革，促进农村经济的发展。为农村地区提供更多的公共服务，满足农民需要，保障农民权益，始终把实现好、维护好、发展好广大农民根本利益作为农村一切工作的出发点和落脚点。

（二）因地制宜保证了专业合作社的发展质量

目前在我国新农村建设中，农村发展的形式众多，结合地区实际，选择一套既维护农民利益，又符合市场经济规则，同时具有可操作性，低成本和预期效果好的科学发展模式至关重要，对于发展农民专业合作社，不能教条地固守各种规定或教条地采用某种所谓成功模式。在十七届三中全会后我国新一轮农村经济改革发展的浪潮中，我国各农村地区更应该解放思想，结合本地实际去发展各种农民专业合作社，只要农民愿意、能带动农民增收、能带动当地农业经济发展，土地流转、农民合作的形式可以多种多样，因为适合的才是最好的。北梯村在建设北梯，通过发展股份合作制实现土地流转，发展现代农业过程中就始终坚持做到了“因地制宜”，从而保证了北梯村的发展。同时，在中共运城市委办公厅和运城市人民政府办公厅联合下发的《关于加快发展农民专业合作经济组织的意见》中也指出发展农民专业合作经济必须做到“因地制宜，多样发展”的原则。由于各个地区产业发展状况不同，不同产业、产品所需要的具体组织形式也不尽相同。因而，在发展农民专业合作经济组织时，一定要因地制宜，选择科学的发展形式，实行多领域、多形式、多层次地发展。

孙国宾在引导北梯建设新农村，创办农民专业生产合作社时真正做到了“因地制宜”。

首先，2006 年孙国宾上任伊始，就认真思考当前北梯村发展面临的困境与机遇，针对北梯村发展现状选择北梯村的发展路子，从而保证了从一开始北梯村在选择发展路径上的正确性，为以后北梯经济、社会的发展奠定了良好的基础。孙国宾在上任之初就认识到当前制约北梯村发展存在着几大问题：一是北梯人口结构发生巨大变化，大量青壮年劳动力外出务工、经商；二是如今农村“小生产，大市场”矛盾的日趋凸显，农民不再把土地作为自己收入的主要来源；三是土地严重投入不足，土地与资金的矛盾日益严重。针对北梯村这样的状况，孙国宾决定把村里的留守人员组织起来搞生产。他清醒地认识到：只有搞合作，成立合作社，才是北梯村村民脱贫致富的唯一出路。2006 年年初，孙国宾书记召开了北梯村全体村民大会，客观地指出，北梯村留守人员增收困难，而北梯村村民长期以来又具有在自家庭院养猪增收的传统，但这种传统的庭院养猪不能很好地解决规模化、标准化、猪仔防病、销售等要求，因而村民收入忽高忽低且非常有限。会上，他对北梯村村民具体分析了成立养猪专业合作社的三大好处：首先，成立合作社，取得法人资格，可以向银行或信用社贷款和担保贷款，解决村民养猪资金短缺问题；第二，成立合作社，在法律上成为法人权利主体，可以和外界签合同。只有通过合作社这个平台、这个组织、这种模式，才能走规模化、专业化养殖道路，才能从根本上解决小生产与大市场的矛盾；第三，成立合作社，具备大规模，才能享受更高的公共服务。到那时，政府支持、业务主管部门联系、专家学者当顾问，有利于科技推广，有利于一条龙服务。国外合作的成功经验，国内合作的迫切需求，加上北梯村村民经济收入低的现状，在孙国宾动之以情、晓之以理的动员下，当场就有 11 户农民自愿加入合作社。

同样，在养猪专业合作社逐步走上轨道后，孙国宾又认识到养殖虽好，但是作为农村第一资源的土地在经济发展中更应发挥重要作用。而北梯村因为人均土地面积少，村民们在土地上并不下工夫，造成了许多不必要的浪费。面对这种小生产的局面，孙国宾经过多方考察学习，反复研究中央在农村的各项政策后结合北梯村情况，认为让农民将土地承包经营权入股，进行土地的规模经营，发展现代农业，同时吸纳村民手中的闲散资金，共同投入生产，收入后分红。这种想法得到了北梯村广大村民的欢迎。就这样，村委会依靠村里现有的自然条件，通过土地入股，把村民手中分散的土地集中起来发展农业合作社，通过发展合作社增加了农民收入，保障了农民权益。

因此可以说，北梯的发展是村治精英孙国宾依据北梯实际，因地制宜发展北梯经济的过程。北梯创办农民专业合作社的做法给我国广大农村地区以重要的启示：即我国幅员辽阔，各地自然、经济和社会条件不同，其发展模式也不尽相同，尤其是发展农村合作经济组织时也不可能采用统一的模式。因此，要因地制宜，充分尊重农民的创造，探索实现合作制的各种形式，切忌“一刀切”，在股份合作制经济组织的兴办形式上也应多元化。在具体工作中，应依据地区的不同，选择适合该地区的产业，重点围绕资源优势、新兴产业、特色农业等，发挥优势，体现地区特色，注重实效，统筹安排。

总之，在村治精英孙国宾的带领下经过几年的艰苦奋斗，北梯村被建设成了一个“生产发展、生活宽裕、村容整洁、乡风文明、管理民主”的社会主义新农村。北梯村在建设社会主义过程中紧紧依托农村地区的传统资源——土地资源，在不改变土地农业用途的前提下，通过土地流转，改变了土地的经营模式，变传统的家庭承包经营为土地入股、合作经营的方式，加大科技投入，提高了土地的利用率，增加了农民收入。这种紧紧依托土地资源，通过股份制与农民专业合作经济组织相结合的现代化经营模式为当前中国农村，尤其是资源匮乏的中西部农村发展农村经济，实现农业的产业化经营，践行党的十七届三中全会关于农村改革发展的精神指出了一条可行之路。究其成功的原因，除上述的实行土地入股，合作经营之外，还有以下三条经验可循：首先，要发挥农民在新农村建设中的主体地位，同时，在保障农民积极参与到农村发展的基础上，要有品德高尚、意识超前，懂经营、善管理、有眼界、有魄力的农村精英以及以该精英为核心的一个精英团队来带领农村的发展。其次，要有健全、民主化和规范化的管理制度，这是农村发展的制度保障。第三，农村的改革发展又必须有政府的适度干预与积极引导，同时要结合地区实际，做到因地制宜，选择科学的发展模式。只有这样，才能在充分发挥广大农民主体作用的基础上，成功建设社会主义新农村。

第八章　坚持科学发展，走中国特色现代农业发展之路

我国农村以家庭承包责任制为主体的经营方式，已经走过30年的历程。随着我国整个经济的突飞猛进，在农村，作为生产力中最为活跃的劳动力，效率显著提高，一家一户那几亩地已经不能满足高效率劳动力的要求。耕地上的那点效益已使得劳动力“吃不饱”了。为寻求新的出路，大批农村劳动力进入城市务工，但这同时又造成农村劳动力缺乏，愿意种地的劳动力越来越少，从而成为我国农业以及粮食生产的一大隐患。如何在土地承包关系保持稳定基础上，促进土地流转，实行适度规模经营，更大程度提高耕地效益，提高农业特别是粮食生产的比较效益，关系到我国农业下一步改革发展大计，是需要研究和探索的重大问题。因此，2008年9月底胡锦涛在安徽省考察农村改革发展情况时说，“我要明确告诉乡亲们，以家庭承包经营为基础、统分结合的双层经营体制是党的农村政策的基石，不仅现有土地承包关系要保持稳定并长久不变，还要赋予农民更加充分而有保障的土地承包经营权。同时，要根据农民的意愿，允许农民以多种形式流转土地承包经营权，发展适度规模经营。”①总书记亲临小岗村考察，给广大农民吃了一颗“定心丸”。10月，中共中央召开的十七届三中全会，又围绕社会主义新农村建设作了深入、广泛的研究和探讨，对当前和今后一个时期

① 孙承斌：《江淮金秋话农事：胡锦涛总书记在安徽农村考察纪实》，来源：新华网。

推进农村改革发展作出了部署，强调要大力推进改革创新，加强农村制度建设；积极发展现代农业，提高农业综合生产能力；加快发展农村公共事业，促进农村社会全面进步 。[①] 这无疑为今后我国建设社会主义新农村工作指明了方向，必将把我国农村改革发展推向一个新阶段，进而促进整个国民经济迈上新台阶，进一步加快我国实现高水平、全面小康社会的步伐。

一、因地制宜，以现代发展理念引领农业发展

与传统农业相比，现代农业是指在国民经济中具有较高水平的农业生产能力和较强竞争能力的现代产业，它是不断地引进新的生产要素和先进经营管理方式，用现代科技、现代工业产品和现代组织制度和管理方法来经营的科学化、集约化、市场化、生态化的农业，是保护生态平衡和可持续发展的农业。当前，在建设社会主义新农村的过程中，我们要立足本国的基本国情，以发展农业生产、保障农产品有效供给、持续增加农民收入、维护生态环境为主要目标，以加快农业科技创新、提高农业科技成果的转化率以及科技成果对农业生产的贡献率为主要方向，以提高劳动生产率、资源产出率和商品率为主要途径，以加强农业的基础地位、加大对农业的投入为主要手段，以维护农民权益、确立农民主体地位为主要方针，以先进的科学技术和装备为保障，在家庭承包经营的基础上，在市场机制与政府调控的综合作用下，建设要素投入集约化、资源配置市场化、生产手段科技化、产业经营一体化的中国特色的现代农业。

(一) 建设保障农业发展的优质高效农业

生产发展、生活宽裕是新农村建设的核心内容。解决“三农”问题，增加农民收入是新农村建设的主要目标。而农业是增加农民收入的主要来源。要想持续增加农民收入，必须彻底转变传统农业

① 《中国共产党第十七届中央委员会第三次全体会议公报》，来源：新华网。

的增长方式，挖掘农业内部的潜力，建设资源配置高、生产成本低、产品品质高的优质高效农业。

优质高效农业是利用各种经济手段，合理开发、利用自然资源和社会资源，最终达到各种资源的有效配置，生产出产量更高、品质更好的各种农产品，实现经济效益、社会效益和生态效益相统一。通过加强要素市场建设，明晰产权关系，合理配置资源，降低机会成本，实现农业资源的高效流动；通过制定农产品质量标准，并使之与国际标准接轨，保证农产品在生产、加工、流通的各个环节都合乎规范、不受污染，提高农产品的品质；通过加大对农业科技的投入，大力推广无污染、无公害的农业生产技术，提高农民素质，改善生产条件，降低生产成本，实现农业资源的高效利用；通过促进农村专业经济合作组织的发展，改变以往一家一户小农经济的信息不流通、生产技术落后、抵御市场风险能力弱的弊端，完善市场监管机制，降低交易成本，实现小生产与大市场的高效对接，确保农民的利益；通过培育龙头企业，发展订单农业，开展农产品精深加工，延长产业链条，发展循环经济，实现农业产业梯度高效增值，使农业成为具有较强的自我发展能力的现代产业。

（二）建设生态环境优美的可持续发展农业

传统农业的发展模式是在自然资源的基础上进行粗放型生产，能源消耗大，产出小，效益低，污染严重。可持续发展农业则是按照自然生态环境自身发展的规律，充分合理地利用自然资源，清洁生产、绿色消费，降低能源的消耗，不断改善环境的质量和农产品的品质，提高农业生产力，以实现生态效益和经济效益的统一。

我国的农业资源在过去工业化与城镇化建设的过程中遭受了严重的破坏，耕地不断地减少，环境不断地恶化。且由于传统农业是粗放型农业，能源消耗大，农药、化肥的过度使用对土地、水、生物物种等资源造成了严重的污染，农产品品质下降，危害人畜的健康。因此，我国在建设现代农业的过程中必须建设生态上能自我维持、资源上能多级循环利用、经济上能获取较高效益的可持续发展农业，从根本上转变农业的增长方式。在化肥、农药使用方面，把投放量控制在适合的水平，维护资源的自然属性。对过度使用农药、化肥造成环境污染者进行教育，引导农民正确地使用化肥和农药，把它们对农业生态环境的影响降到最低限度；在生态环境建设方面，实施土地休耕、水土保持、湿地保护、草地保育、野生生物栖息地保护，稳定资源存量，实现资源循环利用；在农业科学技术方面，研发绿色农业通用接口技术，推进农业生产要素因地制宜模块式组合，提高农业生态经济容量。通过现代生物技术，培育出环境适应性强、产量高的作物品种，拓展农业生产的空间和领域，弥补耕地不足。

（三）建设参与国际分工的外向化农业

随着市场化、国际化进程的加快，我国农业发展进入了向国际化迈进的新阶段。要想冲破农业资源匮乏的束缚，充分发挥比较优势，扬长避短，最大限度地拓展我国农业发展的空间，就要大力发展“走出去，引进来”的外向型农业。

外向型农业充分利用国际国内两种资源、两个市场，强化农业对外招商，跳出农业找外力，突破农业发展中的资金、技术、机制制约，释放了外向型农业的强大活力。通过大力引进国外资金，有效解决目前农业投入不足、产业档次不高、产品市场覆盖面不宽的突出问题；通过发挥现有外商投资企业的潜在影响，利用他们信息渠道广、联系客户多的优势，以商引商，以外引外，吸引具有一定资金实力的外商到国内投资农业，形成和用外资的联动效应，广泛开展多层次、多渠道、多形式的招商引资活动；通过以劳力换土地，以技术换市场，跨出国门，发展跨国经营，拓展农业资源和市场空间；通过加大对农业产业化龙头企业的扶持力度，加速转变目前“低、散、小、粗”的状况，组建跨区域、跨国界的大型企业集团，打破区域壁垒，建设产品和要素全国自由流动的统一大市场。发展自主经营、具有国际谈判能力和国际开拓市场能力的行业协会，分享国际化贸易带来的利益。

（四）建设生产、生活于一体的多功能农业

随着我国人口的不断增长，经济社会的不断扩张，农业人口和农业生产的地域范围正在不断地减少，向农业的广度和深度进军，促进农业结构不断优化升级，开发生产、生活于一体的多功能农业，是现代农业发展的一个必然趋势。

多功能农业是指农业除了衣食之源、为工业提供原材料、积累资本、提供劳动力等功能以外，还具有不断扩大的社会、经济与生态等方面的功能，如保障食品安全和社会稳定、提供就业机会、保护资源和生态环境、改善居住环境等。在保障食品安全和社会稳定方面，发展多功能农业有助于解决13亿人口吃饭的头等大事，不断扩大安全优质农产品的生产和供应，提高农业的综合生产能力；在提供就业机会方面，目前我国农村近1亿多富余劳动力的就业压力越来越大，农业是劳动力就业的重要产业，扩大就业责无旁贷。通过发展多功能农业，延长农业产业链条，创造更多的就业机会，尽量把农业所能产生的直接和间接工作机会留在农村，维持农村稳定，增加农民收入；在保护资源和生态环境方面，保护生态环境就是保护生产力，改善生态环境就是发展生产力，就经济增长和环境保护的协调发展来讲，通过发展多功能农业，正确地处理好农业和农村经济发展与资源、环境保护的关系，切实加强农业生态环境的监督和管理，推动农村生态和环境建设向纵深发展；在改善居住环境方面，通过发展多功能农业，可以让城乡居民亲近自然，充分享受人与自然的和谐，陶冶城乡居民的情操。

当然，我国是个农业大国，由于多种因素的制约，各地总体经济发展水平不同，农业生产条件及其区域优势、产品优势又有极大差异，因此，农业产业化发展要形式多样、循序渐进、协调发展。发展方式上也只能是根据其自身条件和当地的特点因地制宜，选择适合自身情况的农业产业化形式。对于生态脆弱和自然条件恶劣的地区，重点发展规避灾害型农业产业化。对于农业基础较好的地区，以规模化和专业化商品基地建设为基础，以加工企业、批发市场等为龙头，以建立科学合理的市场联结方式为核心，着力提高产业化发展水平和素质，形成农业产业化的骨干带动力量。而对于产业化起步较早，具备产业化经营能力的地区，则应以发展外向型农业产业化为重点，在生产方式、经营机制方面进行创新，积极参与国际竞争，缩短与国外先进水平的差距。

二、开拓创新，提高科技进步对农业的贡献率

建设社会主义新农村，要求产业发展形成新格局，生活质量实现新提高，乡风文明呈现新风尚，人居环境得到新改观，农民素质达到新提高。这些都有赖于科技进步，都要求科技服务的领域更趋多样化、综合化。近年来，我国农业科技自主创新取得重大进展，以超级水稻、矮败小麦、转基因三系杂交抗虫棉等为代表的育种技术已达到国际先进水平。另外，随着科学种养、无公害栽培、生物防治病虫害、测土配方施肥等先进科学技术的推广应用，我国农产品质量安全系数也在不断提高。农业科技创新在现代农业建设中越来越发挥着主导作用。到2005年为止，科技进步对农业增长的贡献率达到了48%①，但与发达国家相比，与建设现代农业的要求相比，我国农业科技创新水平仍存在较大的差距，现有的农业科技贡献率还比较低，仅相当于国际先进水平的一半左右。科技创新对农业和农村经济发展的支撑能力还不强，还不适应发展现代农业和推进新农村建设的需要。因而发展现代农业，必须立足我国的基本国情，着眼增强农业科技自主创新能力，加快农业科技成果转化应用，提高科技对农业增长的贡献率，促进农业集约生产、清洁生产、安全生产和可持续发展。

（一）多渠道加大农业科技投入

我国农业科研基础条件薄弱、整体水平不高，与现阶段建设现

---

① 农业部课题组：《新农村建设战略研究》，中国农业出版社2006年版，第312页。

代农业的要求不相适应。据有关人员研究，尽管国家大幅度增加了农业科技投入，但从 2005 年统计结果来看，农业科技投入占农业 GDP 的比重仅为 0.36%，财政对农业科研的投资强度为 0.30%，大大低于发展中国家政府支持强度 1% 和发达国家政府支持强度 2.23% 的水平。[①]因此，拓展资金的来源渠道，增加资金的供给是提高农业科技创新的根本保证。首先，政府应加大对农业科技创新资金投入的力度。因农业科学技术在一定程度上属于公益性产品，所以必须建立以政府投资为主，积极引导社会资金参与的多元化投资机制。同时，在一些关键领域还要设立国家农业科技创新的专项资金，加大对农业基础研究和前沿技术研究的支持。另外，农业是弱质产业，农业科技创新具有一定的风险性，因而，必须建立与完善农业科技创新的风险投入和分散机制，把农业科技创新的风险降到最低。其次，在税收、信贷等方面要针对农业企业科技创新活动制定相关的优惠政策，如农业企业用于科技创新研究的投入可以作为所得税抵扣项目，对企业进口新技术设备实行减免关税，政策性金融机构设立"新技术产业化贷款（低息贷款）"，激励企业增加对农业科技创新的投入，开展技术研发，逐步使企业成为技术创新的主体。再次，优化投资环境，积极吸引外资，通过市场力量，充分利用国外政府、企业以及金融机构的资金，多渠道、多形式地为农业科技创新争取资金。同时，要建立健全国家农业科技投入的统筹与管理机制，避免重复投入、多头管理等问题。另外，还要加强对农业科技创新资金的监管，使资金真正落到科技创新的实处，提高我国农业科技创新的能力。

（二）加强农业高科技和应用技术研究

现代农业是以科学技术为基础的，要建设现代农业就要加强农业科技的创新研究，尤其是农业高新技术的研究。一是要加强高

---

① 农业部课题组：《新农村建设战略研究》，中国农业出版社 2006 年版，第 314 页。

产、优质、高效的农作物和畜禽新品种的选育，实现品种的快速升级换代，尤其是要加强粮食作物的优质、高产品种的选育，为国家粮食安全提供保障，为建设现代农业夯实物质基础；二是要加强资源节约型、环境友好型技术的研究，重点强化水土资源高效利用、农业生态环境保护与清洁生产的研究，为现代农业持续发展提供长久技术支撑，促进农业可持续发展；三是要加强农产品深加工技术研究，延长农业产业链，提高农产品的附加值，增加农民收入；四是要加强抗逆境植物功能基因的克隆、转化，进行微生物农药、生物肥料、疫苗的研究，提高生物技术应用研究的层次和水平，为建设现代农业提供生物技术与产品的支持；五是要开发综合防治技术和无公害生物农药，提出优势特色作物病虫害预测预报与预警应急技术措施，建立综合防控示范区，提高农业防病减灾能力；六是要以农产品安全、可控、无公害生产技术的组装配套为重点，加强研究主要农产品有毒有害残留物的检测技术，提升农产品质量安全水平；七是要加强研究现代信息技术在农业资源监测、环境评价、产量预报、灾害预警及精准农业等方面的开发应用，争取在农业信息应用软件的研究开发上有所突破和创新，为社会主义新农村建设提供强有力的科技支撑。

(三) 加强普适性、关键性技术研究

以农业可持续发展为目标，集中突破一批节能、节水、节地、节肥、节药、节种和循环利用关键性技术，支撑和引领现代农业建设。

在节能技术研发方面，研究和开发农作物秸秆、粪便等农业资源能源利用的模式和技术，重点研究应用农林废弃物气化联合发电技术、沼气清洁能源技术；在节水技术方面，重点开展节水型农业技术标准体系研究，推广雨水利用、旱地水肥优化利用与调控、污水净化利用等一大批节水技术和设备，大幅度提高农业水资源利用效率；在节地技术方面，重点开展耕地资源替代、土地集约利用、城镇土地资源优化配置等重大关键技术的研究。组织开发和示范有重大推广意义的立体农业、设施农业、循环农业、生态农业等模式和技术；在节生资（肥、药、种）技术方面，重点开展测土配方施肥指标体系和作物专用肥配方关键技术研究，加强病虫抗药性研究与监测，研发和熟化标准化生产和病虫害防治综合技术；在循环农业生产方面，加强循环农业关键技术，农业生态循环产业链接关键技术，绿色食品和生态农产品关键技术研究，发展新型循环农业和生态农业模式，提高农业生产率，推进“资源—产品—再生资源—再生产品”的物质循环流动，实现农业可持续发展。

（四）加强农业科技成果转化、应用与推广

加快农业科技成果转化，强化农业适用技术的推广应用，重点支持农业新品种、新技术的应用与推广，促进农业科技成果尽快转化为现实生产力。第一，国家要继续安排农业科技成果转化资金和国外先进农业技术引进资金，扶持企业、大专院校和科研院所加快科技成果的转化与应用以及引进技术的消化、吸收与再创新；第二，建立新型的农业技术推广模式，搞好国家农业科技园区农业专家大院的建设。国家农业科技园区农业专家大院是现代农业技术成果研发、应用与推广的示范基地，通过园区的示范与带动功能，可以加快农业科技成果的应用与推广，提高科技进步对农业的贡献率，增加农民的收入；第三，积极培育和扶持有竞争力的科技型龙头企业，充分发挥其科技成果的转化、应用与推广的作用，带动周边地区的中小企业与农民使用新技术与新品种，促进周边地区农业和农村经济的发展，提高农民的致富能力；第四，多渠道、多层次、多形式地开展农民培训，提高农民的科学素质。同时，进一步以生物技术、信息技术为重点，推动农业高新技术的研究，实现农业科技跨越式发展，为满足现代农业建设对科技的需求奠定坚实的技术基础。在生物技术方面，加强农业生物种质资源的研究，开展动物、植物和微生物遗传资源保存技术研究，建设与开发种质资源信息数据库，建立区域生物资源共享平台；加强农业生物基因组学和蛋白质组学研究，运用基因组学和生物信息学等方法，开展生物和非生物胁迫抗性性状、品质性状遗传改良的基础研究，进行相关功能基因分离并研究其表达调控；加强转基因生物制品研究，围绕优质、高产、抗病虫、抗逆等重要农艺性状，开展转基因和分子标记辅助育种研究，开发拥有自主知识产权的分子标记。在信息技术方面，加强现代信息技术与农业科学技术结合过程中科技创新的研究，重点突破农业遥感、虚拟农业、精准农业、数字农业研究，建立适合新农村建设和产业结构升级的现代农业信息技术体系；加强农业信息获取设备、动植物生长数字模型、农业系数数字模型等农业信息关键技术研究，全力提升我国农业与农村的信息化水平。

三、完善机制，保障现代农业的稳步发展

社会主义新农村建设的重要性和紧迫性，已经在全党全社会形成广泛一致的认识。推进社会主义新农村建设，需要形成一个结构合理、层次分明、覆盖面宽、有机衔接、高效运行的机制体系，来保证新农村建设不偏离正确的轨道，持续、高效地推进。社会主义新农村建设，应该在政府的引导和支持下，以农民为主体，社会各方广泛参与，来确保农民利益不断增进；应该以推进农业产业化，完善土地流转制度，实施农业项目管理，来实现农业的可持续发展。只有坚持建立和完善各方面的机制，才能为现代农业的发展提供不竭动力，保障现代农业的稳步发展。

(一) 建立和完善农业产业化的运行机制

农业产业化经营，是在市场经济条件下出现的一种扶持、保护和促进农业发展的新机制，是农村经济体制的又一创新。它能综合发挥生产专业化、布局区域化、经营一体化、服务社会化、管理科学化等诸多优越性，能促进农村产业结构调整和资源优化配置，能有效解决农户小生产与大市场的矛盾，从而提高农业比较效益，增加农民收入，是提高我国农业竞争力的有力措施，是在家庭承包经营基础上实现现代农业的有效途径。因此建立和完善农业产业化经营运行机制十分必要和迫切。

1. 遵循市场规律，建立农村市场经济体制

农业产业化是在市场经济条件下，解决当前一系列制约农业和农村经济发展深层次矛盾和问题的必然选择，是区别于传统农业生产方式和组织形式的一种新机制。市场机制的发挥是农业产业化发展的决定性因素，推进农业产业化必须遵循市场经济规律，以市场为中心，建立运行机制完善、市场关系规范、市场竞争有序、宏观调控有度的农村市场经济体制。以现有农业服务体系为基础，组建多层次、多形式的科技、市场、运输、信息、生产资料供应等专业化、系列化、全程化的服务体系。积极引导农民和农业产业化组织把握市场需求、依靠市场信号，运用市场规律组织生产经营，延伸产业链条，壮大产业规模，提升产业素质，增加产业效益。正确处理政府引导和发挥市场机制作用的关系，根据市场供求变化，运用价格、税收、信贷等经济杠杆，通过调整产业政策和发布信息等手段，引导农民产业化经营。

2. 锻造优势主导产业，拉长产业链条

在农业生产过程中，要树立大资源概念，将自然资源、市场因素、科技水平和加工能力都考虑进去，分析同一条件下不同生产的效益，实现资源的有效配置和组合，进而确定主导产业。要研究、开发市场，通过市场引导，及时根据市场行情和经济发展水平，确定生产发展层次和发展重点，按照附加值高低、保鲜难易等原则确立主导产品，这样才能适销对路和提高竞争力。要向主导产业的产前和产后相关产业积极拓展，拉长产业链条，带动相关产业的发展，从而促进农民增收和产业结构升级。

3. 增强龙头企业的经济实力和竞争能力

农业产业化龙头企业上连市场、下联农户，既是市场竞争中最活跃的因素，又是当前维系城乡发展、区域发展、人与自然和谐发展的主要力量。龙头企业是本区域、本行业内的生产加工中心或信息、科研、服务中心，具有开拓市场、引导生产、深化加工和提供服务的综合功能，起着内连基地和农户，外连市场，形成一体化经

营的作用。龙头企业的培育要根据市场选择形成，并通过市场的力量不断发展壮大。龙头企业的选择可以围绕主导产业和产品，从加工、流通和服务环节入手选择基础雄厚、经济实力强、经营规模大、信息网络健全、辐射带动能力强的特色农产品加工企业、运销企业或产前、产中、产后服务企业为龙头公司。根据农业产业化的要求，要正确认识龙头企业与一般农副产品加工企业的本质区别，充分发挥各种经济成分的龙头企业的作用，既要重视国家、集体企业，也要重视股份、个体私营企业，要在金融信贷、财政拨款、上级专项扶持资金等方面，大力支持已确立的各种形式的龙头企业，通过贴息补助、投资参股和税收优惠等政策，支持农产品加工业发展。另外，培育起来的龙头企业应与各专业农户、相关产业企业共同组建经济联合体，坚持自愿平等、互惠互利、利益共享、风险共担原则，形成一体化经营。

4. 积极创新产业化组织模式，完善企业和农户的利益分配机制

北梯村建立的两个农民专业合作社就是产业化组织模式的一种创新。在我国其他地方中，也探索出了多种有效的农业产业化组织模式，如“公司+农户”、“公司+基地+农户”、“公司+基地+协会+农户”、“公司+基地+基层组织+农户”等组织形式。各地的自然资源、传统习惯、主导产业、市场结构不同，因此发展农业产业化决不能“一刀切”，各地应根据当地的实际，积极创新探索适宜的发展模式。但不论何种组织模式，一般都应呈龙形载体结构，并处理好各方的“利”，各参与者主体均须按稳定的组织系统和规章制度有规律、有秩序地运作，真正实现龙头企业或组织与农户联利、联心，一体化经营。要积极采取措施，鼓励龙头企业与农民建立紧密型、半紧密型或松散型的合作关系，并促进松散型向半紧密型、紧密型过渡，使生产者、加工者、经营者、服务者结为“利益共享、风险共担”的利益共同体。

（二）建立和完善土地流转机制

我国人多地少，对发展现代农业有一定制约。实行土地合理流转制度，有利于扩大土地经营规模，推广高效农业生产技术，提高土地资源的使用效益，实现生产要素的合理流动和优化配置。“北梯模式”中的葡萄种植合作社就是实施土地流转，农民入股分红的一个成功范例。在2008年10月19日，在中共十七届三中全会上通过的《中共中央关于推进农村改革发展若干重大问题的决定》中指出，按照依法自愿有偿原则，允许农民以转包、出租、互换、转让、股份合作等形式流转土地承包经营权，发展多种形式的适度规模经营。允许土地承包经营权合理流转成为党和国家的一项明确的政策，《农村土地承包法》也以法律的形式予以了肯定。我国各地土地流转的实践总体上是健康的，但存在诸多不利因素，如第二、三产业发展滞后，流转行为不规范，随意改变农业用途等。针对这些问题提出如下对策措施：

1. 稳定土地承包关系，打牢土地流转的制度基础

实践表明，土地承包权的市场化流转，必须有稳定的土地承包关系，稳定是流转的前提和基础。要加快土地流转，使之健康有序地进行，首先要全面落实党的土地承包政策，切实做到地块、面积、承包合同和经营权证书四到户。其次要明确土地承包权的核心和实质。承包权的核心是收益权，要实现承包权的收益，实质上要赋予承包权的物权性质，使农户拥有承包权，就像拥有实物资本一样，能够增值、流转，不能因为外界因素的变化，如人口增减、城市占地等条件变化而减少或剥夺农民的承包权。要流转变动承包权，农户就像对自有资本一样，做到完全自主、自愿。再次，加大对违反《土地承包法》案件的查处力度。在法律执行查处体系中，农业法律、法规的执法手段薄弱，今后要加快建立农业综合执法队伍，强化执法手段，加大对侵害农民权益案件的查处力度，从政策、法律的执行上，保证土地承包权的稳定。

2. 土地流转有赖于减少农民，扩大农业支柱产业的规模

改善目前的人地关系，推进土地朝着规模效益的方向流转，必须减少农民。而减少农民，就必须大力发展其他产业，为农民创造更多的非农就业机会，并加强农村社会保障体系建设，加快“社保”换“地保”进程，使农民享受到与城市居民大致相同的待遇。只有这样，才能解除农民的后顾之忧，为土地流转创造良好的外部环境。同时，在农业内部，要提高土地流转的效益，优化土地资源配置，大力培植农业支柱产业，增强土地流转聚集的内在动力。从实践上看，在结构调整初期，土地流转主要是发展新的项目，培植结构调整的带动点和示范点。经过近几年的发展，农业结构正从产品调整向产业调整转变。今后的着力点则是，通过壮大支柱产业，拉动土地向有规模、有竞争力的产业聚集，实现优势产品向优势产区集中，稳定地提高农业专业化水平，实现农业的产业化经营、区域化布局、规模化发展。条件适宜的地方，可建立如北梯模式一样的土地股份合作制，即在以家庭为基本经营单位的基础上扩大家庭经营的规模，在家庭联产承包制的基础上进一步引入股份分红的办法。它将农户个人土地归股份合作制企业统一规划、投包，专业队集体承包或几种承包制同时并存，使土地的价值形态与实物形态分离，并通过农户对土地价值形态的占有，逐渐淡化农户对土地实物形态的占有，使得土地便于集中，从而促进土地适度规模经营。

3. 依靠组织制度创新，化解土地流转过程中的矛盾

调研情况显示，土地流转与产业聚集、发育中介组织、提高农民的组织化程度是相伴而生、相互促进的统一体。产业聚集要通过壮大龙头企业规模、成立合作社组织、建设稳固的基地，使土地流转有去向、有目标、有带动的载体。创新农村合作组织，代替原来的行政性服务组织，减少行政干预的组织主体。同时，加强制度创新，主要是完善土地承包合同的监督管理，制定配套管理制度，把土地流转纳入规范化管理轨道；要按照明确所有权、稳定承包权、搞活经营权、保障收益权的要求，坚持依法、自愿、有偿的原则规

范进行，不得改变土地所有权的性质和土地的农业用途，流转期限不得超过承包期的剩余期限。乡村集体经济组织和乡村干部不得以任何名义强迫农户流转土地，要充分尊重农民的意愿；任何组织和个人不得从中截留、扣缴流转收益，与民争利，要确保流转收益归农户所有；土地管理部门要在地价评估、耕地保护、执法检查等多方面提高服务水平，加强土地征占用的管理，防止以土地流转为名，擅自改变土地农业用途。土地流转涉及多方面的利益关系，必须健全制度，按规定程序进行，对已形成稳定流转关系尚未签订流转合同的，农经管理部门要积极督促流转双方订立流转合同，对已签订流转合同的要进一步加以规范，切实做到严格保护耕地，依法保护农民权益。

4. 完善相关政策，优化土地流转的社会经济环境

第一，政府要大力扶持第二、三产业和个体私营经济发展，为农村创造更多的劳动力再就业机会，加快农业富余人员的转移；第二，要积极支持和培养种植大户，在资金、税收、技术、流通等环节上给予帮助，促进土地向种植能手集中；第三，采取切实措施，加快小城镇建设，尽快改变城乡二元结构；第四，积极推进农业科技创新，增强土地产出功能，提高农业生产率，促进农业增效和农民增收致富；第五，尽快建立健全社会保障机制，为农民离开土地创造宽松适宜的社会环境，从而为土地使用权流转奠定良好的群众基础和社会基础，确保土地使用权流转顺利发展。在土地流转中，在充分尊重农民意愿的基础上，应明确土地收益不能低于农户经营土地获得的纯收入，高者不限；实现承包权作为物化资本的收益，应明确集体经济组织成员的身份资格，不能仅把户籍作为主要条件。在土地流转中，应废止现有的民主原则，不能通过2/3以上的多数通过，剥夺少数人或减少农民的土地承包权，从而强化土地资本和财产意识，进一步巩固农户土地流转的自主权。随着农村工业化、城市化和现代化进程的加快，我国农村已经进入了城乡一体化协调发展的新时期，这势必带来农村集体土地非农化开发利用步伐

的加快，由此也引发了土地开发利用与农民自身利益的矛盾日益凸现。土地的开发利用，既是农村城市化、工业化发展的需要，又关系到农民切身利益和集体经济的发展。如何使土地这一生产要素在市场上得以优化配置，产生较高的经济效益，如何提高土地利用率，增加农民收入，促进集体经济发展，保障农民的利益是农民最关心的问题。

（三）建立和完善集成放大的项目管理机制

现代农业是综合、系统的工程，需要足够的项目资金支持。目前，各地在项目编制、项目申报、配套资金的落实、项目监管等方面还存在诸多问题。为了充分发挥项目资金的使用效益，要整合现有各类项目资金，在统一规划的基础上，将归口各部门管理的项目在乡村板块上互动整合，使目前的各条战线项目发挥系统、综合和集成放大效应，能使国家财政资金发挥“四两拨千斤”的作用。

1. 实行项目听证制度，实事求是选好项目

一方面要按照“立项申请，自上而下，层层筛选，集体审定”的原则，确立立项程序。一般根据省市下达的项目计划，由项目区乡镇编报申请项目，经县、市财政局初审，再聘请水利、农业、农机、科技等部门的专业技术人员或者社会中介机构进行筛选确定，有条件的地方应该实行支农项目听证制度。即在项目设计初步确定之后，工程设计单位应召集有关职能部门和项目建设乡、村的干部群众代表举行听证会，广泛听取专家和群众的建议，使项目设计在合理性、科学性、可行性和经济性等方面更加趋于完善。另一方面进行实地调查、论证。财政部门要会同相关部门深入实地调查研究，了解掌握第一手资料，从源头上杜绝重复、无效工程。要本着“有多少钱，办多少事”的原则，根据资金来源选项，不搞“拼盘”项目。有条件的地方还可以实行招标选项，对中标的项目由项目区乡镇组织实施，以降低成本、减少工程造价。

2. 建立项目库，实行支农项目制度化管理

上级财政和业务部门在设置项目时，要引导农村结构和农业内

部产业结构的调整，鼓励产业化经营；要加强生态环境保护和水土流失的治理，要注重社会效益、生态效益，并兼顾经济效益等。同时，考虑到每项财政支农资金都有其特定目的和明确的支持对象，项目主管部门应该根据一定时期事业发展的需要，按照支农专项资金的特定目的，在编制规划的基础上，建立支农项目库，加强项目的事前监管。即对符合公共财政要求的农业项目，在主管部门申报、专家审定的基础上，建立公平、公开、公正的农业项目库，实行财政部门主动提库，按季度分期分批投入资金开发的方式，以达到对支农项目实行制度化管理。

3. 对支农项目实行参股管理，提高资金使用效益

对一些财政支农的公益性项目，县级财政部门可以充分利用财政资金的吸附作用，引导社会各方进行投资。如拿出一定的财政支农专项资金入股，吸收社会闲散资金入股，对财政支农项目实行参股管理。这样容易促使财政部门关注支农项目资金的使用情况，项目的建设与运营情况，更有利于发挥支农项目的社会效益。

4. 实行报账制度，强化项目资金的管理

把项目资金汇入财政专户管理，项目单位定期将项目进展的费用凭合法凭证到财政部门报账，财政部门审核批准后，按比例将项目资金拨到项目单位。整个项目工程竣工验收后，县级财政部门把项目完工形成的资产移交给项目主管部门使用和管理，并督促其登记造册入账，确保资产增值与合理有效使用。具体操作是：县、乡两级财政部门对已立项的支农项目资金实行备用金制度，先支付3000 元至 5000 元的备用金。属于招标的项目（项目设备物资材料单个单价在 5000 元以上的），财政部门要强制实行政府采购。即在项目完工之后，经财政、主管部门验收合格后，由国库集中收付中心直接支付给施工单位，减少付款的中间环节，防止支农资金被挤占、挪用，提高项目资金的使用效益。不属于招标的工程，由立项单位定期到财政部门报审项目的开支原始发票，并由财政部门加盖“审核报销”字样，以此作为财政部门记账的依据。

5. 强化投资管理，跟踪配套服务

项目规模和地点确定之后，必须按照项目的科技要求与投资标准执行。一方面在资金使用上，严格按照项目实施的进度、项目质量进行“挂钩式拨款”。对重点支农项目实行财政专户直拨，即重点项目资金纳入县市财政支农项目专户管理，待项目获准施工后，由财政部门一步拨付到位，减少资金拨付环节。另一方面对支农项目所需物资实行公开招标采购。中标的物资供应商要做到随用随供，定期按中标价格结算，确保支农物资的质量。

6. 明确监管职责，强化项目管理

在支农项目立项、投建、监管过程中都应明确各自的职责与义务。财政部门要与有关部门配合，千方百计调度组织资金、物资到位，确保项目顺利实施；加强项目的施工检查、监办和已建项目的验收、检查与决算，督促已建项目管护措施到位。立项方负责保证按施工图、规划、设计和时间要求施工；定期向财政部门反馈项目建设进度，接受财政部门的检查与监督。双方的职责应以书面合同和风险保证金的形式予以确立。违约一方，将按合同规定承担违约责任，并以此与项目单位工作业绩挂钩，与项目责任人的经济利益、政治前途挂钩，形成投资方与立项方互相监督、相互制约、互相促进、齐抓共管的运营监督机制。

7. 强化项目审计，确保项目不落空

一方面财政部门应会同有关部门对各主管部门提出的投资项目进行审查，及时综合、划分各归口项目，对交叉、重复的项目予以调整，防止项目铺排过多，产生“半拉子”工程和无效工程。同时，财政部门要建立工程结算报账、工程物资采购、工程质量监管、工程竣工验收等规章制度，对支农项目跟踪监督。另一方面加强项目财务审计。财政部门应该会同有关部门对施工过程中所发生的一切财务活动进行审计，按工程性质、对象归集费用，进行会计核算与审计，定期、及时向社会报告财务审计结果。通过审计，对支农项目工程作出客观、公正的书面评价。

（四）建立和完善新农村建设的政府支持机制

政府是社会主义新农村建设的主要推动力量，政府支持是建设社会主义新农村的必要条件。无论是发展现代农业、增加农民收入，还是改善农村公共基础设施条件、提高农村义务教育和卫生医疗服务水平，都离不开政府的支持。政府在推进社会主义新农村建设中的主要作用包括：统筹城乡发展，实施惠农支农政策，推进现代农业建设，促进农民持续增收，加强农村基础设施建设，加快发展农村社会事业。完善政府支持机制，就是要完善政府支持社会主义新农村建设的制度安排，提高政府支持社会主义新农村建设的能力和效率。

1. 政府支持新农村建设的原则

政府支持新农村建设，必须坚持以科学发展观为指导，紧紧围绕“生产发展、生活宽裕、乡风文明、村容整洁、管理民主”的基本要求，统筹财政资源配置，充分发挥财政资金引导作用，紧紧依靠农民这个主体，通过制度和科技创新及规范管理达到协调推进。

第一，坚持公共财政原则。按照市场经济条件下政府职能转变的要求，区分新农村建设各领域、各环节的公共性和市场性，推进政府作用与市场机制的有效对接。通过建立公共财政投入稳定增长的机制，加大公共财政对新农村建设的支持力度。

第二，坚持因地制宜、区别对待的原则。立足现有基础和财力条件，分步充实和完善建设内容；区别轻重缓急，把农民直接受益、得实惠的建设项目摆在财政支持的最前面；在政策上要促进区域公共服务产品和能力的均衡化。

第三，坚持存量调节、增量优化的原则。从制度改革入手，调整国民收入分配结构，建立健全财政支农资金稳定增长机制；调整支出结构，优化资源配置，提高资金使用效益。

第四，坚持发挥农民主体作用的原则。广大农民是推进农村生产力发展最活跃、最积极的因素。财政支持新农村建设，必须突出以人为本，充分发挥农民的主体作用，着力解决农民最关心、最直接、最现实的困难和问题。

第五，坚持符合 WTO 农业协定的原则。建立符合 WTO 农业协定的财政支农方式和机制，规范财政支农补贴政策，最大限度地避免与 WTO 农业协定的冲突。

当前，我国社会主义新农村建设的政府支持机制的基本框架已经形成。在政治支持方面，2005 年 10 月，党的十六届五中全会提出了建设社会主义新农村这一重大历史任务。2006 年，党中央和国务院制定了《关于推进社会主义新农村建设的若干意见》作为"一号文件"下发，并决定从 2006 年 4 月到 2007 年 1 月，对全国 5300 多名县委书记、县长分批进行建设社会主义新农村专题培训。在经济支持方面，2006 年"一号文件"提出了"三个高于"，即国家财政支农资金增量要高于上年，国债和预算内资金用于农村建设的比重要高于上年，其中直接用于改善农村生产生活条件的资金要高于上年。在对农村社会发展的支持方面，提出建立健全农村义务教育经费保障机制，到 2007 年，在全国农村实行义务教育阶段学生全部免除学杂费的政策；提出积极发展农村卫生事业，到 2008 年，在全国农村基本普及新型农村合作医疗制度。在科技支持方面，近 10 年，农业部形成了每年在全国范围内统一组织一次大型科技下乡活动的制度，并从 2004 年开始，在全国 100 个县实施科技入户示范工程。在文化支持方面，近 10 年来，文化部门和地方政府每年都组织形式多样、内涵丰富的文化下乡活动，通过送书下乡、送戏下乡、送电影下乡，丰富了农民的文化生活。

2. 目前政府支持机制存在的问题

虽然在社会主义新农村建设的政府支持机制构建方面取得了不少的成绩，但也存在不少的问题。目前完善政府支持机制面临的主要问题是：

第一，国家政治动员能力与财政支持能力不匹配。一方面是强大的政治动员能力，通过形成党的决议、下收中央文件、对各县党政领导开展培训，在全党和各级政府形成建设社会主义新农村的共识；另一方面，国家财政支持社会主义新农村建设的能力有限。“十一五”时期，受国家财政收入增长和国家财政支出结构调整的双重制约，国家财政支持社会主义新农村建设的能力难以满足社会主义新农村建设资金需求的状况很难改变。

第二，中央用于“三农”财政资金的增长幅度与财政资金使用效率的改进程度不匹配。一方面，近年来中央财政大幅度增加了用于“三农”的资金，但是，中央财政用于“三农”的资金被截留、挪用、到位率低的问题时有发生，财政资金使用效率的改进相当缓慢。

第三，政府支持行为偏离社会主义新农村建设要求。在贯彻落实《关于推进社会主义新农村建设的若干意见》过程中，有些地方把政府支持片面理解为给项目、分资金，导致社会主义新农村建设的项目依赖和投资依赖症。有些地方片面强调新村建设和新房建设，偏离了“生产发展、生活宽裕、乡风文明、村容整洁、管理民主”的要求。

3. 政府支持机制的完善

当前，我们应该从以下方面来逐步完善政府支持机制：

第一，完善基础设施建设投入机制，提高农业综合生产能力和可持续发展能力。推进防洪保安工程体系建设，继续抓好大中型水库的除险加固工程，加快骨干河道、堤防治理，提高防洪能力，加强以改善农村生产生活条件和增加农民收入为重点的农村中小型基础设施建设。扩大以工代赈规模，通过国家出钱、农民出力的方式，加大对节水灌溉、旱作农业、人畜饮水、乡村道路、农村水电、农村沼气、草场围栏等农村中小型基础设施建设的支持，组织和发动亿万农民投身到改善自身生产生活环境的事业中来。加快退耕还林、京津风沙源治理、首都水资源可持续利用规划、造林绿化、生态农业等重大生态工程建设和小流域综合治理，构建绿色生态体系，促进农业可持续发展。

第二，完善对农业科技的研究、引进和推广的投入机制。农业科技进步与创新是新阶段农业发展的第一推动力，也是提高我国农产品竞争力、促进农民增收的关键。农业科技投入具有公共物品的性质，政府财政投入的效果在很多情况下比私人投资更为有效。因此，政府应注重对农业科技的研究、引进和推广的投入，大幅度增加农业科技投入，尤其在基础研究和应用研究方面要广泛开展农业科技创新与应用推广，提高农业生产技术水平，促进农业生产方式转变。农业科技推广的重点是加强县级农业技术推广部门建设，构建起以县为主的农业技术推广基层体系。充分发挥县级农业技术推广中心承上启下的作用。

第三，增加对农村教育等公共事业投资，促进农村社会事业全面发展。适应农村税费改革后的新形势，按照公共财政原则，明确政府在农村社会事业发展方面的责任，把农村公共领域的事业建设纳入政府支持的范围，进一步加大对农村基础教育、文化设施、农村公共卫生和基本医疗服务设施的支持力度，加快建立起以人为本的公平、合理、有效的农村公共物品供给机制，逐步缩小城乡差距，推进农村全面小康建设。

第四，加快农产品质量标准、检验检测和认证体系建设。安排财政专项资金，抓好农业标准的制定修订工作，加快与国际标准接轨，形成较为完善的农产品生产、加工、流通全过程的质量标准体系；整合资金，合理布局，加快省、市、县三级农产品质量检验检测中心和速测站建设，尽快建成专业齐全、分工明确、方便快捷的检验检测网络，实现农产品质量全程控制；加强有机食品、绿色食品认证管理和服务机构建设，搞好宣传培训和认证服务，引导和帮助更多的企业申报有机食品和绿色食品。大力推进无公害农产品产地认定工作，切实搞好无公害农产品认证。

第五，增加对农民和优势农产品生产的直接补贴，调动农民的生产积极性。当前对农民的补贴，要以保护粮食综合生产能力为政策目标，重点对粮食主产区种植粮食、对社会提供商品粮食的农户实施补贴，避免按地亩补，切实增加对优势农产品的生产性补贴，包括良种推广补贴、标准化生产补贴、农业生产保险补贴、生产贷款贴息、农业专业合作经济组织补贴等。对从事优势农产品生产、加工和营销的农民专业合作经济组织给予一定运行补贴。增加对退耕还林、退牧还草、小流域治理等改善生态环境的保护性补贴，加大农业机械更新、动物疫病防治等农业生产性补贴。

第六，着眼于我国农业整体素质和国际竞争力的提高，加大“绿箱政策”支持力度。“绿箱政策”是WTO农业协议中免于减让承诺的各种不会导致农产品价格扭曲的支持政策，包括政府的一般农业服务、农业基础设施、粮食安全储备设施、粮食援助补贴、与生产不挂钩的收入补贴、收入保险计划、自然灾害救济补贴、农民养老或转业补贴、农业资源储备补贴、农业结构调整补贴、农业环保补贴、地区援助补贴等，共18大项，有几百条细类。美国等发达国家和地区十几年来充分运用“绿箱政策”提高了农业的竞争力。“绿箱”支持属于农业公共投资，我国“绿箱”支持水平近几年呈上升趋势，但在18大项“绿箱政策”中才使用了9项，其中许多细类也未用全[①]，这是我国农业竞争力未能显著提高的重要原因。近年来我国农产品出口受阻，退货频繁，皆与农产品科技含量低、质量标准低、化学物质残留高有关。因此，必须加大“绿箱”补贴力度，逐步提高我国农产品国际竞争力。

第七，建立农业灾害保障机制。农业生产在很大程度上依赖于自然条件，特别是地理和气候条件，同时在一定程度上依赖于当地的经济和技术发展水平。农业保险因赔付率过高，如不能获得政府补贴，商业保险公司都不愿经营农业保险业务。目前我国农业保险处于起步阶段，参保率和保障率均较低，这与我国农业发展现状不相适应，与日益激烈的国际农产品市场竞争不相适应。作为支持与

---

① 王文举：《利用“绿箱政策”促进我国农业快速发展》，财贸研究，2006(12)。

保护农业的重要手段，政府需建立与完善农业保险法规制度，应采取以政府组建农业保险公司为主的政策性农业保险经营模式。农业保险基金以政府财政补贴和农户投保费构成，对农业保险公司的经营管理费用和保险费给予财政补贴，并实行免税政策。

（五）建立和完善农村公共产品供给机制

农村公共产品是指相对于农民个人财产而言具有非竞争性、非排他性特点并且用于满足农村公共需要的产品。具体包括：农村义务教育、计划生育、优抚救济、社会保障、社会治安，文化、卫生、体育等社会事业，供水、供电、道路等农村公共基础设施，生态环境建设、环境综合整治，防灾减灾、气象、公共科技资源与服务、病虫害防治，行政、法律和社区服务等。我国农村公共产品供给机制建设，要根据中央关于推进社会主义新农村建设、统筹城乡发展、统筹农村经济社会发展、统筹区域发展的要求，从我国实际情况出发，解决我国农村公共产品供给责任划分、供给主体结构以及融资等方面存在的问题，促进农村社会事业发展与繁荣，消除由于城乡二元社会制度、农村地区发展不平衡以及经济与社会发展不协调产生的社会不公正和社会排斥，为农村居民享有基本权利和社会公正提供制度保障。

1. 界定农村公共产品供给主体的责任机制

凡属于计划生育、国防开支、大型农业基础设施建设、农业基础科学研究、义务教育等全国性的农村“纯公共品”以及部分外部性极强、接近于纯公共品的“准公共品”，由中央和省级政府财政负担。在制度安排上，事权可以下放到县级政府，但财权必须由具有更高财政能力的上级政府统筹解决。此外，要分清农村公共品的属性后再决策。对于不同类型的公共品，政府承担着不同程度和性质的供给责任。对纯公共品，中央、省级政府要负起完全责任；对准公共品，如农村道路建设、农村医疗乃至自来水供应，中央、省级政府要对贫困地区的供给负起责任。政府必须利用公共资源保证不同地区、城乡不同社区之间的公平性。而各级政府对其区域范围内的居民有保证公共品供应的责任。因而，决策者在做出供给决策前必须有清晰的判断，才能保证有限的公共资源能够得到比较合理的利用。

2. 建立农村公共产品供给主体的思想文化机制

文化与经济紧密相连，互为作用。先进的文化促进经济的发展，反之落后的文化就会制约经济的发展。因此，要实现农村公共产品的有效供给，就必须注重营造适应现代社会发展的先进文化。变官本位为民本位，变保守型为开放型，变重人治为重法治，变形式主义为服务主义，变官僚主义为参与主义，变个人主义为集体主义，变盲目发展为科学发展。通过政治学习，提高政治觉悟，认清农村公共产品的有效供应是解决“三农”问题的基础，自觉运用科学发展观指导工作实践，通过道德建设和法治建设规范行政人员的服务行为，保障行政人员依法行政。一言以蔽之，就是营造先进的文化，提升行政人员的素质，保证政府的服务是有绩效的。

3. 建立农村公共产品供给的融资机制

农村公共产品的供给从理论上讲应该由政府通过财政予以解决。但是从现实看，我国还是一个从农业社会向工业社会转型的发展中国家。农村公共产品供给的短缺本质上还是由我国经济发展水平不高，社会财富不充裕决定的。因此，必须根据我国经济发展实际水平，建立有效的农村公共产品供给的融资机制。采取各种融资渠道：一是主要由政府财政完全解决，这是最重要的公共产品资金供给渠道；二是由政府和民间联合提供公共产品资金，这种产品可以通过界定产权赋予出资人部分收益权；三是鼓励民间资本进入农村公共产品供给，政府进行适当补贴；四是完全由民间资本提供。只有建立起一个以政府财政为主体的、动员社会各方面力量共同参与的农村公共产品供给的融资体制，才能增加农村公共产品的供给。这也是在“十一五”和今后一个长时期内解决我国农村公共产品供给短缺的现实选择。

4. 建立农村公共产品供给多元化的投资主体

在传统的理论和实践中，通常认为由于农村公共产品供给中存在外部性和“搭便车”行为，政府作为公共利益的代表，理所当然成为农村公共产品的提供者。但是，我国农村地域广阔，对农村公共产品的需求规模较大，而且历史欠账很多，仅仅依靠政府现有的有限财力，往往力不从心。因此，需根据农村公共产品的层次和性质，明确各级政府的供给责任，构建与融资体制相配套的多元化的农村公共产品供给体系。将农村公共产品的供给主体分为政府供给主体、农村社区供给主体、农村私人供给主体和非盈利性民间组织四类。对于农村有较强的外溢性的纯公共产品应该由县级以上政府负责。对于那些使用范围限于本社区或本辖区的农村公共产品，要在明晰产权的前提下，积极鼓励民间投资，按照“谁投资，谁受益”的原则，大力兴办农村公益事业，提供更多的农村公共产品。

5. 建立农村公共产品的需求表达机制和科学的决策机制

农村公共产品的需求主体是农民。但长期以来农民由于组织化程度太低，对公共产品的需求缺少表达的方式和渠道，缺少一种有效制度安排。长期以来的“自上而下”的决策程序容易导致农村公共产品供给结构失衡，造成有限公共资源的浪费，因此必须建立一种公共产品需求的“自上而下”的民主表达机制，以充分反映农民对公共产品的偏好，提高农村公共产品供给效率。积极推进农村基层民主制度建设，在村民委员会和人民代表大会制度基础上通过农民和代表们对本地区的公共事业进行投票表决，使农民的意愿得到充分体现；同时要建立起有效的农村公共资源使用监督机制，增加公共资源使用的透明度。要改变农村公共产品供给的盲目决策，必须在建立“自下而上”的需求表达机制的基础上，根据不同地区、不同时期农村和农民对公共产品的需求，根据供给主体的供给能力，分轻重缓急进行供给的科学决策，建立起一套科学严密的决策体制。政府要深入了解农民对公共产品的实际需求，加强可行性分析，制定符合当地农村实际情况的供给决策。同时要行使农民在公共产品供给过程中的参与决策权。

6. 建立城乡一体化的公共产品供给机制

长期以来，我国城市的公共基础设施由国家来提供，农村的公共基础设施主要靠农民自身解决，国家仅给予适当补助，对农村公共产品的投入非常有限。农民承担着大量的公共产品成本，却享受较少的公共产品。农村公共产品供给的现状已在一定程度上影响了我国农村经济的发展。建设新农村必须根据“十一五”规划的目标和要求，在“十一五”期间，必须以科学发展观为指导，以统筹城乡发展，从根本上打破我国长期以来形成的城乡有别的二元经济社会结构，走城乡一体化的道路。调整政府公共支出政策，加大对农业和农村的投资力度，建立城乡一体化的公共产品供给体系，向城市和农村提供均衡的公共产品。必须实施工农业协调发展的战略，加大农业投入，将农村公共事业建设列入公共财政范围。国家可以充分利用财政金融手段贯彻现阶段“工业反哺农业，城市支持农村”的方针，在公共政策上更多地考虑农村和农业发展的需要，加大对农业基础设施、农村公共卫生、农村义务教育及农村社会保障的财政支持力度。

总之，能否保障农村公共产品的有效供给成为能否有效推进社会主义新农村建设的关键所在，是构建和谐社会的重要基础，是推动国民经济发展的不竭动力。

（六）建立和完善以农民为主体的社会参与机制

农民是农村生产力中最活跃的因素和农村社会进步的推动者，这就决定了农民是社会主义新农村建设的主体。充分尊重和发挥广大农民的主体意识，切实提高农民的主体地位，是推进社会主义新农村建设的关键举措和重要保证。

1. 进一步完善以农民为主体的参与机制

提高农民参与新农村建设的能力，就必须提高农民素质。提高农民素质，就要转变传统观念，抛弃落后的小农思想，提倡移风易俗，反对封建迷信，树立先进的思想观念和良好的道德风尚。要将农村教育工作作为整个农村工作的重中之重，优先发展农村基础教育，普及九年义务教育，扫除青壮年文盲。各级政府还应该投入大量资金，引导和鼓励农民参与职业技能培训，支持各类针对农民的职业技能培训。建立健全各级就业服务机构，完善就业服务体系，使农民能更好地就业。

第一，培育新型农民，建立以农民群众为主体的主动参与机制。建设社会主义新农村，必须培养和造就千千万万有文化、懂技术、会经营的新型农民。首先，要大力发展农村教育，提高农民的文化知识水平。加大政府对农村教育的投资力度，建立和完善农村教育设施；完善资助家庭经济困难学生就学制度；全面提高教师的思想道德素质和科学文化素质；广泛开展人文知识和美学知识教育，造就有较高文化素养的新型农民；建设一支扎根农村、富有感情、群众欢迎、能力强大的农村文化队伍。其次，积极开展职业技能培训，培养懂技术的新型农民。加强就业技能培训，以农村富余劳动力为主，按照不同行业、不同工种、不同岗位的要求，依托各类城乡职业学校、技工学校，开展市场急需工种的定向培训；加强农业生产技术培训，以农业从业人员为重点，发挥城乡农业科技服务中心的作用，采用专题培训，送科技下乡等方式，根据地区农业特色，按需求开展农业实用技能培训；加强创业技能培训，通过农业院校等加强对种养专业户、返乡人员的培训，选准致富项目，有针对性地开展创业技能培训，提高农民自我发展的能力。再次，积极开展经营素质培训，培养会经营的新型农民。开展经营管理知识教育，提高农民的经营管理水平；进行党的路线、方针、政策教育，提高农民的政策水平；加强民主法制教育，提高农民的民主法律素质，自觉地按照法律开展经营活动。

第二，培训干部，建立以基层干部为主导的组织领导机制。推进社会主义新农村建设是党中央站在新的历史起点上，从党和国家的全局出发，按照科学发展观要求作出的重大战略部署，是我国经济社会发展进入新阶段的客观要求，是全面建设农村小康社会、构建社会主义和谐社会的迫切要求，是由中央发起、由各级干部来推动的一项惠及广大农民群众的民心工程。目前，党中央国务院关于建设社会主义新农村的大政方针已经明确。建设社会主义新农村能否取得预期效果，各级干部特别是广大基层干部的态度和素质至关重要。因为各级干部特别是广大基层干部是新农村建设的领导者和组织者，是带领广大农民群众进行建设的具体实施者。因此，开展干部培训，提高农村基层干部素质，才能发挥其在社会主义新农村建设中的组织领导作用。

第三，改革涉农制度，健全农民权益保护机制。农民权益保护问题涉及农民的财产权益、民主政治权益和社会权益，这些权益是一个整体，是相互关联的，其中财产权益是农民各种权益的基础和核心。因此，打破有损农民利益的城乡二元结构，给予农民平等的国民待遇，建立农民权益的保护机制，首先，应当尊重和保护农民的财产权益。土地权利是农民最主要的财产权利，也是最容易被剥夺和遭受侵犯的权利。必须从法律上建立农地权利的保护制度，通过约束征地行为，完善农地承包权制度，健全失地农民社会保障机制等措施，保护农民的土地权利。其次，进一步健全完善村民自治机制，大力推动村务公开、民主议事和民主理财等民主决策、民主管理、民主监督制度，保障农民依法行使民主权利。最后，建立健全农村义务教育、农村职业技术教育、农民科技文化培训和农村公共卫生服务、养老、低保等社会保障权益制度，在统筹城乡经济社会发展中为新农村建设创造良好的政策支持和制度环境。

2. 进一步完善社会多元主体的参与机制

建立“市场引导、政策鼓励”的参与机制，引导城市人才、技术、资金等资源向农村流动，并与农村土地、劳动力等要素紧密结合，促进城乡资源要素的合理流动和优化配置。在鼓励社会资本、产业资本进入农村发展产业，鼓励社会力量进入农村发展社会事业，鼓励农民组织起来利用当地资源发展现代农业等方面，制定一套强有力的支持措施。具体做法：一是鼓励各地信誉较好的商界群体、有威望的乡老名流、新型农民专业经济协会、合作社或农民社团等力量，通过一定方式参与到当地的新农村建设中。二是继续组织开展科技、医疗、文化“三下乡”活动，为农业生产提供科技咨询和服务，为农民群众开展治病救护服务和提供健康向上、丰富多彩的精神文化生活。三是动员党政机关、人民团体、企事业单位对乡村进行结对帮扶，工作重点向农村延伸，鼓励扶贫、环保、慈善等民间团体投身社会主义新农村建设，提高服务新农村建设的本领。

3. 完善激励机制，调动广大参与者的积极性

激励机制是一个包含政策、物质、精神（荣誉）多种类激励的机制，也是一个对农户、农业技术人才、企业家、农村干部、各类团体给予奖励的多层次激励机制，还应是一个与时俱进的机制，随着时代、环境的变化，激励的内容、方式也要不断变化。多种类、多层次、与时俱进的激励机制的实施，有助于调动广大参与者建设社会主义新农村的积极性、主动性和创造性，为他们发挥更大的作用提供前提条件。激励机制应包括诸如建立农产品销售绿色通道、帮助成立专业协会、解决土地的优先承包权、技术支持、贴息贷款等政策激励，也应包括为乡土人才和优秀企业家颁发各类证书、推荐品牌等荣誉激励，还要包括一定的物质奖励，以不断激发各类参与者参与新农村建设的积极性。

总之，完善以农民为主体、社会力量广泛参与社会主义新农村建设的机制，必须坚持“以工促农、以城带乡”和“多予、少取、放活”的方针，要处理好政府主导和农民主体的关系，重点是要解决普遍存在的“重政府主导、轻农民主体”的问题。要进一步加强农村民主政治建设，完善建设社会主义新农村的乡村治理机制，确保有关法律和制度切实得到贯彻落实。要加强对广大农民的教育和培训工作，切实提高广大农民的综合素质，引导和扶持各种农民专业合作组织、协会等农民组织的发展，为充分发挥农民在新

农村建设中的主体作用搭建平台。

（七）建立和完善新时期农民利益增进机制

实现农民持续增收，是中央提出的重要政策目标，更是建设社会主义新农村的艰巨任务。农民是否增收，不仅关系农民生活水平的提高，而且关系扩大内需、关系国家发展战略目标的实现。完善农民利益增进机制，对推动农村经济和整个国民经济的发展，增强我国的国际竞争力，全面实现小康社会目标等有着重要的战略意义。因此，必须适应我国经济发展新阶段的要求，实行“工业反哺农业，城市支持农村”以及“多予、少取、放活”的方针，稳定、完善和强化各项支农政策，合理调整国民收入分配格局，更多地支持农业和农村发展，提高农业综合生产能力，积极探索粮食稳定增产，农民持续增收的长效机制。完善社会主义新农村建设中农民利益增进机制的具体措施有：

1. 调整结构，以产业优化升级促增收

第一，围绕市场需求调结构。在农产品供过于求的情况下，应把市场开发与研究放在突出位置，既要研究现实市场，又要研究潜在市场；既要研究国内市场，又要研究国际市场。通过对不同品种分门别类地研究市场需求量、消费热点和产出比，来决定经营品种的取舍，使农业和农村经济结构调整不再停留在数量的增减上，而是根据市场需求有质的飞跃，确保农产品供给结构与消费需求结构相衔接。

第二，围绕提高品质调结构。应坚持走增加产量与提高质量并重的路子，在保证产量稳定增长的前提下，把提高农产品质量作为农业结构调整的主攻方向。抓紧淘汰那些不适销对路和效益低的品种，大力引进、选育和推广市场前景好、经济效益高的名优特品种。

第三，围绕加工增值调结构。应抓住当前主要农产品供给比较充裕的有利时机，根据不断变化的市场需求，大力发展一批周期短、见效快、效益高的农产品深加工项目，通过开发终极产品，延长产业链条，形成从“田头到餐桌”的完整产业体系，大幅度提高农产品的附加值，让农民得到更多的加工环节利润，以尽快摆脱目前一些地方只能出售原始产品和粗加工产品的落后状况，实现转化增值。

第四，围绕区域优势调结构。应坚持从各地实际出发，充分发挥地理与资源等优势，根据地区间的土壤、气候以及环境条件的差异，因地制宜，扬长避短，突出特色，选准市场需求与资源优化配置的最佳结合点，着力在发展具有本区域优势的主导产业上下工夫。通过优化区域布局结构，促进资源的合理开发利用，不断扩大经营规模。

第五，围绕节本增效调结构。各地应在条件允许的情况下，适当扩大“精准农业”范围，根据农作物种植和畜禽水产养殖对各种养分的客观需要，实行科学配方，适时精量投入，减少和消除损失浪费，努力把单位生产成本降到最低水平，使布局和选项能最适合资源特点。通过开展精耕细作，达到品种选育最优化，生产方式最佳化，经济效益最大化的标准要求。

2. 集约化经营，以推进农业产业化促增收

农民要增收，关键还是要靠发展，靠产业支撑。要大力培育和壮大支柱产业。优质粮食生产、畜牧业生产、农产品加工业等等，都是农民增收的支柱产业，一定要发挥优势，做大做强。特别是农产品加工业，前景看好，潜力巨大。可以说，农产品的精深加工，是一个没有止境的大产业，一定要一个一个产品、一个一个产业认真谋划、科学决策、大力支持、稳步推进，支柱产业起来了，农民收入自然就上去了。

第一，培育壮大龙头企业。应着力发展那些市场前景好，技术起点高，出口潜力大，带动能力强的重点龙头企业，从资金、信贷、土地，进出口经营权等方面给予特殊扶持，使其通过资产重组、联合兼并、招商引资等形式，达到优化资产配置，壮大优势骨干企业，增强带动功能的目的。

第二，加强农产品生产基地建设。应在充分尊重农民意愿的前提下，本着因地制宜，合理布局，发挥优势，相对集中，突出特色，高产高效的原则，把农产品生产基地建设与优势产业的形成以及龙头企业的发展紧密结合起来，使其逐步由分散经营向规模经营、由粗放经营向集约经营转变，实现产与销的相促并进，从而营造一个重点行业形成优势、重点产业形成规模、重点区域形成特色、重点产品创出名牌的基地建设新格局。

第三，完善利益联结机制。应通过发展“订单农业”，引导龙头企业与农户完善利益联结机制，合理界定产加销各环节的权利和义务，妥善处理好利益分配关系。实力雄厚的龙头企业应通过发放生产资金、赊销生产资料、提供生产服务等形式，把加工、销售的利润给农民返还一块，以改变单纯的买卖关系，真正结成风险共担、利益均沾、联心联利、共谋发展的利益共同体。为了抗御市场波动和自然灾害带来的双重风险，应引导龙头企业建立基地风险保障金制度，在创利多的市场波峰阶段，从利润中提取一定比例的风险基金，专款专储，以备农民遭受自然灾害、产品滞销、市场价格下跌时，为其提供一定的经济补偿，避免农民收入下降。

第四，以科技进步提升产业化经营档次。在推进产业化经营过程中，应紧紧围绕科技创新，重点抓好农作物栽培、畜禽良种、农产品深加工、节水农业、饲料生产、病虫害综合防治、生物工程和电子信息等新技术的推广应用，抓好现代农业科技园区建设。通过搞好新品种和新技术引进、试验、繁育、示范、推广和服务等工作，带动农民大面积推广应用新技术、新成果，使潜在生产力迅速转化为现实生产力，以提升产业化经营档次。

3. 加强市场建设，以拓展流通空间促增收

要完善农产品市场体系，加强信息服务。要搞好农产品市场的调控，稳定粮价，稳定市场。要搞好农产品的进出口调控，减小国际廉价农产品对国内市场的冲击。同时，也要探索发展外向型农业，开拓农产品国际市场。

第一，完善农产品市场体系。应继续培育以批发市场为主体，以贸易市场为支撑，以要素市场为辅助的贯通城乡、布局合理、功能配套、管理规范、高效通畅的农产品市场体系，充分发挥市场的拉动作用。对有优势的农产品市场应视货源和销售情况，适度扩大规模，促进农产品销售半径的延伸。对基础设施落后的市场，应尽快予以改造。通过采用经纪人代理、产销直挂、农商对接、网上交易等方式，努力扩张现代物流、连锁经营、电子商务等新型业态，使农产品通过多种渠道和多种方式进入市场，为农民增收提供便利的交易平台。

第二，整顿和规范市场交易秩序。应进一步落实和完善鲜活农产品运销“绿色通道”制度，通过规范经营行为，改善流通环境，确保货畅其流。对农民从事农产品营销，市场监管部门应坚持低标准收费、多功能服务、高效率办事，使农产品进入市场既能降低成本，又能卖出好价钱。

第三，积极开拓国际市场。应在大力拓展国内市场的同时，尽快构建对外开放的现代流通体系，着力拓展国际市场，扩大优势农产品出口。有关部门应进一步强化服务功能，组建精悍的农产品推销队伍，走出去与国外客商开展多种形式、不同规模的贸易洽谈活动，签订双边贸易协定，跟踪监测预报国际市场供需、政策法规和疫情检验标准等动态，为扩大农产品外销架起坚固的桥梁。

第四，提高农民进入市场的组织化程度。应按照积极鼓励、大力扶持、分类指导、逐步规范的原则，从创新农业经营机制入手，积极引导各类农业经济主体，在自愿联合、自主经营、自负盈亏、自我发展的前提下，多渠道、多形式、多层次创办涵盖农林牧渔各业的专业合作组织，以不断提高农民进入市场的组织化程度。在创办过程中，政府和有关部门应坚持做到引导不命令，指导不包办，规范不限制，服务不指责。重点引导新建合作组织规范组织形式、股份结构、分配方式等，真正体现“民办、民管、民受益”的合作性质。

4. 促进转移就业，以劳动力资源合理配置促增收

减少农民才能富裕农民；增加就业才能增加收入。农民外出务工收入，是近年来农民增收的重要支柱。要从国家发展农业战略中寻找农民增收的机遇，发展新的产业，广开农民就业门路，拓宽增收渠道。要加大农民培训力度，加快劳务输出。

第一，强化技能培训。应从为建设社会主义新农村培养造就新型农民的高度出发，着力在提高农民的科技文化素质上下工夫。通过全面启动“阳光工程”，构建多渠道、多层次、多形式、全方位的农民培训体系。

第二，扩大劳务输出规模。各级政府应从强化服务职能入手，专门设立农村劳动力转移就业工作的管理机构，尽快将其纳入统一、规范、高效的运行轨道。通过完善市、县、乡、村四级上下贯通、快捷互应、资源共享、覆盖面广的劳务信息网络，建立农村劳动力资源信息库，加强劳务信息的收集、整理和论证。应大力实施“定向输出”和“能人带动”战略，把就地转移与域外输出有机结合起来，在稳定现有外输基地的同时，积极开拓国内外劳务市场，使农民外出务工由自发、零散、盲目的无序流动，变为有组织、有目标的有序转移，以不断提高工资性收入对农民增收的贡献率。

第三，维护外出务工农民的合法权益。应按照公平对待、合理引导、完善管理、搞好服务的原则，继续清理和取消针对农民进城就业的歧视性规定和不合理收费。简化农民跨地区就业和进城务工的各种手续，防止变换手法向进城就业农民及用工单位乱收费。由劳务输出部门和中介机构输出的农村劳动力，在输出前必须对用工单位进行实地考察，事先公布用工单位的招工条件、技能要求、工作环境、工资待遇等方面情况，使求职者心中有数。同时，应提供跟踪服务，监督用工单位与务工人员签订劳动合同，帮助农民对其人身安全、工资支付和劳保待遇等问题进行认真审核。出现劳动纠纷时，为其提供法律咨询和法律援助，以维护务工农民的合法权益。

5. 加强政策保障，以宏观调控促增收

要把中央的各项支农、惠农政策坚持住，落实好，把政策的实惠落实到农民。还要进一步加大政策支持力度，调整和完善财政支出结构、基础设施建设投资结构和信贷资金投放结构，加大“三农”投入。同时，进一步保护好农民利益，用政策防止各种侵害农民利益的行为。

第一，全面落实反哺惠农政策，加大支农投入力度。首先，各级政府应依法安排并落实对农业和农村的预算支出。严格执行预算，建立健全财政支农资金的稳定增长机制。按照存量适度调整、增量重点倾斜的原则，在稳定现有各项农业投入的基础上，使新增财政支出和固定资产投资向农业、农村倾斜，以逐步提高农业支出占全部财政总支出的比例，确保每年对农业总投入的增长幅度高于其财政经常性收入的增长幅度。其次，应充分发挥农发基金的导向牵引作用。把改善农村生产生活条件，作为今后五年基础设施建设的重点，集中投向与农民增收息息相关的节水灌溉、乡村道路和电网改造等基础工程建设，为增强农业发展后劲，促进农民增收打下坚实基础。再次，应加大对农业资金投放的管理力度。建立和完善农业资金投放公示制度、资金分配项目管理制度，项目管理责任追究制度和项目资金使用绩效考评制度，加强对农业专项资金管理使用的监督检查，确保农业资金使用的安全性和效益性。

第二，落实土地承包政策，促进有序流转。应按照依法、自愿、有偿的原则，进一步稳定土地承包关系，完善流转制度，采取租赁、入股、转包、转让、委托经营等形式，使土地向种田大户和种田能手集中，促进农业向适度规模经营和专业化经营的方向发展，以提高单位经营者的收入。

第三，完善农村金融服务体系，解决农民贷款难的问题。应按照有利于增加农民收入、提高农村信贷服务质量的要求，改革和创新农村金融体制，加快农村金融担保体系建设，积极拓展符合农村特点的信用担保业务。应明确规定县域内各金融机构向农业发放贷款的比例，不断优化投融资环境，扩大农户小额信用贷款和农户联保贷款额度，以增加农村金融的有效供给，切实解决好农民贷款难的问题。

第四，加强农业生产资料的市场监管。应认真落实国家对化肥等重点农业生产资料的扶持政策，采取强制措施，从源头遏制农业生产资料价格上涨。切实加强对化肥出厂价格和流通环节进销差率、批零差率的监管，力求通过严格控制价格幅度，减少流通环节来降低零售价格。应进一步加大对农业生产资料的打假力度，严厉打击制售伪劣农药、化肥、种子等不法行为，杜绝坑农、害农的事件发生。

第五，探索农业社会保险，完善农村社会保障体系。应通过兴办农业保险，将生产经营风险大的种植业、养殖业生产纳入保险业务，使农民在受灾年景，通过保险理赔，减少因自然灾害、市场风险带来的损失，增加农民的转移性收入，避免农民因灾致贫。同时，应统筹城乡社会保障体制改革，大力推进农村养老保险制度、农村新型合作医疗保险制度，农村最低生活保障制度和被征地农民基本生活保障制度的建设，尽快完善具有较大覆盖面的农村社会保障体系，为低收入农户增收创造一个宽松和谐的政策环境。

(八) 建立和完善现代农业可持续发展机制

可持续发展就是既满足当代人需求，又不对后代人的需求构成危害的发展。农业可持续发展是可持续发展概念在农业和农村经济领域的体现。我国是一个农业大国，农业是国民经济的基础，没有农业的可持续发展就没有国民经济和社会的可持续发展。但是我国人多地少，农业生产资源短缺，环境污染和生态恶化比较严重，给我国农业可持续发展造成了威胁。因此，在现代农业建设中，必须把可持续发展作为一个重大战略，实现经济效益、生态效益和社会效益的统一。

1. 建立政府和民间组织共同参与的支持机制

科技走向农村的方式有两种：一是政府设立一些科技服务站；

二是通过市场配置，用政策优惠鼓励科技企业投入到咨询服务行业中。农业可持续发展是一项复杂的系统工程，依靠任何单一的力量都很难完成。因此应建立以政府为行政领导，民间学术团体倡导，农业从业人员积极参与的立体的农业可持续发展体系。在该体系中，政府发挥宏观调控和行政优势，建立完善的支持可持续发展的法规体系，对全国农业体系进行科学规划和行政管理；民间学术团体在科技上进行研究，在政策上进行宣传，积极参与国家发展体系论证；农业从业人员形成各种协会，采用多渠道同国家和学术团体建立信息联系，及时提出各种需求。

2. 建立以科技创新提高资源利用率的机制

科技创新是解决环境污染和效益低下的关键所在。我国应加强以下方面的科技创新：

第一，改革现行的农业种植、养殖体系中不利于农地和水等资源保护的部分，采用种植业和畜牧业相结合的复合经营模式，实行“保护性耕作方法”。

第二，采用病虫害综合防治方式，促进家畜粪尿等农家有机肥料及豆科植物等绿肥的利用，减少农药和化肥的使用。

第三，研究节约水资源（尤其是地下水资源）的喷灌技术和污水净化后灌溉的技术，保持水土平衡。为了做好科技创新和成果转化，政府应通过合理培植农业技术服务站，为广大农民提供科技服务，提供市场信息，分析市场前景。

3. 建立和完善合理的土地产权机制

第一，要稳定和规范农地使用权。依照现代产权理论，产权的核心问题是使用权问题，因此农地产权制度建设的核心就是要稳定和规范使用权，使之成为类似于企业法人财产权的一种产权。

第二，制定合理的土地流转价格机制。合理的土地流转价格不仅能使开发者有效地保护土地，而且能使利用者精心地节约土地。土地价格是否合理的标准，就是看其价格是否反映了土地的丰度、稀缺性、供求关系和开发利用条件。当前，重点是要制定耕地、荒山荒地的合理价格。

4. 探索环境污染防治机制

第一，完善排污费征收制度。坚持“环境资源有价”的原则，完善现行的“超标排污收费”制度，使之变革为“排污收费、超标加重收费并罚款”的制度。在具体实施上，要因地制宜，逐步推进。

第二，建立排污权交易制度。建立排污权交易制度，就是将市场机制引入污染控制之中。一方面它可促使污染者改进生产工艺，加强生产管理，减少排污量，从而达到降低生产成本的目的；另一方面，若排污者能减少其排污量，其节余的排污指标就可以转让获利。另外，一些环保组织甚至政府在特殊时期（如标准偏低但又来不及修订），也可购买排污权，从而可以防止排污者使用这部分权利。

5. 探索农业污染防治生态分类补偿激励机制

设立农业环境保护补偿基金，依据成本补偿原则和收入补偿原则，选择农业污染敏感区或高风险区，建立农业污染控制生态分类补偿试点区。要研究出台农村物业化管理和废弃物资源化利用的财政补贴政策，通过税收、投资优惠及奖励政策，鼓励社会力量参与农村废弃物处理利用产业投资与经营，引导形成社会化、多元化的废弃物处理利用投入机制。以保护自然、保护生态，科学全面可持续发展为目标，利用人、生物和环境之间能量转化和生物循环规律，构建节地、节水、节能的资源节约型农业体系，促进农业与环境的良性循环，实现农业环境优良化。

6. 加强立法，建立法律保障机制

我国目前已经制定了相关法律，但总的来说法律滞后于发展需要。建议国家完善配套法律，尤其是奖优罚劣，对维护环境的奖励，对破坏环境的严惩；细化法律规定，使基层官员便于操作，便于执行；加强科研论证，增加法律和规定的科学性，减少因为法律和规定的不慎而造成的环境和资源损失。

总之，把农村建设成为管理有序、服务完善、文明祥和的农村社区，是党中央统筹城乡协调发展，推进农村改革发展的切实要求。2008 年 10 月 19 日发布的《中共中央关于推进农村改革发展若干重大问题的决定》中用“三个最”对推进农村改革发展必要性和紧迫性作出精辟概括：“农业基础仍然薄弱，最需要加强；农村发展仍然滞后，最需要扶持；农民增收仍然困难，最需要加快。”这些意见警示我们在下一步的新农村建设中务必保持清醒头脑，毫不松懈地推进农村改革发展，着力解决好农业、农村、农民问题。因而要推进农村地区的改革发展，就要在党的领导下明确各级政府对农村改革发展所肩负的不可推卸的责任，政府积极引导社会各方面力量参与到农村改革发展中。在政府引导的同时，各地区又要结合该地区实际，因地制宜，选择适合不同地区发展的方式，做到注重实效，提高效率。具体而言，建设社会主义新农村，必须坚持科学发展的理念，走有中国特色的现代农业发展之路。

参考书目

[1] 马克思恩格斯选集 [M]．第1-4卷，人民出版社，1996年版

[2] 毛泽东选集 [M]．第5卷，人民出版社，1977年版

[3] 毛泽东文集 [M]．第6卷，人民出版社，1999年版

[4] 邓小平文选 [M]．第1-3卷，人民出版社，1993年版

[5] 江泽民文选 [M]．第1-3卷，人民出版社，2006年版

[6] 高举中国特色社会主义伟大旗帜，为夺取全面建设小康社会新胜利而奋斗 [M]．人民出版社，2007年版

[7] 中国共产党第十七届中央委员会第三次全体会议公报 [R]，人民日报，2008-10-13

[8] 永济县志编纂委员会．《永济县志》，山西人民出版社，1991年版

[9] 本社编．推进社会主义新农村建设文件汇编 [M]．中国法制出版社，2006年版

[10] [美] 盖尔·约翰逊．林毅夫等编译．经济发展中的农业、农村、农民问题 [M]．商务印书馆，2004年版

[11] [意] 维尔弗雷多·帕累托．精英的兴衰 [M]．上海人民出版社，2003年版

[12] [美] 塞缪尔·P·亨廷顿．变化社会中的政治秩序 [M]．三联书店出版社，1989年版

[13] 林毅夫．制度、技术与中国农业发展 [M]．上海三联书店、上海人民出版社，1994年版

[14] 农业部课题组．建设社会主义新农村若干问题研究

[M]．中国农业出版社，2005年版

[15] 孔祥智．聚焦“三农”[M]．中央编译出版社，中国人民大学书报资料中心，2002年版

[16] 米东生．新农村建设探索[M]．人民出版社，2006年版

[17] 高尚全．中国经济体制改革20年基本经验研究[M]．经济科学出版社，1998年版

[18] 叶敬忠．农民视角的新农村建设[M]．社会科学文献出版社，2006年版

[19] 汤红兵．解读新农村建设——以监利县政为个案的研究[M]．华中师范大学出版社，2007年版

[20] 李昌来．农业农村农民问题研究[M]．中央编译出版社，2005年版

[21] 王万山、庄小琴、郭金丰．社会主义新农村建设[M]．中国农业出版社．2005年版

[22] 徐旭初．中国农民专业合作经济组织的制度分析[M]．经济科学出版社，2005年版

[23] 张小劲、景跃进．比较政治学导论[M]．中国人民大学出版社，2008年版

[24] 董江爱等．精英主导下的参与式治理[M]．山西人民出版社，2007年版

[25] 蒋和平、朱晓峰．社会主义新农村建设的理论与实践[M]．人民出版社，2007年版

[26] 李云才．社会主义新农村建设的关键是什么[M]．湖南人民出版社，2006年版

[27] 韩俊、张庆忠．中国农村股份合作经济理论·实践·政策[M]．经济管理出版社，1993年版

[28] 冯治．中国农村现代化道路与规律——张郭研究[M]．人民出版社，2004年版

［29］席殿晋主编．建设新山西的实践与思考［M］．山西人民出版社，2008 年版

［30］王兴旺．崛起中的北梯加工业——一个成功村办企业的调查［J］．理论探索．1989，3

［31］廉乃盈．走北梯联营企业发展农村加工业的道路——兼谈肉类加工业的生产情况调查［Z］．山西省运城地区农收局

［32］徐勇．当前中国农村研究方法论问题的反思［J］．乡村中国观察网．

［33］中共永济市委农村工作领导小组办公室．北梯村土地入股的有益尝试［Z］．永济农村．2008，6

［34］周飞．我国农地流转的现状、问题及对策研究［J］．经济师．2006，5

［35］王彦勇．提高农民组织化程度是建设社会主义新农村的基础［J］．中国农村小康科技．2007，1

［36］温铁军．怎样建设社会主义新农村［EB/OL］．人民网：2005－11－30.

［37］蒋满元，唐玉斌．现阶段农村土地流转的动因与规范流转的途径分析［J］．江西农业大学学报（社会科学版），2006，6

［38］王华春、唐任伍、赵春学．引导土地流转增加农民收入［J］．经济学研究，2004，4

［39］杨德才．论我国农村土地流转模式及其选择［J］．当代经济研究，2005，12

［40］林毅夫．六年磨快新农村运动［EB/OL］．中华农业网．

［41］吴杰．当前养猪专业合作社的运营现状——以四川省安岳县养猪专业合作社为例［J］．中国猪业，2008，3

［42］张晓山．现代农业需走内涵式规模经营道路［J］．中国发展观察，2007，2

［43］应瑞瑶．合作社：构筑农业产业化垂直关系［J］．中国

合作经济，2006

［44］吴素雄、陈洪江．从精英治理到民主治理——村民自治制度演进分析［J］．江苏社会科学．2004，1

［45］仝志辉、贺雪峰．村庄权力结构的三层分析．中国社会科学［J］．2002，1

［46］贺雪峰．村庄精英与社区记忆：理解村庄性质的二维框架［J］．社会科学辑刊．2000，4

［47］仝志辉．农民选举参与中的精英动员［J］．社会学研究．2002，2

［48］卢晖临、李雪：如何走出个案——从个案研究到扩展个案研究［J］．乡村中国观察网

后 记

构建农村和谐社会与建设社会主义新农村是一个与时俱进的课题，它突现了农业、农村、农民问题始终关系我国革命、建设、改革的根本问题，集中凝聚了党的几代领导集体在实践中检验真理、发展真理的探索过程，充分体现了以胡锦涛同志为总书记的党中央既勇于借鉴前人，又善于锐意创新的宏伟气魄。新时期的新农村建设虽然具有鲜明的时代特征，但同时也有着很强的地方色彩。

本课题研究的北梯村在新农村建设的过程中，紧紧围绕当地的农产品（或其他可利用的资源）大做文章，形成了基于合作社引领广大农民共同致富的发展模式。这种模式符合中国共产党十七届三中全会对土地承包经营权流转所提出的：不得改变土地集体所有性质、不得改变土地用途、不得损害农民土地承包权益的要求。这三大原则在北梯村的发展探索的过程中都得到良好贯彻落实。因此，我们选择了该村作为“山西省社会主义新农村建设典型案例分析及其机制研究”（2008041024－01）的案主进行剖析。

本书集集体智慧写作而成。承担本课题研究和写作任务的主要分工如下：全书提纲统一由张民省和杜创国协商后撰写，其余大量的调研任务也是由他们指导自己的研究生完成的。各章节执笔顺序是：导论：张民省；第一章：崔辉杰；第二章：周彪；第三章：徐盼华；第四章：刘静静；第五章：张鑫；第六章：王凯；第七章：程慧娴；第八章：王欣。其中，刘静静、徐盼华同学在采访组织、初稿校对等具体环节上还付出了辛勤的劳动。全书统稿、修订工作主要由张民省完成，杜创国、阎胜利多次参加了本课题调研提纲的制定、调研访谈和部分审稿工作。

本书在写作过程中受到了研究者所在的山西大学政治与公共管理学院的大力支持，得到了山西省农业厅厅长孙连珠热情为本书作序和副厅长关建勋同志在本书成稿之际提出的宝贵指导意见，得到了运城市新农办副主任薛喜昌和永济市委农村工作领导小组办公室的王建强副主任，孙黎明、叶涛等同志的支持和帮助。永济市虞乡镇北梯村的干部群众对我们的调研给予了热情的配合，尤其是孙国宾村长对建设和发展新农村富有建树的思考，在此我们谨表示诚挚的谢意。最后还要特别感谢山西人民出版社聂正平编辑的热忱审读，严格把关，才使本书尽快付梓。

当然，由于我们的学术水平有限，缺陷、错误在所难免，恳请专家及读者批评、指正。

张民省

2008 年 12 月 20 日